武汉商学院学术著作出版资助

湖北省本科高校优秀基层教学组织基金（项目编号：2019232）、湖北省教育厅科学研究项目基金（项目编号：B2017567 和武汉商学院优秀教学团队——食品科技实验教学团队（武商院教【2019】10 号）和教育部产学合作协同育人项目基金（项目编号：202102028054）的资助

经济作物的产品化研究

以紫薯为例

董红兵 ◎ 著

九 州 出 版 社

JIUZHOUPRESS

图书在版编目（CIP）数据

经济作物的产品化研究：以紫薯为例 / 董红兵著
. -- 北京：九州出版社，2023.1
ISBN 978-7-5225-1558-8

Ⅰ.①经… Ⅱ.①董… Ⅲ.①甘薯—产业发展—研究
—中国 Ⅳ.①F326.11

中国版本图书馆 CIP 数据核字（2022）第 231117 号

经济作物的产品化研究：以紫薯为例

作　　者	董红兵　著
责任编辑	陈春玲
出版发行	九州出版社
地　　址	北京市西城区阜外大街甲 35 号（100037）
发行电话	（010）68992190/3/5/6
网　　址	www.jiuzhoupress.com
印　　刷	唐山才智印刷有限公司
开　　本	710 毫米×1000 毫米　16 开
印　　张	16.25
字　　数	292 千字
版　　次	2024 年 3 月第 1 版
印　　次	2024 年 3 月第 1 次印刷
书　　号	ISBN 978-7-5225-1558-8
定　　价	78.00 元

目　录
CONTENTS

第三篇 紫薯产品的配方与工艺优化研究

第四篇　分子互作对紫薯产品品质影响研究

第五篇　紫薯深加工技术发展趋势与前景展望

引 言

紫薯，由于其表皮为紫黑色，内里是紫红色，是精心培育出的高色素新品种，故又称紫甘薯、紫红薯、黑甘薯等。因为它不仅拥有普通红薯的营养成分，富含矿物质、脂类、蛋白质、维生素、碳水化合物、水和膳食纤维等人体需要的营养素，还能调节人体内的酸碱平衡，是"生理碱性"食物，对预防心脑血管疾病和促进肠胃蠕动消化方面有显著作用，在保护肝脏、促进记忆力改善、隔离放射物质、抑菌杀菌和防癌方面有一定效果，除此之外还含有丰富的硒元素和花色苷，具有抗氧化、降血压、抑癌等生物学功效。紫薯花色苷作为一种新型的天然花色苷资源十分珍稀，其拥有良好的耐热性和耐光性，对人类维护健康、防治疾病最安全、最有效和最直接的自由基清除剂。

在我国，紫薯产品的研究和开发还处于初始阶段，但其在食品、药品、化妆品和保健品等行业中有着广阔的应用前景，在食品、保健品日益走向纯天然、无添加的今天，紫薯及其深加工产品的利用会越来越广泛，它的开发一定会拥有一个非常光明的未来。紫薯及其深加工产品的研究与开发目前存在的主要问题是：（1）产品质量不够稳定，需要加强配方与工艺优化。（2）紫薯花青素的提取率不高，品质不优。（3）紫薯粉与小麦粉共混后，分子互作机制不明。

本书集中反映了作者多年来在紫薯花青素的提取方法优化与特性研究、紫薯产品的配方与工艺优化研究、分子互作对紫薯产品品质影响研究方面的最新成果和数据，主要涉及紫薯花青素的最佳提取条件、紫薯共混面团的质构特性和流变特性、紫薯产品的质构特性、感官特性和应用特性的表征以及紫薯粉与小麦粉共混等方面的应用基础研究。这些研究得到湖北省本科高校优秀基层教学组织基金（项目编号：2019232）、湖北省教育厅科学研究项目基金（项目编号：B2017567）和武汉商学院优秀教学团队——食品科技实验教学团队（武商院教【2019】10号）和教育部产学合作协同育人项目基金（项目编号：202102028054）的资助；紫薯研究团队成员黄程等参加了部分研究工作并作出了积极贡献；本书得到了武汉商学院的大力支持，在此一并表示衷心的感谢。限于作者水平，书中难免有不足之处，恳请专家和读者批评指正。

董红兵

第一篇 01

| 紫薯概述 |

第1章

紫薯概况

1.1　紫薯的原产地与培育历史

1.1.1　甘薯原产地与培育

根据考古学、语言学和历史学的研究成果，人们公认美洲是甘薯的原产地。一般认为甘薯通过两条路线传入中国，其中最著名的是"batata"路线，即从加勒比海群岛传入欧洲，后于16世纪随葡萄牙探险者传入非洲、巴西、印度，最后经菲律宾群岛传入中国。另一条路线为"camote"路线，即在16世纪墨西哥和菲律宾的贸易往来中，甘薯通过西班牙商船从墨西哥传入菲律宾群岛，大约1594年传入中国南部。

分子标记技术为甘薯的起源在分子水平方面的研究提供了依据，RAPD标记揭示了栽培甘薯在巴布亚新几内亚和南美洲之间存在显著差异，且南美洲的遗传多样性高于巴布亚新几内亚[1]；AFLP分析表明美洲中部的甘薯栽培种遗传多样性最高，而且这一地区具有丰富的I. trafida资源，表明该地区是甘薯最初的多样性和起源中心等[2]。

我国甘薯发展经历了三个阶段：第一个时期是新中国成立前至新中国成立初期（20世纪50年代初期），主要是高产品种（包括地方品种和引进品种）；第二个时期是从20世纪50年代初至20世纪70年代末。这个时期是中国甘薯杂交育种工作蓬勃兴起和迅速发展的时期，主要育种目标是高产，兼顾抗病性，以解决粮食不足问题；第三个时期是从20世纪80年代初至现在，这个时期由原来的高产转变为产量与品质并重，注重专用型、多用途的新品种。特别是进入21世纪后，随着人们对甘薯营养保健功能的重新认识和居民膳食结构的改变，具有不同功能的甘薯品种逐渐增多，包括高淀粉的白心甘薯、高胡萝卜素的黄心甘薯、高花青素的紫心甘薯（紫薯），它们均已成为人们餐桌上的重要食品。

1.1.2　紫薯的改良

随着人们生活质量的提高，天然色素越来越受到人们的青睐。紫心甘薯（简称紫薯）富含花青素，而花青素具有很强的抗氧化性和一些独特的保健功效，尤为人们所注目。日本在 20 世纪 80 年代就开始注意紫心甘薯品种的筛选和改良工作。20 世纪 90 年代初日本首先在甘薯资源中筛选出了花青素含量相对较高的紫心品种山川紫，后来又对该品种进行了改良，并于 1995 年育成了产量和花青素含量均是山川紫两倍的紫心甘薯品种，近年又育成了花青素含量更高的一些新品种，从而为紫心甘薯（紫薯）品种的商业利用提供了重要原料。韩国也于 1998 年育成了适合食品加工用的紫心甘薯品种。我国紫薯品种的筛选和改良工作起步较晚，目前有的育种单位已开始重视紫薯品种的改良，并已育成了一些优良品种。

1.2　紫薯的营养价值与保健功能

目前，我国从国外引进及各地栽培的紫薯品种主要有：山川紫、美国黑薯、德国黑薯、济薯号、京薯号、广薯等[3]。

紫薯除了具有普通甘薯的营养成分，如淀粉、可溶性糖、蛋白质、氨基酸、膳食纤维、脂肪、多种维生素（VA、VB1、VB2、VC、VE 等）、胡萝卜素外，还富含铁（Fe）、锌（Zn）等多种微量元素，并含有丰富的硒（Se）元素、多糖、花青素、黄酮绿、原酸、多酚等功能性成分，其营养价值明显高于普通甘薯。

紫薯还具有以下保健功效：

（1）紫薯具有抗氧化、抗衰老的功效

紫薯所展现出的紫颜色主要由紫薯中所含的花青素产生。花青素是一种天然的强自由基清除剂，也是一种很好的还原剂，其抗氧化、抗衰老功效显著。由于自由基具有高度的活性和较强的氧化能力，它可以通过氧化作用攻击人体内的大分子（如：蛋白质、脂质、糖类等），使得人体内的大分子发生过氧化反应，从而引起人体内细胞结构的破坏，造成人体衰老和产生各种疾病，而紫薯中所含的花青素可以与人体内的自由基发生反应，捕捉并清除人体内的自由基，以达到清除体内自由基的目的，减少人体内过氧化物的形成，从而起到抗氧化、抗衰老的功效，来保持人体的健康。

（2）紫薯具有防癌、抗癌的功效

紫薯肉具有很好的防癌功效。一旦人体内的遗传物质被破坏或损坏，不管是动物还是人类都会有患上癌症的风险。陈伟莉、张晨、张旭浩、刘冬影、赵玺[4]等人研究了紫薯中含有的花青素具有抗结肠癌的作用。紫薯中富含大量的花青素，花青素具有强大的清除体内自由基的作用，人体内的自由基减少了，也相应降低了自由基对人体内的遗传物质的破坏，从而降低了人体患上癌症的风险。紫薯中除了富含花青素以外，还含有硒元素。紫薯中所含的硒元素能抑制人体内癌细胞中遗传物质的合成与癌细胞的生长与分裂，Vaid M，Singh T[5]研究得出硒元素可抑制癌症的发展，从而具有一定的防癌、抗癌的功效。

（3）紫薯具有调节血糖的功效

高血糖症是危害人体健康的因素之一。人体如果长期摄入过多的糖分，胰腺则需要大量分泌胰岛素，长此以往会导致胰岛素分泌衰退，不能够随时提供人体所需要的胰岛素，人体内的血糖水平得不到有效的控制，就会形成高血糖症状。一旦出现高血糖症状就应及时进行控制，放任高血糖症状的发展会导致糖尿病。李旭[6]研究发现，在对动物的实验中，紫薯中的花青素抑制了α-葡萄糖苷酶的发展，从而使得动物的血糖水平降低。

（4）紫薯具有预防心血管疾病的功效

由于生活水平的不断提高，人们每天都会吃许多含有高热量、高脂肪、高胆固醇的食物，会导致高血压、肥胖等一系列的症状。许多人每天的膳食搭配不均衡，达不到中国每日膳食指南的推荐营养成分摄入量，大多数人每天都缺乏蛋白质和膳食纤维的摄入。生活在城市中的人们大多都没有适当的运动，长期的缺乏运动导致人体消化功能降低，使得脂肪堆积。王淑娜、谭小丹、陈涵、吴先辉[7]等研究了紫薯的营养价值与加工，并得出结论：紫薯中所含的胡萝卜素、叶酸等物质能有效地预防人体心血管疾病的发生，丰富的花青素能保护人体动脉血管内壁，并且维持人体血细胞的柔韧性，从而减少心血管疾病的发生。

（5）紫薯具有抗炎功效

导致人体炎症发生的原因有三种。一、生物方面：细菌、真菌、病毒等由生物病原体引起的炎症反应。二、物理方面：高低温度、紫外线等导致的机体的炎症反应。三、化学方面：强酸、强碱等所导致的机体不良的炎症反应。宓伟、韩富磊、梁洁、梁亚楠、关百初、徐昊[8]研究发现，紫薯中所含的花青素以及微量元素硒元素的抗炎效果较为明显，成人每天适量食用紫薯可以有效缓解机体的炎症现象。

（6）紫薯具有保护肠道、调节肠道菌群的功效。紫薯中的膳食纤维含量丰富，膳食纤维能够起到加快胃肠的蠕动的作用。胃肠蠕动加快会增大体内食物的体积，从而增加人体的排便量，帮助人体排出有毒、有害以及致癌物质。因此紫薯有助于保持人体内肠道的畅通，改善人体的消化环境，预防胃癌和肠癌等消化道疾病的发生。章萍萍[9]发现了紫薯中花青素含有益生元，其对双歧杆菌、嗜酸乳杆菌等益生菌有益：益生元对益生菌的益处随着紫薯花青素浓度的增加呈快速增长，之后再缓慢减弱的趋势。每天食用适量的紫薯能起到保护人体肠道和调节肠道菌群的作用。

（7）紫薯具有抑菌的功效

据张印红、张琳琳、刁亚鹏[10]等关于紫薯花青素对金黄色葡萄球菌抑制作用的研究发现，紫薯中所含的花青素在抑制细菌生长方面发挥着重要作用：花青素可有效抑制沙门氏菌和金黄色葡萄球菌，且花青素的抑菌效果与其浓度成正比。因此，食用适量的加工紫薯对抑制细菌的生长有一定的益处。

（8）紫薯具有保护肝脏的功效

紫薯中所含的花青素在保护肝脏方面也具有一定作用。王禹、李鸿烨、喻凯、李甫、王明奎[11]用乙醇制备关于小鼠酒精性肝损伤的模型，实验结果显示紫薯中的花青素可明显降低酒精性肝模型小鼠血清中的天门冬氨酸氨基转移酶、丙氨酸氨基转移酶的活性及肝和脾脏的指数，阻止了细胞凋亡[12]，并可明显减轻小鼠的肝组织损伤的程度。所以，长期适量食用紫薯对于保护人体肝脏具有一定作用。

1.3　紫薯花青素

花青素，又称花色素，具有水溶性，在植物的花和果实部位比较常见，在紫色蔬菜内也有。花青素基本结构单元是 2-苯基苯并吡喃型阳离子，被叫作花色基元，包含 2 个苯环，并由三碳的单位联结，即 C6—C3—C6 碳骨架结构[13]。目前，人们所知的花青素有 20 多种，有六种在植物体中是比较常见的。花青素对多种大型疾病都有预防和治疗作用，被赋予"第七大营养素"的美称[14]。紫薯花青素属于稳定的酚类化合物中黄酮类化合物，紫薯花青素作为一种天然的色素，对人体是没有任何危害的，甚至是有一定的保健作用的，兼具药食两用的功能[15]。一般成熟紫薯中花青素类色素的含量为 0.2%～0.8%，有些品种高达 1.2%[16]。从红甘蓝、草莓等提取的天然色素，其稳定性、耐光性、耐热性都不及紫薯花青素，有些紫色水果的花青素含量甚至不及紫薯。

1.3.1　紫薯花青素的功效

（1）清除自由基，抗衰老

自由基理论认为衰老与自由基的作用有一定的关联，人体内时刻产生着自由基，自由基对细胞成分和结缔组织进行着有害攻击，但是同时又有自由基清除系统如超氧化物歧化酶（SOD）、谷胱甘肽过氧化物酶（GSH-Px）等一些酶，此外还有 VC、VE、β-胡萝卜素和硒等抗氧化剂，让体内自由基维持平衡，这一理论是在 1956 年被 Harman 提出的[17]。而随着人的衰老，代谢减弱，这种平衡也一步步地被打破，抗氧化剂能有效地减少这种破坏。张毅在研究两种不同生长环境相同几个品种紫薯花青素的含量和抗氧化能力时，发现其差异性都比较大，花青素的抗氧化能力与自身含量呈极显著正相关关系[18]。

（2）保护肝脏

Wang 等在进行百草枯引发动物肝脏损害的实验中发现，用少量的花色苷可以用缓解老鼠肝脏损伤，证明花色苷是能保护动物肝脏的[19]。

（3）抗癌症突变

花青素的作用不仅在于赋予植物丰富多彩的色彩，还能激发动物防止癌细胞突变酶的活性，使酶作用于防止癌突变。研究表明，花青素在一定的浓度条件下可以有效地防止不同阶段的癌变，但花青素的个体效应目前还没有被明确，部分原因是生物测定是在与其他酚类物质等稳定成分分离后进行的，花青素很容易降解[20]。

（4）其他功效

除了以上列举出来的生理功能外，还有保护视力的作用，能防止视力减弱、预防重度近视及视网膜剥离病变的产生。

1.3.2　紫薯花青素应用现状

（1）在食品行业中的应用

天然色素主要提取于自然界中的植物，同时也包括动物和微生物，大多数天然色素是没有任何毒性和副作用的，且具有一定的营养性，有些甚至具有一定的药理性。紫薯花青素属于天然色素，具有易于吸收利用、无毒副作用、无特殊气味，有抗氧化、增强机体免疫等保健功能，而其随着 pH 值的不同所呈现的颜色也不同这一特点，有着人工合成色素无法比拟的优点。随着人们的健康意识逐渐增强，紫薯花青素的需求量也逐渐增加。花青素时常被当作天然防腐剂替代合成的防腐剂用在饮料的生产加工中。紫薯花青素作为一种理想的可食用的天然抗氧化剂和天然着色剂，可以应用在面包、果冻、饼干、果汁饮料、果酱等食品中。

（2）在医药行业中的应用

目前发现的对人类疾病防治、保护人体健康最直接且最安全有效的自由基清除剂是花青素，其清除自由基的能力远远强于维生素 C 和维生素 E 等强抗氧化剂，对 100 多种疾病有预防和治疗作用[21]。在生产加工药用品时为了区分药品种类常常会加入一些色素，而花青素属于天然色素，来源广又安全，在医药品生产加工方面的应用前景非常广泛。

（3）在化工行业中的应用

皮肤属于结缔组织，对皮肤的整个结构起着支撑作用的是胶原蛋白和硬弹性蛋白。人体的皮肤细胞将近一半是被太阳杀死的，但是皮肤用花青素防护的话，则有超过四分之三的皮肤细胞是可以避免被太阳杀死的。作为一种非常有效的抗氧化剂，其可以防止色斑、皱纹等不良皮肤问题的提早出现。而在国外，花青素早已经被投入使用了，它有着"口服的皮肤化妆品"的美称。由于花青素是对阳光和紫外线是有很好的遮蔽作用的，所以，使用含花青素的化妆品紫外线对皮肤的损伤可以被很好地降低。现市面上售卖的含紫薯成分的化妆品也是利用它含有的花青素这一有效成分来护理皮肤的。而添加了合成色素的化妆品，可能对人体皮肤、神经及其他组织都带来损害。紫薯花青素作为有效的抗氧化因子和天然色素是可以添加到面膜、口红、护肤产品当中的，人们对健康和美的追求同时被满足了。

1.3.3　紫薯花青素的提取方法

1.3.3.1　溶剂萃取法

目前，花青素的提取方法主要是溶剂提取，其提取剂包括甲醇、乙基酮、丙酮、乙醇、水或混合溶剂，在提取时，加入一定浓度的盐酸或甲酸以防止花青素降解，含有脂溶性物质的样品也可通过加入石油醚、乙醚等来提取[22]。

1.3.3.2　微波提取法

微波辅助提取主要使用高频电磁波穿透紫薯组织，高温辐射使胞内压与细胞壁承受力不平衡，从而导致细胞壁破裂，胞内物质自由流出，在较短时间内、较低温度下胞内物质被提取介质解离出来，提取物最终被提纯。微波辅助法具有节省试剂、快速高效、应用广泛、工艺简单、节省成本的优点。

1.3.3.3 酶法提取法

酶解法就是利用酶的高效专一性破坏植物细胞组织，使胞内物质被有效地溶解出来。纤维素、半纤维素、果胶等多糖物质是植物细胞壁的主要成分，细胞壁和其中所含的果胶等物质可以很好地被纤维素酶和果胶酶等酶类破坏，使胞内物质溶出。

1.3.3.4 超声辅助提取法

超声波方法在紫薯花青素提取工艺里主要起辅助作用，一般是两种及两种以上提取方法一起使用的。声波迸发出高速剧烈的空化效应和搅拌作用，有效地毁坏植物细胞，使溶剂进一步渗透到细胞内，提高提取率。其具备提取效率高、提取时间短、适应性普遍、杂质少的长处。

1.3.3.5 其他

主要是多种方法结合的复合型方法，比如双酶法结合超声波法，此外还有微生物发酵法。

1.3.4 花青素抗氧化活性研究方法

氧化自由基吸收能力（Oxygen Radical Absorption Capacity）是测试抗氧化活性的方法，称为 ORAC。（亲水性、亲脂性）过氧化自由基、OH 自由基等这几种活性氧分子都是 ORAC 测定的对象。体内抗氧化主要测定几种酶在人体内的转变，包括 MAD、SOD、GSH-PX 这几种酶发生的改变，来判断抗氧化效果。目前，研究花青素体外抗氧化活性的方法主要是检测物质对自由基（DPPH 自由基、OH 自由基、超氧阴离子自由基、ABTS 自由基）的清除能力和氧自由基吸收能力等方法[23]。为了测定紫薯花青素的体外抗氧化能力，本研究采用的方法是测定紫薯花青素对 DPPH 自由基的清除能力，这种方法操作简捷、快速。

1.3.5 花青素的鉴定分析方法

1.3.5.1 紫外-可见光谱分析法（UV）

一直以来，人们在鉴定花色苷的结构时大多使用的是紫外可见光谱法。其主要依据是花色苷在不同波长下的基团的吸收峰各不相同，对其分析即能推断出它的结构特征。在可见光区，花色苷的最大吸收峰大约在 500~540 nm，紫外区大约在 270 nm，想测定该色素是否为花色苷类的色素，可通过其最大吸收波长来判断。UV 方法简便，重复性好，但样品的特异性显现不出来，而且利用紫外分光光度计判断不了每个物质各个成分的组分情况。因为花色苷溶液会受所处条件因素的影响从而改变吸收波长和最大吸收峰的位置，所以使用紫外-可见光谱分析法进行检测的时候一定要仔细控制测量时的相关条件。

1.3.5.2　高效液相色谱法（HPLC）

HPLC 是一种具有高效、速度快技术优点的分离方法。高效液相色谱具有很高的分辨率，在很短的时间内能够将 15 种不同种类的花色苷进行分离，其对花色苷的结构进行鉴定的主要工作原理是判断标样和样本保存时间是否一致。但是它的缺点之一在于目前人们能够得到的花色苷种类的标样非常少，且植物中含有花色苷类物质的结构非常多，所以无法初步判断其结构归属，因此想要定性分析花色苷时，使用 HPLC 法会受到一定的限制。

1.3.5.3　液质联用法（HPLC-MS）

如今质谱仪被使用在天然产物的结构鉴定上已经非常普及。近几些年以来，电离技术已经被广泛应用于具有较低的热稳定性的花色苷中。通过电离源获得微小的颗粒，由此可以了解他们的分子量，这解决了无标准试样也能测定物质特性结构的问题。MS 技术解决了 HPLC 缺乏标准样品的缺点，利用质荷比对样品进行定性，增加了对花色苷的鉴别精确度。从某种程度上来讲，液质联用技术为 HPLC 提供了有益的补充，结合样品质谱和高效液相色谱中的数据，能够对样品进行定性和定量分析。因此，如今在花色苷鉴定中使用液质联用法越来越普遍。

1.3.5.4　核磁共振波谱法（NMR）

核磁共振波谱法是一种快速精确，并且分辨率高的分析鉴定方法，对于鉴定有机物结构来说是非常厉害的手段之一，现在已经在植物化学和生物化学等很多方面得到普遍应用。NMR 法更适于对高度复杂的酰化花色苷进行结构分析[24]。虽然核磁共振波谱法对花色苷鉴定具有信息量丰富等优点，但是使用此方法需要大量纯化样本，而目前世界上含有的纯化样本非常稀少。

1.4　紫薯全粉及其复合产品现状

紫薯如今已成功转型为营养丰富、齐全，有保健功能的食物。"紫薯热"的升温和消费者对保健食品的理性认识，使紫薯的加工利用势在必行。新鲜的紫薯存在易腐烂、难以保存等问题，一般而言，将新鲜的紫薯制成粉状，添加到食品中，制成紫薯类制成品更便于保存。例如，紫薯面包、紫薯馒头、紫薯蛋糕、紫薯饼干，等等。紫薯全粉是鲜薯的脱水干燥制品之一。它以新鲜紫薯为原料，是经过清洗、去皮、切片、漂洗、蒸煮、干燥、粉碎过筛等工艺制得的粉末状产品[25]，其几乎保留了除薯皮以外的所有干物质，产品复水后能较好地呈现紫薯的色泽和香气。与鲜薯相比，紫薯全粉水分含量大大降低，营养成分富集，保健功效增强，易于运输和保存，便于流通和加工应用。紫薯的干燥工艺一般分为热风干燥、真空冻干、微波加工、挤压膨化等[26-27]。

目前紫薯淀粉复合产品主要有以下几大类：烘焙食品类；粉条、面条类；饮料类；休闲方便食品类，等等。我国已有用甘薯发酵来生产乙醇、酒品及饮料等工艺[28]。紫薯深加工食品基本上可以被分为两大类，一个是发酵后的复合型产品如，果饮料、乳酸发酵紫薯饮料等。另一种是不需要发酵的制品，有粉丝、粉条类；休闲食品类，如紫薯薯片、紫薯脆片；烘焙食品类，如紫薯蛋糕、紫薯面包；饮料类，如紫薯牛奶、雪糕，等等[29]。

参考文献

[1] ZHANG LM, WANG QM, XI GH, et al. Overcoming sweet potato cross-incompatability withplant growth regulators [J]. *Proc 1st Chinese-Japanese Symp Sweetpotato & Potato*, 1995: 132-135.

[2] Zhang D. P., M. GHISLAIN, Z. HUAMAN, et al. RAPD variation insweetpotato (Ipomoea batatas L.) cultivars from South America and Papua New Guinea [J]. *Genetic Resources and Crop*, 1998, 45: 271-277.

[3] 张婷，陈小伟，张琪，等. 紫薯功能性与其食品开发研究进展 [J]. 食品工业科技，2018，39 (13)：315-319，324.

[4] 陈伟莉，张晨，张旭浩，等. 紫薯花青素抗结肠癌作用及其诱导细胞凋亡机制 [J]. 吉林大学学报 (医学版)，2015，41 (04)：785-789，889.

[5] VAID M, SINGH T, PRASAD R, et al. Bioactive proanthocyanidin sinhibitgrowth and induce apoptosis in human melanoma cells by decreasing the accumulation of β-catenin [J]. *International Journal of Oncology*, 2015, 48 (2): 624-634.

[6] 李旭. 紫薯及其花青素的营养价值 [J]. 食品安全导刊，2016 (27)：106.

[7] 王淑娜，谭小丹，陈涵，等. 紫薯的营养价值与加工 [J]. *农产品加工*，2015 (21)：36-38.

[8] 宓伟，韩富磊，梁洁，等. 紫薯花青素减轻高脂饲料联合四氯化碳诱导大鼠脂肪性肝炎 [J]. 卫生研究，2018，47（04）：517-524.

[9] 章萍萍. 紫薯花青素的提取、纯化及其抗氧化和益生元活性研究 [D]. 合肥：合肥工业大学，2017.

[10] 张印红，张琳琳，刁亚鹏. 紫薯花青素对金黄色葡萄球菌的抑制作用研究 [J]. 当代化工研究，2017（08）：122-123.

[11] 王禹，李鸿烨，喻凯，等. 紫甘薯花青素对小鼠酒精性肝损伤的保护作用 [J]. 华西药学杂志，2017，32（06）：583-586.

[12] CHENG J, WANG Y, CAO Y, et al. The distribution of 18enterotoxin and enterotoxin-like genes in StapHy lococcusaureus strains from different sources in east China [J]. *Foodborne Pathogens & Disease*, 2016, 13 (4)：171.

[13] Holton ta Cornish-EC. Genetics and Biochemistry of Anthocyanin Biosynthesis [J]. *The Plant Cell*, 1995, 7 (7)：1071-1083.

[14] 田妍基. 紫薯花青素提取分离纯化方法的研究进展 [J]. 福建轻纺，2016，(1)：51-54.

[15] 毕云枫. 紫薯花青素提取工艺和纯化的研究 [J]. 食品科技，2015，40（2）：259-263.

[16] 郭彩华. 紫薯花青素的提取及其在 VC 含量测定中的应用 [J]. 食品科学，2016，37（9）：134-138.

[17] HARMAN, D. Aging：a theory based on free radical and radiation chemistry [J]. *Journal of Gerontology*, 1956, 11 (3)：298-300.

[18] 张毅. 不同地区紫薯的花青素含量与体外抗氧化活性比较 [J]. 江苏农业科学，2017，45（21）：205-207.

[19] WANG C J, WANG J M, LIN W L, et al. Protective effect of Hibiscus anthocyanins against tert-butyl hydroperoxide-induced hepatic toxicity in rats. [J]. *Food & Chemical Toxicology*, 2000, 38 (5)：411-416.

[20] 韩海华，梁名志，王丽，等. 花青素的研究进展及其应用 [J]. 茶叶，2011，37（4）：217-220.

[21] 田丽君. 紫薯花青素分离纯化及理化性质研究 [D]. 武汉：武汉工业学院，2012.

[22] 孙建霞，张燕，胡小松，等. 花色苷的结构稳定性与降解机制研究进展 [J]. 中国农业科学，2009，42（3）：996-1008.

[23] 薄艳秋. 蓝莓花青素的提取和抗氧化活性研究 [D]. 哈尔滨：东北

农业大学，2012.

[24] 齐敏玉. 鲜食/加工紫薯品质分析及花色苷加工稳定性研究 [D] . 武汉：武汉轻工大学，2015.

[25] 白津榕. 紫薯产品的开发研究现状 [J] . 食品工程，2013 (04)：4，17.

[26] 张淼，李燮昕，贾洪锋，等. 我国紫薯全粉加工及利用现状研究 [J] . 四川高等专科烹饪学校学报，2012 (4)：25-28.

[27] 王丽娟，王琴，温其标. 甘薯全质微粉的研究与开发进展 [J] . 食品工业科技，2008，9 (29)：302-304，90.

[28] 王冰莹. 青稞红曲紫薯酒的加工工艺及品质研究 [D] . 成都：四川农业大学，2017.

[29] 何伟忠，木泰华. 我国甘薯加工业的发展现状概述 [J] . 食品研究与开发，2006，27 (11)：176-180.

02

第二篇

**紫薯花青素的提取方法
优化与特性研究**

第2章

酶法提取紫薯花青素及其抗氧化性研究

2.1　引　言

本研究以鲜紫薯为原料，研究了纤维素酶和果胶酶两种酶一起复合使用提取紫薯花青素的方法，并研究了紫薯花青素体外的抗氧化活性。目前提取紫薯花青素的方法有很多，但是都存在一定的限制条件，提取率也不是很高，所以对花青素的提取还有待进一步研究。和其他含有花青素的果蔬相比而言，紫薯花青素更稳定，提取工艺更加简单，紫薯花青素的提取率相比其他植物也高出很多[1]。紫薯适应我国大部分地区的气候、环境等外部条件，其种植比较普遍、产量高。从生产成本、紫薯原料的来源以及加工技术等多角度来看，紫薯有着很高的经济价值。而且，以复合酶法提取紫薯花青素工艺简单高效，没有任何化学上的危害，花青素提取相比其他的提取方式更简单和更安全。复合酶法提取方法易于生产操作，会更少地使用化学试剂，产品质量安全、能耗低、无环境污染[2]。

以单酶法和复合酶法提取的花青素得率作为比较，选择提取率高的作为提取方法。通过研究纤维素酶加入量因素的影响、果胶酶加入量的影响、酶解温度因素的影响、酶解时间因素的影响、酶解 pH 值因素的影响、料液比因素的影响，选择对实验结果影响较大的几个因素，设置比较合适的水平进行正交试验，比较不同组复合酶法提取紫薯花青素得率最高，最后分析结果得出最佳提取条件和最佳提取组合。本实验还研究了紫薯花青素的粗提取物的体外抗氧化性，把紫薯花青素粗提取物对 DPPH 自由基的清除率作为评价标准[3]。

2.2 实验材料与方法

2.2.1 实验材料

2.2.1.1 实验原料

紫薯，购于武汉周边，个头均无较大的差异，约150g一个，新鲜，无任何腐烂部位，无任何异味，颜色正常。

2.2.1.2 实验试剂

表2-1 实验试剂

名称	规格	厂家
苋菜红标准品	分析纯	罗恩试剂
柠檬酸	分析纯	天津市永大化学试剂有限公司
柠檬酸钠	分析纯	天津市永大化学试剂有限公司
纤维素酶	50u/mg	罗恩试剂
果胶酶	30u/mg	罗恩试剂
医用酒精	95%	武汉兴和达商贸有限公司
2，2-联苯基-1-苦基肼基	≥98.5%	麦克林试剂
抗坏血酸	分析纯	国药集团化学试剂有限公司

2.2.1.3 主要实验仪器与设备

表2-2 主要实验仪器与设备

型号	名称	厂家
HH-S4	数显恒温水浴锅	金坛市杰瑞尔电器有限公司
UV5500PC	紫外分光光度计	上海元析仪器有限公司
TGL-205	医用离心机	湖南平凡科技有限公司
JY-C50T	九阳料理机	九阳股份有限公司
PHS-3C	pH计	上海今迈仪器仪表公司
FA1004	分析天平	上海上平仪器有限公司

2.2.2　实验方法

2.2.2.1　苋菜红标准曲线

精确称取 0.01g（精确到 0.001g）的苋菜红标准品置于容量瓶中，用蒸馏水定容到 100mL，充分摇匀，在室内静置 15min 左右。然后精确吸取 0.5mL、1.0mL、1.5mL、2.0mL、2.5mL 的苋菜红溶液，再用蒸馏水定容至 10mL 试管内，同样在室温下静置 10min。在 525nm 波长处，以蒸馏水为空白参照物，测定定容后的苋菜红溶液的吸光值，同时把测定后的结果记录下来。之后，横坐标设置为吸光度，纵坐标设置为苋菜红浓度，绘制苋菜红标准曲线，同时得到回归方程，利用回归方程可以计算提取的花青素含量[4]。

2.2.2.2　样品中花青素得率的计算

精确吸取 2.0mL 的经过离心后的紫薯花青素粗提取液定容至 10mL 试管内，测定紫薯花青素的吸光度按照 2.2.2.1 的方法，再根据回归方程计算紫薯花青素的浓度，计算出紫薯花青素的浓度后将其带入公式（2-1）中，计算紫薯花青素的得率[5]。

紫薯花青素得率（ug/g）$= c \times v \div m$　　　　　　　　　　　　（式 2-1）

公式中：c——紫薯花青素的浓度（mg/mL）

v——紫薯花青素稀释后的溶液总体积（mL）

m——紫薯样品的质量（g）

2.2.3　原料预处理

购买的新鲜紫薯洗净，去皮切成丝，用榨汁机打浆成糊状，用保鲜膜密封，存放于 4℃冰箱内。

2.2.4　不同酶法提取紫薯花青素

2.2.4.1　纤维素酶提取紫薯花青素

将紫薯洗净，去皮切成丝，称取 150g 的紫薯，配上 65mL 的蒸馏水，用榨汁机打浆成糊状，精确称取 20g 的鲜紫薯泥置于烧杯内，按照 1:5 的料液比加入量好的蒸馏水，按照底物的量加入称好的 0.03g 纤维素酶置于烧杯内，用玻璃棒充分搅匀，让酶与紫薯充分接触，让酶解面积尽可能地增大，提高酶解效果。使用已经调好的 pH 计测定鲜紫薯溶液的 pH 值，再使用配置好的柠檬酸缓冲液（浓度为 0.1mol/L）和柠檬酸钠缓冲液（浓度为 0.1mol/L）调节所需要的

pH5.0。用保鲜膜密封后放入事先调好温度的恒温水浴锅内，在55℃温度下酶解2h。酶解好的紫薯使用医用离心机在10000r/min、4℃条件下离心15min。精确吸取2mL的紫薯溶液上清液，使用蒸馏水定容至10mL试管内，在525nm波长处测定吸光值，计算花青素含量和得率[6]。

2.2.4.2 果胶酶提取紫薯花青素

将紫薯洗净，去皮切成丝，称取150g的紫薯，配上65mL的蒸馏水，用榨汁机打浆成糊状，精确称取20g的鲜紫薯泥置于烧杯内，按照1∶5的料液比加入量好的蒸馏水，按照底物的量加入称好的0.03g果胶酶置于烧杯内，用玻璃棒充分搅匀，让酶与紫薯充分接触，让酶解面积尽可能地增大，提高酶解效果。使用已经调好的pH计测定鲜紫薯溶液的pH值，再使用配置好的柠檬酸缓冲液（浓度为0.1mol/L）和柠檬酸钠缓冲液（浓度为0.1mol/L）调节所需要的pH5.0。用保鲜膜密封后放入事先调好温度的恒温水浴锅内，在55℃温度下酶解2h。酶解好的紫薯使用医用离心机在10000r/min、4℃条件下离心15min。精确吸取2mL紫薯溶液的上清液，使用蒸馏水定容至10mL试管内，在525nm波长处测定吸光值，计算花青素含量和得率[7]。

2.2.4.3 复合酶法提取紫薯花青素

将紫薯洗净，去皮切成丝，称取150g的紫薯，配上65mL的蒸馏水，用榨汁机打浆成糊状，精确称取20g的鲜紫薯泥置于烧杯内，按照1∶5的料液比加入量好的蒸馏水，按照底物的量加入称好的0.03g果胶酶和0.03g纤维素酶置于烧杯内，用玻璃棒充分搅匀，让酶与紫薯充分接触，让酶解面积尽可能地增大，提高酶解效果。使用已经调好的pH计测定鲜紫薯溶液的pH值，再使用配置好的柠檬酸缓冲液（浓度为0.1mol/L）和柠檬酸钠缓冲液（浓度为0.1mol/L）调节所需要的pH5.0。用保鲜膜密封后放入事先调好温度的恒温水浴锅内，在55℃温度下酶解2h。酶解好的紫薯使用医用离心机在10000r/min、4℃条件下离心15min，离心完成的紫薯样品存放于4℃冰箱里。精确吸取2mL紫薯溶液的上清液，使用蒸馏水定容至10mL试管内，在525nm波长处测定吸光值，计算花青素含量和得率[8]。

2.2.5 不同因素对复合酶法提取紫薯花青素的影响

在之前酶法提取紫薯花青素研究的基础上，可以选择几个对紫薯花青素提取影响比较大的因子，即纤维素酶的添加量、果胶酶的添加量、pH值、酶解时间、酶解温度、料液比这六个因子作为本次研究的单因素条件[9]。

2.2.5.1　纤维素酶添加量因素的影响

精确称取 20g 事先打好的鲜紫薯泥置于同样规格的烧杯内，分别称取 5 份，在酶解 pH5.0，酶解温度为 55℃，料液比为 1∶5，酶解时间 2h，果胶酶添加量为 0.02g，纤维素酶加入量分别为 0.02g、0.025g、0.03g、0.035g、0.04g 的条件下，先按照 2.2.4.3 所介绍的复合酶法进行紫薯花青素的提取，再精确吸取 2mL 的紫薯上清液，用蒸馏水定容至 10mL 试管内，在 525nm 波长处测定吸光值，计算花青素含量和得率[10]。

2.2.5.2　果胶酶添加量因素的影响

精确称取 20g 的鲜紫薯泥，置于一样大小的烧杯内，分别称取 6 份，在酶解 pH5.0，酶解时间 2h，原料和水溶液比为 1∶5，酶解温度为 55℃，维素酶添加量为 0.03g，果胶酶添加量分别为 0.005g、0.01g、0.015g、0.02g、0.025g、0.03g 的条件下，先按照 2.2.4.3 所介绍的复合酶法进行紫薯花青素的提取，再精确吸取 2mL 的紫薯上清液，用蒸馏水定容至 10mL 试管内，在 525nm 波长处测定吸光值，计算花青素含量和得率。

2.2.5.3　酶解 pH 值因素的影响

精确称取 20g 的鲜紫薯泥，置于一样大小的烧杯内，称取 7 份，在酶解温度为 55℃，果胶酶添加量为 0.02g，料液比为 1∶5，酶解时间 2h，纤维素酶添加量为 0.03g，酶解 pH 变量分别为 pH3.5、4.0、4.5、5.0、5.5、6.0、6.5 的条件下，先按照 2.2.4.3 所介绍的复合酶法进行紫薯花青素的提取，再精确吸取 2mL 的紫薯上清液，用蒸馏水定容至 10mL 试管内，在 525nm 波长处测定吸光值，计算花青素含量和得率[11]。

2.2.5.4　料液比因素的影响

精确称取 20g 的鲜紫薯泥，置于一样大小的烧杯内，分别称取 7 份，在果胶酶添加量为 0.02g，酶解 pH5.0，酶解时间 2h，酶解温度为 55℃，纤维素酶添加量为 0.03g，料液比分别为 1∶3、1∶4、1∶5、1∶6、1∶7、1∶8、1∶9 的条件下，先按照 2.2.4.3 所介绍的复合酶法进行紫薯花青素的提取，再精确吸取 2mL 的紫薯上清液，用蒸馏水定容至 10mL 试管内，在 525nm 波长处测定吸光值，计算花青素含量和得率[12]。

2.2.5.5　酶解温度因素的影响

精确称取 20g 的鲜紫薯泥，置于一样大小的烧杯内，称取 5 份，在料液比为 1∶5，酶解时间 2h，纤维素酶添加量为 0.03g，果胶酶添加量为 0.02g，酶解

pH5.0，酶解温度设为变量，分别设置为40℃、45℃、50℃、55℃、60℃的条件下，先按照2.2.4.3所介绍的复合酶法进行紫薯花青素的提取，再精确吸取2mL的紫薯上清液，用蒸馏水定容至10mL试管内，在525nm波长处测定吸光值，计算花青素含量和得率。

2.2.5.6 酶解时间因素的影响

精确称取20g的鲜紫薯泥，置于一样大小的烧杯内，称取5份，在酶解温度为50℃，酶解pH5.0，料液比为1∶5，果胶酶添加量为0.02g，纤维素酶添加量为0.03g，分别酶解1h、2h、3h、4h、5h的条件下，先按照2.2.4.3所介绍的复合酶法进行紫薯花青素的提取，再精确吸取2mL的紫薯上清液，用蒸馏水定容至10mL试管内，在525nm波长处测定吸光值，计算花青素含量和得率。

2.2.6 正交试验

从单因素实验结果中选择对正交试验结果影响比较大的因素，选择比较关键的因素进行研究分析，选择恰当的水平，设计一个四因素三水平的正交试验对正交试验结果进行分析，确定哪一个因素对紫薯花青素的影响较大，即主要因素和次要因素，得出最佳的提取工艺组合，最后得出复合酶法提取紫薯花青素的得率[13]。

表2-3 正交试验因素水平表

水平	因素			
	纤维素酶（g）	果胶酶（g）	pH值	温度（℃）
1	0.027	0.022	5.2	52
2	0.03	0.025	5.5	55
3	0.033	0.028	5.8	58

2.2.7 紫薯花青素抗氧化活性研究

2.2.7.1 紫薯花青素清除DPPH实验

精确量取84.2mL的95%的乙醇溶液，置于100mL的容量瓶中，再量取15.8mL的蒸馏水，配置成80%的乙醇水溶液。称取0.00078mg的DPPH剂，用80%乙醇溶液定容至10mL的试管内，摩尔质量浓度为$2×10^{-4}$mol/L。制作5份不同含量的花青素溶液，用离心机在4℃、转速为10000r/min离心15min，量取

2mL 的紫薯溶液的上清液置于试管中，加入 2mL DPPH 溶液与 80%乙醇混合溶液，将其充分摇匀，在室温下静置 30min。之后用 80%的乙醇溶液为空白对照组，使用紫外分光光度计在波长为 517nm 下测定静置好的溶液吸光度，记录为 A1。在相同条件下测定 2mL DPPH 溶液与 80%乙醇溶液混合后的吸光度，记录为 A2。精确量取 2mL 的紫薯溶液上清液置于试管内，加入 2mL 的 2mL DPPH 溶液与 80%乙醇溶液，与 A1、A2 在相同条件下测定其吸光度设为 A3。做 3 组平行试验，取平均值后再按照公式 2-2 计算紫薯花青素对 DPPH 自由基的清除率，清除率越大表明花青素含量也越高。

按照同样的方法配置与紫薯花青素同样浓度的 VC 水溶液，按照以上的方法做 VC 清除 DPPH 自由基的对照实验，按照同样的方法计算清除率，同时记录下来。

清除率＝［1－（A1－A3）／A2］×100 %　　　　　　　（式 2-2）

2.3　实验结果分析

2.3.1　苋菜红标准曲线的绘制

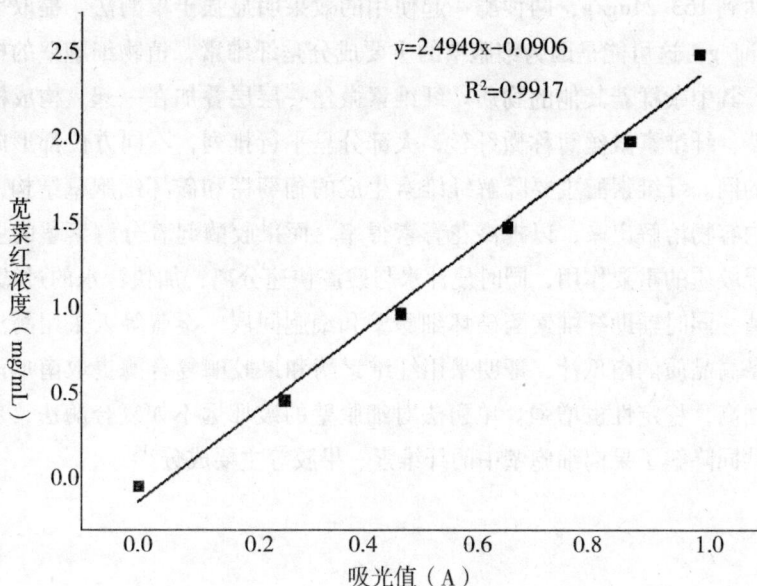

y=2.4949x−0.0906
R²=0.9917

图 2-1　苋菜红标准曲线

以测定的五组苋菜红溶液吸光度，绘制苋菜红标准曲线，得到图 2-1 的苋菜红标准线图，同时得到出 $y = 2.4949x - 0.0906$，$R^2 = 0.9917$ 的线性回归方程。

2.3.2 单酶法和复合酶法提取紫薯花青素得率

酶是一种高效专一的催化剂，故可以通过利用活性酶来水解特定的物质，最终使酶解对象分解。植物细胞壁由多种成分构成，其中占比较大的是由葡萄糖、阿拉伯糖等聚合而成的淀粉、果胶，纤维素和半纤维素等多糖物质。它们除了多糖以外，还有一部分是蛋白质、脂肪酸和酶类。构成细胞壁框架的则是纤维素。利用酶的高效专一性可以避免对除了底物外的其他物质的破坏，在提取紫薯花青素时，可以对紫薯细胞壁中的有效成分进行有效的分解，从而降低传质阻力，提高提取率。为了提高花青素的提取率，本实验选择了纤维素酶、果胶酶、纤维素酶和果胶酶复合酶法对紫薯进行酶解和一组空白组作为参照，在其他因素都保持一样，只有种类使用不同的条件下，比较了三组不同的酶法对紫薯花青素提取率的影响。结果如图 2-2 所示，纤维素酶和果胶酶复合酶法、纤维素酶、果胶酶这几种酶法的花青素提取率高于空白实验，这表明酶对紫薯花青素的提取率是有所帮助的。空白参照组的紫薯花青素提取率为 121.365ug/g，果胶酶对紫薯花青素的提取率达到 134.568ug/g，纤维素酶对紫薯花青素的提取率达到 163.24ug/g，两种酶一起使用的效果明显强于单酶法，提取率达到 399.763ug/g。这可能是因为细胞壁的主要成分是纤维素，植物细胞壁的框架被其构成，其中杂糅着其他的物质。纤维素微丝一层层叠加在一起，构成植物细胞的框架，纤维素微丝简称微纤丝，大部分呈平行排列，不同方位都形成了错综复杂的网。纤维素酶主要降解纤维素生成的葡萄糖和破坏细胞壁结构，从而使细胞内容物溶解出来，以提高花青素得率。而果胶酶起着分解紫薯的主要成分——果胶质的重要作用，同时使汁水与残渣快速分离，加快汁水的过滤速度，促进澄清，同时辅助纤维素酶破坏细胞壁和细胞间层。秦蓝等人采用酶法液化技术制备高品质的南瓜汁，证明采用纤维素酶和果胶酶复合酶提取南瓜汁出汁率显著增高，稳定性也增强。单酶法对细胞壁的破坏远不如复合酶法，是因为复合酶共同降解了果肉细胞壁中的纤维素、果胶等主要成分[14]。

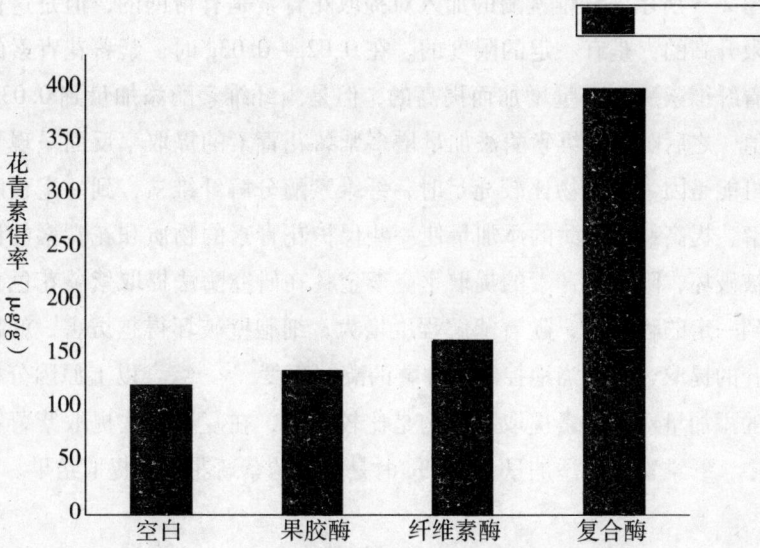

图 2-2　单酶法和复合酶法提取紫薯花青素

2.3.3　纤维素酶添加量因素的影响

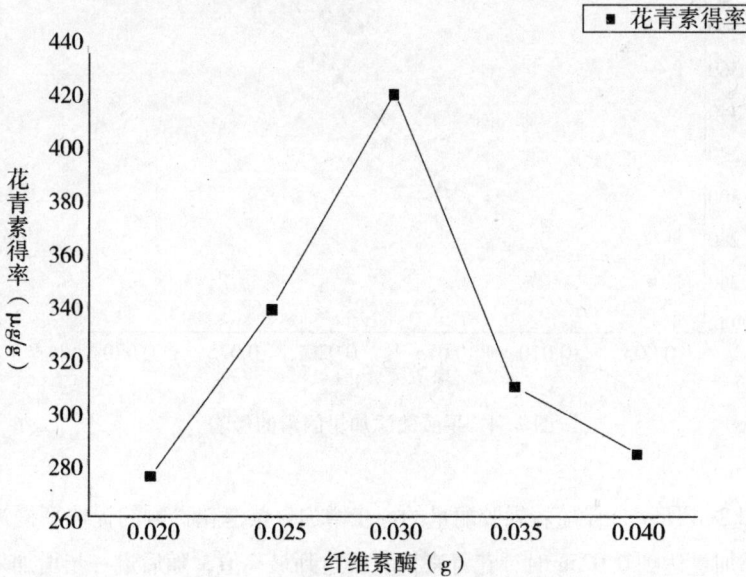

图 2-3　纤维素酶添加量因素的影响

如图 2-3 所示，纤维素酶的加入对提取花青素是有帮助的，但是这种帮助不是无限升高的，是有一定的限度的。在 0.02g～0.03g 时，紫薯花青素的提取率是随着纤维素酶加入量增加而提高的，但是当纤维素酶添加量到 0.03g 时达到了峰值，之后随着纤维素酶添加量增多紫薯花青素的提取率反而呈现下降趋势。这可能是因为在底物比较充足时，纤维素酶分解纤维素，到一定程度底物完全分解，提高纤维素酶的添加量使一些保护花青素的物质和花青素的稳定性反而会被破坏，降低花青素的提取率。李金林在研究酶法提取紫薯花色苷时提到酶解到一定的程度时，随着酶解程度增大，细胞壁破坏得越厉害，就越不利于花色苷的提取，要适当地控制紫甘薯的酶解程度[15]。综合以上原因分析，纤维素酶的添加量对花青素提取率影响是比较大的，在复合酶法提取紫薯花青素的实验中，纤维素酶的添加量为 0.03g 时是最佳的紫薯花青素提取结果。

2.3.4 果胶酶添加量因素的影响

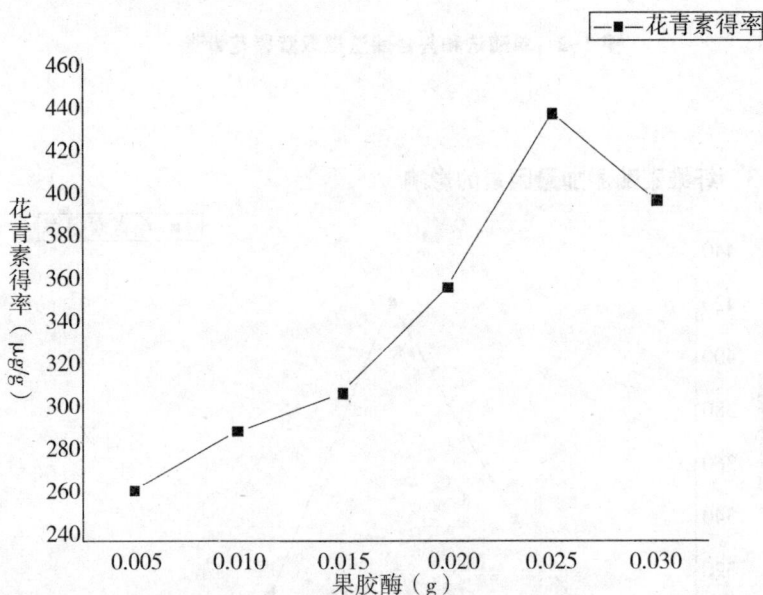

图 2-4 果胶酶添加量因素的影响

如图 2-4 所示，伴随着果胶酶量的逐步增加，紫薯花青素的提取率慢慢提高，果胶酶添加量达到 0.025g 时，花青素提取率达到最高值，随后进一步增加果胶酶，花青素的得率反而呈下降走向。这可能是因为酶解到一定程度时，部分原来被包裹的可溶性成分被溶出，果胶形成一种包裹，对花青素提取反而不利，要适当地添加果胶酶[15]。综上所述,选择 0.025g 的果胶酶最为恰当,花青素提取率也最高。

2.3.5　酶解 pH 因素的影响

如图 2-5 所示,紫薯花青素的提取率是随着 pH 值的升高而提高的,呈线性上升的趋势,pH 值为 5.5 时达到最大值,也就是说提高溶液的 pH 值是对紫薯花青素的提取有促进作用的。但是之后紫薯花青素的提取率并没有随着 pH 值的升高而提高,反而出现显著下降趋势。这可能是因为纤维素酶的最适宜 pH 值在 4.5~6.5,而果胶酶的最适宜 pH 值大概在 3.0~6.0。过酸过碱的环境都会影响纤维素酶和果胶酶的活力,从而影响两种酶对细胞壁的破坏,使胞内物质不能很好地溶解出来;同时,还可能和花青素在不同的 pH 值呈现出来的不同颜色有一定的联系。所以,选择 pH 值在 5.5 时最为恰当,花青素提取率也最高。

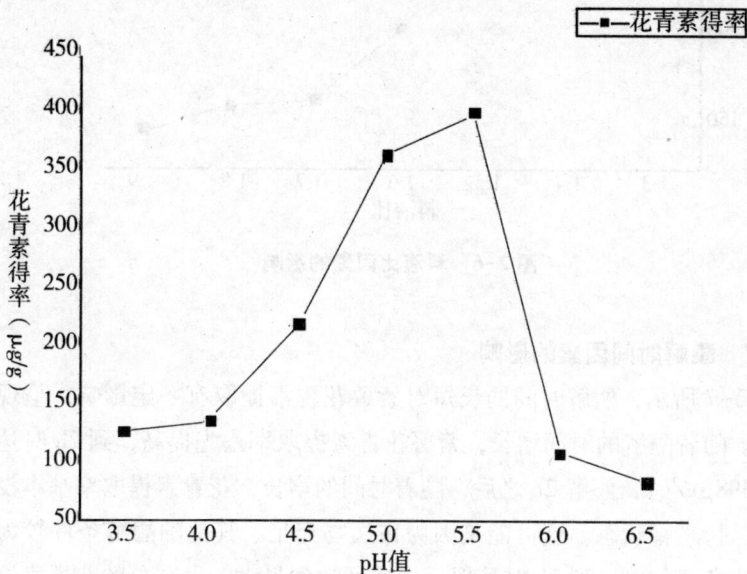

图 2-5　酶解 pH 值因素的影响

2.3.6　料液比因素的影响

如图 2-6 所示,料液比从 1:3 到 1:4 时紫薯花青素的得率是直线上升的,到料液比为 1:5 时,达到最大值,然后下降趋于稳定。料液比过低时溶液里的果胶、纤维素和淀粉等物质的浓度会越高,这些物质聚合密集形成一种包裹,同时使得溶液的黏性和浓度增大，不利于花青素的提取。料液比1：5是最好的条件，有效成分的提取已经足够，不断增加液体，含量变化不大，相反，浓缩时间增加，损失量相对增加，提取率降低。综上所述，提取紫薯花青素的最佳材料与液体比例为1：5。

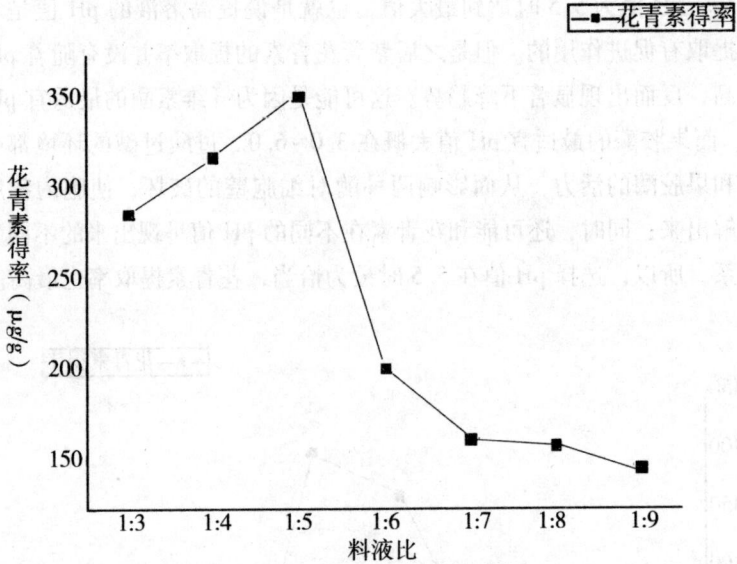

图2-6　料液比因素的影响

2.3.7　酶解时间因素的影响

如图2-7所示，酶解时间的长短对紫薯花青素提取有一定影响，呈现出一定的规律。随着酶解的时间增长，紫薯花青素提取率是先提高，到2h时达到峰值（371.498μg/g），酶解2h之后，随着时间的增长，花青素提取率基本没有提高，而是保持平稳状态。这可能是因为在底物充足、其他的酶解条件较为合适时酶促反应急速加剧，到2h时酶促反应速度达到最大，大部分的花青素这个时候已经被溶解出来。随着反应物的消耗，底物浓度也逐渐变小，不能给酶提供充足的反应物进行酶解，使得酶促反应被削弱，花青素的提取率不再增加。同时酶解时间的延长，使花青素与氧气过度接触，对花青素的稳定性有着不良的影响，同时，也会发生氧化损失，减少花青素的提取。且时间的缩短可以节约时间成本，因此，选择酶解2h最为恰当。

―■―花青素得率

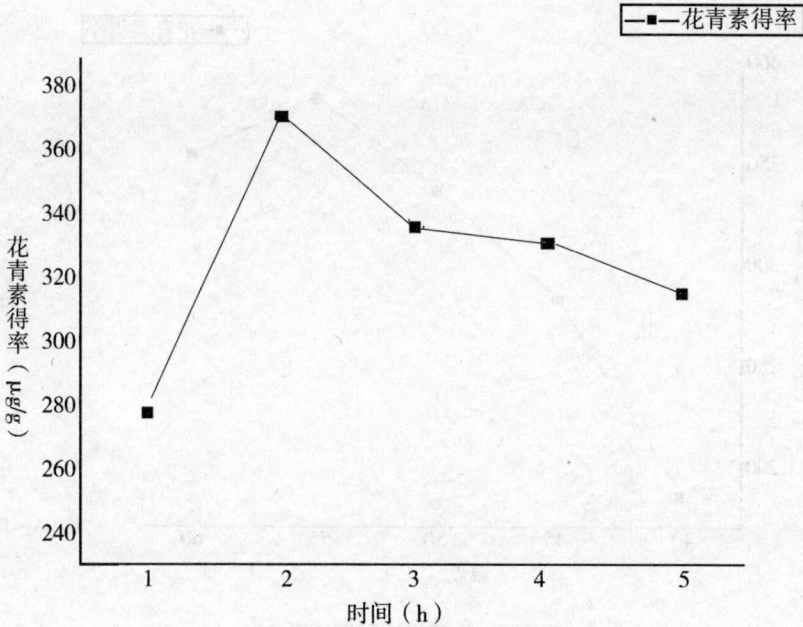

图 2-7 酶解时间因素的影响

2.3.8 酶解温度因素的影响

如图 2-8 所示，温度对酶提取有显著的影响，呈现出线性上升的规律。在 40~50℃时伴随着温度的升高，紫薯花青素的提取率呈现上升趋势；温度到 55℃时，花青素得率达到巅峰（383.968μg/g）；在温度升到 55℃之后，随着温度的上升，紫薯花青素的提取率呈下降趋势。温度的升高提高了溶液中两种酶的运动速率，增加了两种酶与纤维素和果胶等物质的碰撞率，加快了反应速率，但是温度过高使酶反而会失去活性，只有在最适宜酶温度的范围内酶促反应才会随着温度的升高而加快。因此，酶解温度最佳为 55℃，两种酶的酶促反应最大，紫薯花青素的提取率也最大。

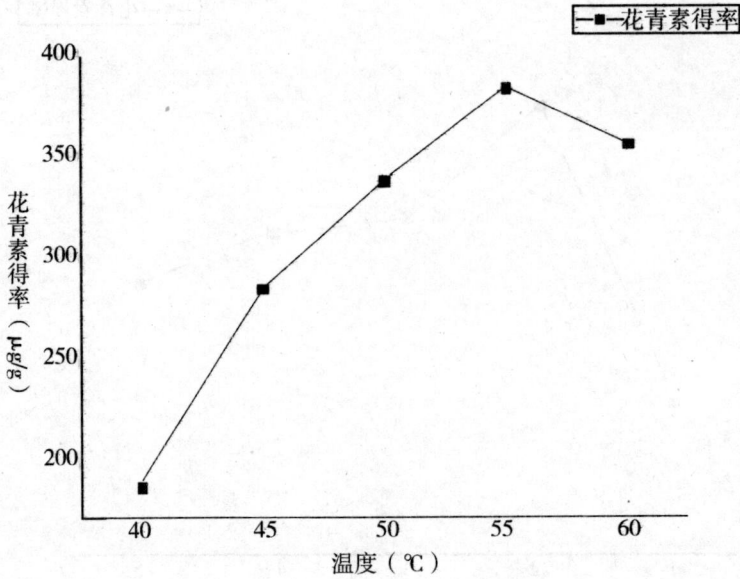

图 2-8 酶解温度因素的影响

2.3.9 正交试验结果分析

从单因素实验的结果中选择合适的因素水平进行正交试验，正交试验结果如下。

表 2-4 正交试验结果

试验序号	A	B	C	D	花青素得率（μg/g）
实验 1	1	1	1	1	390.203
实验 2	1	2	2	2	377.733
实验 3	1	3	3	3	407.661
实验 4	2	1	2	3	446.318
实验 5	2	2	3	1	408.908
实验 6	2	3	1	2	483.728
实验 7	3	1	2	2	405.167
实验 8	3	2	1	3	392.697
实验 9	3	3	2	1	388.956
K1	391.866	413.896	422.209	396.022	—

续表

试验序号	A	B	C	D	花青素得率（μg/g）
K2	446.318	393.113	404.366	422.209	—
K3	395.607	426.782	407.245	415.559	—
K	54.452	33.669	17.873	26.187	—

从正交试验结果可以得出提取紫薯花青素最佳工艺组合为 A2B3C1D2，花青提取率为 483.728μg/g，影响花青素提取的主次因素：A>B>D>C。

2.3.10 紫薯花青素抗氧化活性研究结果分析

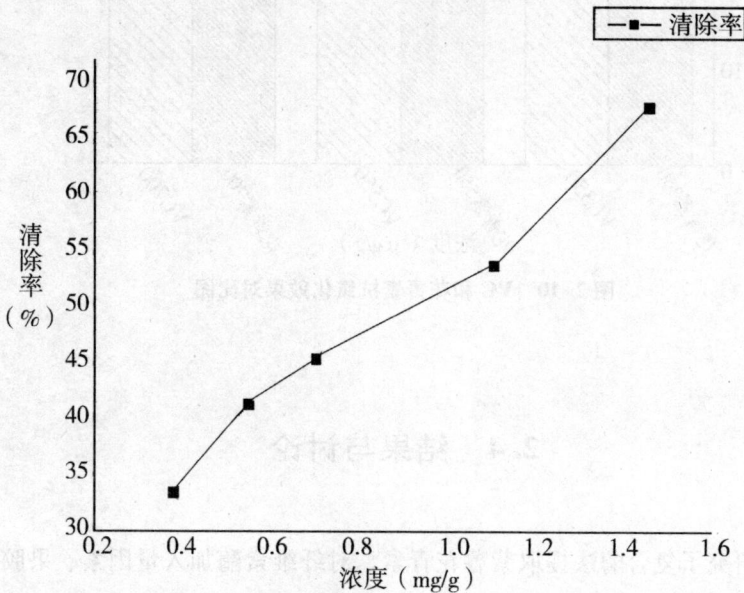

图 2-9 紫薯花青素清除 DPPH 自由基

如图 2-9 可以得知，DPPH 自由基是能被紫薯花青素清除的，加大花青素的浓度，清除率呈现上升现象，花青素的浓度越大，DPPH 清除率也越大。

紫薯花青素与 VC 清除 DPPH 自由基效果对比如图 2-10 所示。花青素的清除能力是强过 VC 的，这与张萍萍[2]在研究紫薯体外抗氧化时的实验结果基本一致。两者浓度皆在 200μg/g 以下的时候，VC 的抗氧化强过紫薯花青素；两者浓度皆在 200μg/g 以上的时候，VC 的抗氧化能力是不及紫薯花青素的。在本研究结果中，两者浓度都大于 200μg/g，这说明花青素浓度大于 200μg/g 这个范围，其抗氧化能力强过 VC。

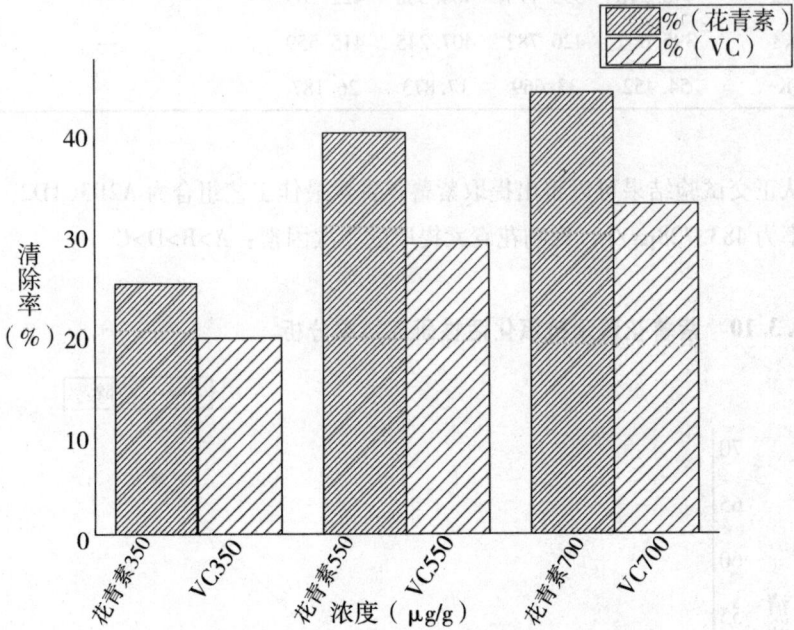

图 2-10　VC 和花青素抗氧化效果对比图

2.4　结果与讨论

本章研究了复合酶法提取紫薯花青素，对纤维素酶加入量因素、果胶酶加入量因素、酶解温度因素、酶解时间因素、酶解 pH 因素、料液比因素等进行了单因素实验，选择合适的单因素结果作为正交试验的因素，选择恰当的水平进行正交试验。还研究了紫薯花青素对 DPPH 自由基的清除率，通过实验得出以下结论。

1. 比较了单酶法和复合酶法提取紫薯花青素的差别，以空白试验作为对照组，得出单酶法和复合酶法对紫薯花青素的提取均有帮助，复合酶法的提取效果优于单酶法。

2. 使用复合酶法提取紫薯花青素，得到提取紫薯花青素的最佳条件为：纤维素酶最佳加入量为 0.03g、果胶酶最佳加入量为 0.028g、酶解温度最佳为

55℃、pH 值最佳为 5.2、料液比最佳为 1：5、酶解时间最佳为 2h，在这个条件下花青素得率为 483.728μg/g。

3. 在紫薯花青素的抗氧化活性研究中，发现 DPPH 自由基能被紫薯花青素清除，紫薯花青素清除能力越强，表明花青素含量越高。

参考文献

[1] 韩成云. 紫薯花青素的提取及稳定性比较研究 [J]. 食品科技, 2016, 41 (10)：165-169.

[2] 章萍萍. 紫薯花青素的提取纯化及其抗氧化和益生元活性研究 [D]. 合肥：合肥工业大学, 2017.

[3] Plant Cell. Genetics and Biochemistry of Anthocyanin Biosynthesis [J]. *The Plant Cell*, 1995, 7 (7)：1071-1083.

[4] 田妍基. 紫薯花青素提取分离纯化方法的研究进展 [J]. 福建轻纺, 2016, (1)：51-54.

[5] 毕云枫. 紫薯花青素提取工艺和纯化的研究 [J]. 食品科技, 2015, 40 (2)：259-263.

[6] 郭彩华. 紫薯花青素的提取及其在 VC 含量测定中的应用 [J]. 食品科学, 2016, 37 (9)：134-138.

[7] HARMAN, D. Aging：A Theory Based on Free Radical and Radiation Chemistry [J]. *Journal of Gerontology*, 1956, 11 (3)：298-300.

[8] 张毅. 不同地区紫薯的花青素含量与体外抗氧化活性比较 [J]. 江苏农业科学, 2017, 45 (21)：205-207.

[9] WANG C J, WANG J M, LIN W L, et al. Protective effect of Hibiscus anthocyanins against tert-butyl hydroperoxide-induced hepatic toxicity in rats. [J]. *Food & Chemical Toxicology*, 2000, 38 (5)：411-416.

[10] 韩海华, 梁名志, 王丽, 等. 花青素的研究进展及其应用 [J]. 茶叶, 2011, 37 (4)：217-220.

[11] 田丽君. 紫薯花青素分离纯化及理化性质研究 [D]. 武汉：武汉工业学院, 2012.

[12] 孙建霞, 张燕, 胡小松, 等. 花色苷的结构稳定性与降解机制研究进展 [J]. 中国农业科学, 2009, 42 (3)：996-1008.

[13] 薄艳秋. 蓝莓花青素的提取和抗氧化活性研究 [D]. 哈尔滨：东北农业大学, 2012.

[14] 秦蓝，许时婴，王璋. 采用酶法液化技术制备高品质的南瓜汁 [J].食品与发酵工业，2003，29（12）：48-53.

[15] 李金林. 紫甘薯花色苷提取、膜分离及加工稳定性研究 [D]. 南昌：南昌大学，2007.

第3章

不同加工方法对紫薯花青素的影响

3.1 引　言

在日常的生活中，人们通常采用煎、炸、蒸、煮、烤、微波等加工方法对新鲜紫薯进行熟化加工，在熟化加工的过程中，新鲜紫薯中花青素的含量会受到一些影响，近年来，有不少专家和学者对不同熟化加工方法下，新鲜原材料营养成分流失情况进行了一些研究[1]。如秦燕[2]研究了新鲜紫薯经不同熟化加工方法处理后，其对花青素抗氧化活性的影响。

紫薯作为一种花青素含量丰富的食材，赢得了消费者的喜爱。张婷、陈小伟、张琪、罗洁、张沙沙、姚刚、范玉和、毛旸晨、蔡海莺、毛建卫[3]等人研究了紫薯与普通甘薯的营养价值，见表3-1。

表3-1　紫薯与甘薯营养成分表

食物名称	脂肪（%）	还原糖（%）	淀粉（%）	蛋白质（%）	纤维素（%）	Fe（µg/g）	Zn（µg/g）
紫薯	0.17	8.3	24.45	2.19	3.40	37.04	9.35
普通甘薯	0.16	2.3	70.40	6.30	9.78	25.16	8.38

以新鲜紫薯为原材料，采用蒸、煮、烤、微波4种不同的加工方法对紫薯进行熟化加工，得出不同的加工方法是紫薯花青素含量的影响因素之一。对4种加工方法进行设定后，采用pH示差法进行实验，整理实验数据得出采用的不同加工方法中对紫薯花青素含量保留最高的加工方法。紫薯作为一种具有保健功能的食物，受到广大消费者的喜爱。本课题的研究意义就是寻找不同加工方

法对紫薯中花青素含量保留最高的加工方法，让人们在日常食用紫薯时，将对不同加工方法下的紫薯营养物质含量保留作为一种加工的参考方法，这也有利于紫薯产品的开发和利用[4]。

本研究以新鲜紫薯为实验原材料，通过煮、蒸、烤、微波四种不同加工方法处理，在加工熟化的过程中，先对新鲜的紫薯花青素含量进行测定，再分别测定采用蒸、煮、烤、微波 4 种不同的加工熟化方法预处理后的紫薯，使用分光光度计测定加工后紫薯花青素的含量，最终确定对紫薯的不同加工方法中其花青素保留含量最高的加工方法。本研究意在寻找出紫薯花青素保留含量最高的熟化加工方法，有利于紫薯产品的开发和高效利用[5][6]。

3.2　实验材料与方法

3.2.1　实验材料

3.2.1.1　实验原料

新鲜紫薯，单个重量 110g 左右，购买于武汉市沌口经济技术开发区中百超市。

3.2.1.2　实验试剂

无水乙醇、盐酸、氯化钾、乙酸、乙酸钠、蒸馏水等试剂。

3.2.1.3　实验器材

试管、试管架、锥形瓶、容量瓶、量筒、移液管、保鲜膜、锡箔纸、标签纸、称量勺、烧杯、量筒、胶头滴管、玻璃棒等相关实验工具。

3.2.1.4　实验设备

JYL-C50T 九阳料理机；i2000 三代数字电子秤；HH-4 恒温水浴锅，金坛市杰瑞尔电器有限公司；超纯水净化器，武汉优普纯水设备有限公司；AR2140 电子天平，上海上平仪器有限公司；TGL-205 医用离心机，湖南平凡科技有限公司；UV-5500PC 紫外分光光度计，上海元析仪器有限公司；10mm 玻璃比色皿，上海元析仪器有限公司；26cm 不锈钢双层复底式蒸锅，武汉苏泊尔炊具有限公司；EG7XCG3-NA 美的微波炉、三层立式烘烤箱，广州美的厨房电器制造有限公司。

3.2.2 pH 示差法

前人在研究花青素含量时会采用 pH 示差法来计算吸光度差值，之后计算出花青素的含量，因此，本研究中所采用的方法为 pH 示差法[7][8]。当 pH 值为 1 时，花青素以红色的 2-苯基苯吡喃存在，并在 530nm 处有最大的吸收峰值。当 pH 值为 4.5 时，花青素以无色查尔酮存在，在 530nm 处无吸收峰值。用蒸馏水做对照实验，分别在波长为 530nm 和 710nm 处测定吸光度数值。根据所测量的吸光度并结合定律可得出：在不同的 pH 值条件下所置备的花青素溶液分别在波长为 530nm 和 710nm 处测定吸光度，最后所得的吸光度差值与花青素的含量成正比关系。

新鲜紫薯样品称重后进行搅碎预处理，再分别将新鲜紫薯称重后进行煮、蒸、烤、微波四种不同的加工方法进行加工，将加工后的样品加入无水乙醇溶液，放入 60℃ 的恒温水浴锅中提取 120min，提取后放入离心机（转速 10000r/min），进行 15min 运转，取离心好的上清液 1mL，分别用 pH 值为 1.0 和 4.5 的缓冲液定容 10mL，在 25℃ 避光放置 20min 后，用分光光度计在 530nm 和 710nm 处测吸光度，以蒸馏水为对照实验。采用 pH 示差法，根据使用分光光度计测得吸光度数值的实验数据，并通过特定公式计算得出不同加工熟化方法下的紫薯花青素保留含量的数据，从而比较得到加工后的紫薯花青素保留量最高的加工方法[9]。

3.2.3 原料处理

3.2.3.1 制备缓冲液

1. 根据 pH 值为 1.0 来制备缓冲液。取 1.86g/L 的氯化钾试剂溶解于 980mL 的蒸馏水中，用盐酸溶液调制 pH 值等于 1.0，并用酸度计来测定 pH 值，使用蒸馏水将缓冲液定容至 1000mL。

2. 根据 pH 值为 4.5 来制备缓冲液。取 1.8g/L 的乙酸钠和 0.98mL 的乙酸，使用酸度计测定溶液 pH 值，加入蒸馏水定容至 1000mL。

3.2.3.2 原料的预处理

新鲜紫薯清洗干净后，削去紫薯外皮备用。将处理干净的紫薯削成方块状。实验设计五组样品，分别称取五组 5g 的新鲜紫薯样品备用，其中一组做搅碎处理，另外四组做不同加工方法的处理加工实验。以下为具体的不同熟化加工的实验方法。

新鲜紫薯：新鲜紫薯用料理机搅碎。

煮制加工方法：锅中煮制 10min。

蒸制加工方法：蒸锅上汽蒸制 10min。

烤制加工方法：烤箱 220℃烤制 15min。

微波加工方法：800W 大火微波 2min。

3.2.3.3 实验流程

新鲜紫薯花青素含量检测实验流程：新鲜紫薯→清洗削皮→切成方块状→样品称重 5g→新鲜紫薯用料理机搅碎→加入无水乙醇溶液 25mL→放入 60℃的恒温水浴锅中提取 120min→提取后放入离心机（转速 1000r/min）进行 15min 运转→取离心好的上清液 1mL→用 pH 值为 1.0 的缓冲液定容 10mL→用 pH 值为 4.5 的缓冲液定容 10mL→在 25℃避光放置 20min→用分光光度计在 530nm 和 710nm 处测吸光度→蒸馏水为对照实验。

煮和蒸紫薯花青素含量检测实验流程：新鲜紫薯→清洗削皮→切成方块状→新鲜紫薯进行样品称重 5g→①煮制 10min。②蒸锅上汽蒸制 10min。→加入无水乙醇溶液 25mL→放入 60℃的恒温水浴锅中提取 120min→提取后放入离心机（转速 1000r/min）进行 15min 运转→取离心好的上清液 1mL→用 pH 值为 1.0 的缓冲液定容至 20mL→用 pH 值为 4.5 的缓冲液定容 10mL→25℃避光放置 20min→用分光光度计在 530nm 和 710nm 处测吸光度→蒸馏水对照实验。

烤和微波紫薯花青素含量检测实验流程：新鲜紫薯→清洗削皮→切成方块状→新鲜紫薯进行样品称重 5g。①烤箱 220℃烤制 10min。②800W 大火微波 2min。→加入无水乙醇溶液 25mL→放入 60℃的恒温水浴锅中提取 120min→提取后放入离心机（转速 1000r/min）进行 15min 运转→取离心好的上清液 1mL→用 pH 值为 1.0 的缓冲液定容 20mL→用 pH 值为 4.5 的缓冲液定容 10mL→在 25℃避光放置 20min→用分光光度计在 530nm 和 710nm 处测吸光度→蒸馏水为对照实验。

3.3 不同加工方法中花青素保留量研究

3.3.1 花青素在不同加工条件下的呈色检测原理

紫薯中含有的花青素广泛存在于植物细胞中。花青素属于水溶性的天然色素，在植物细胞液泡不同的 pH 值条件下而呈现出红色、紫色、蓝色、黄色的颜色变化，花青素中起干扰作用的光谱不随着 pH 值条件的改变而变化。桑戈、赵力、谭婷婷、安宝祯、王家林[15]研究了紫薯中的花青素，当 pH 值为 1 时，花青素在 530nm 处有最大的吸收峰值；当 pH 值为 4.5 时，花青素在 530nm 处无吸收峰值。并用蒸馏水做对照实验，分别在波长为 530nm 和 710nm 处测定吸光度数值。根据实验所测量的不同加工方法下的紫薯吸光度值计算后并结合定律可得出：不同加工方法下的紫薯所测出的吸光度的差值与保留的花青素的含量成正比关系[10]。

3.3.2　新鲜紫薯中花青素含量的测定

表 3-2　新鲜紫薯中花青素吸光度测定数据表

pH 值	波长	新鲜紫薯
pH = 1.0	A530	1.377
pH = 1.0	A710	0.174
pH = 4.5	A530	0.289
pH = 4.5	A710	0.004

新鲜紫薯清洗削皮后切成方块状，将新鲜紫薯样品称重 5g，再用料理机搅碎，搅碎后的样品加入无水乙醇溶液 25mL，放入 60℃的恒温水浴锅中提取 120min，提取后放入离心机（转速 1000r/min）进行 15min 运转，取离心好的上清液 1mL，用 pH 为 1.0 的缓冲液定容 10mL，用 pH 为 4.5 的缓冲液定容 20mL，在 25℃避光放置 20min 后，用分光光度计在 530nm 和 710nm 处测吸光度，蒸馏水为对照实验。再利用公式进行计算，得出吸光度差值和紫薯中花青素的含量[11]。进行新鲜紫薯花青素含量检测的实验，可与其他加工后的紫薯花青素保留量的实验结果进行对照。

3.3.3　不同加工方法中紫薯花青素含量的测定

表 3-3　不同加工方法中紫薯花青素吸光度测定数据表

pH 值	波长	煮紫薯	蒸紫薯	烤紫薯	微波紫薯
pH = 1.0	A530	1.028	1.103	0.8345	1.3683
pH = 1.0	A710	0.197	0.224	0.121	0.286
pH = 4.5	A530	0.149	0.141	0.1155	0.176
pH = 4.5	A710	-0.009	0.015	-0.003	0.005

　　不同加工方法下，紫薯提取液中花青素含量和紫薯中花青素含量的测定结果，实验前期先制备缓冲液，分别根据 pH 值为 1.0 和 4.5 来制备两种缓冲液。新鲜紫薯清洗削皮后切成方块状，再分别进行样品称重（5g）。采用不同的熟化加工方法：①锅中煮制 10min；②蒸锅上汽蒸制 10min；③烤箱温度设置 220℃烤制 10min；④800W 大火微波 2min。加入无水乙醇溶液 25mL，放入 60℃的恒温水浴锅中提取 120min，提取后放入离心机并设定转速 1000r/min 和温度为 4℃进行 15min 运转，取离心好的上清液 1mL 进行不同加工方法紫薯中花青素含量检测的实验，可与新鲜紫薯花青素保留量的实验结果进行对照。取 1mL 上清液分别用 pH 值为 1.0 和 4.5 的缓冲液定容至 10mL，避光放置 20min 后，用分光光度计在 530nm 和 710nm 处测吸光度，以蒸馏水为对照实验[12]。得出以上实验的测定数据。

3.3.4　花青素保留含量的计算

3.3.4.1　吸光度差 A 的计算

吸光度差 A 由公式计算：

$$A =（A_{530nm}-A_{710nm}）pH_{1.1}-（A_{530nm}-A_{710nm}）pH_{4.5} \tag{式 3-1}$$

由公式：（$A_{530nm}-A_{710nm}$）$pH_{1.0}$ 为 $pH_{1.0}$ 的盐酸—氯化钾溶液样本在波长530nm 和 710nm 处测定的吸光度差异；

由公式：（$A_{530nm}-A_{710nm}$）$pH_{4.5}$ 为 $pH_{4.5}$ 的醋酸—醋酸钠溶液样本在波长530nm 和 710nm 处测定的吸光度差异。

3.3.4.2　提取液中花青素含量的计算

提取液中花青素含量（p），计算公式：$p = \dfrac{A×N×M}{L×E}$ 　　　　　（式 3-2）

公式中：p 为提取液中花青素含量（以提取滤液中矢车菊素-3-葡萄糖苷的含量来计算，mg/mL）。

N 为缓冲液稀释提取液的倍数（N=10）；

M 为矢车菊素-3-葡萄糖苷的分子量（M=449.2）；

L 为比色皿的光程（10mm 时=1）；

E 为矢车菊素-3-葡萄糖苷的摩尔吸光系数，26900L/mol·cm。

3.3.4.3　新鲜紫薯或不同加工方法下的紫薯中花青素含量的计算

不同加工方法下的紫薯中花青素含量（W）由公式计算：$W = \dfrac{P×V}{M}$（式 3-3）

由公式中：W 为新鲜紫薯或不同加工方法下的紫薯中花青素含量（mg/g）；

V 为新鲜紫薯或不同加工方法下的紫薯用无水乙醇溶液洗涤定容后的体积（V＝25mL）；

M 为称取的新鲜紫薯或不同加工方法下的紫薯的质量（M≈5g）。

3.4　实验结果与分析

3.4.1　新鲜紫薯花青素含量检测实验结果与分析

3.4.1.1　新鲜紫薯中花青素含量测定结果

表 3-4　新鲜紫薯中花青素含量测定数据

实验数值	新鲜紫薯
吸光度差值 A	0.918
提取液中花青素含量 P（mg/mL）	0.153
紫薯中花青素含量 W（mg/g）	0.766

3.4.1.2　新鲜紫薯中测得花青素含量分析

新鲜紫薯提取液中花青素含量和新鲜紫薯中花青素含量的测定结果如表3-4所示，实验所使用的新鲜紫薯通过料理机搅碎，进行一系列的加工实验后，得出新鲜紫薯的吸光度差值、提取液中花青素含量和新鲜紫薯中花青素的含量。因为新鲜紫薯未进行熟化加工，新鲜紫薯中各种营养成分的含量几乎不会损失，所以新鲜紫薯中的花青素含量为正常值。而新鲜紫薯中的水分含量较高，采用不同熟化加工方法加工后的紫薯样品中的水分含量不一，所以在本研究中，新鲜紫薯中花青素含量不与采用不同熟化加工方法后的紫薯花青素含量进行对比，新鲜紫薯花青素含量在本研究中只做对照参考。

3.4.2 煮和蒸紫薯花青素含量检测实验结果与分析

3.4.2.1 煮和蒸紫薯花青素含量测定结果

表3-5 （煮）紫薯和（蒸）紫薯中花青素含量测定数据结果

实验数值	（煮）紫薯	（蒸）紫薯
吸光度差值A	0.673	0.753
提取液中花青素含量P（mg/mL）	0.112	0.126
紫薯中花青素含量W（mg/g）	0.562	0.629

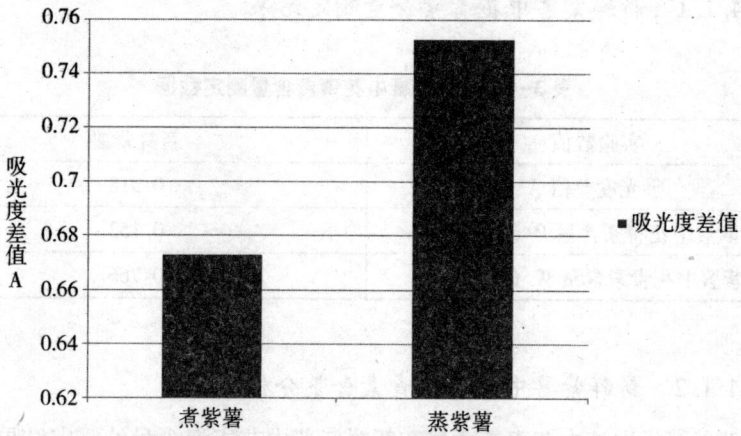

图3-1 煮和蒸紫薯吸光度差值实验数据图

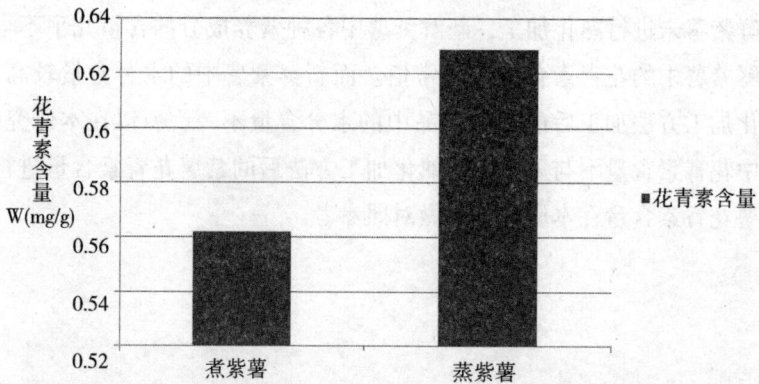

图3-2 煮和蒸紫薯花青素含量实验数据图

3.4.2.2　煮和蒸紫薯花青素含量测定数据结果分析

煮制加工熟化紫薯和蒸制加工熟化紫薯都是以水为加热介质的熟化加工方式，因此，本实验中将蒸和煮两种加工方法进行比较。

经过煮和蒸制加工后，紫薯提取液中花青素含量的测定结果如表3-5所示。实验所使用的新鲜紫薯经称重后，分别进行不同的熟化加工：锅中煮制10min和蒸锅上汽蒸制10min。从表3-5中的结果可以看出，通过煮制加工的紫薯花青素的保留量数值较蒸制加工的紫薯花青素的保留量数值低，一方面是因为经过煮制加工的紫薯在沸水中煮的过程中一部分的花青素溶解在水中；另一方面因为煮制加工的紫薯在沸水中泡煮的过程使其自身的含水量较新鲜紫薯有所增加，因此，煮制加工的紫薯花青素含量较低。蒸制加工紫薯是采用蒸锅上汽后隔水蒸制的方法，蒸制过程中紫薯中的水分被加热蒸发掉一部分，蒸制的紫薯中花青素含量会有所提高，因此，蒸制的紫薯中花青素含量比煮制的紫薯中花青素含量高一些。

3.4.3　烤和微波紫薯花青素含量检测实验结果与分析

3.4.3.1　烤和微波紫薯花青素含量测定结果

表3-6　烤和微波紫薯花青素含量测定结果

实验数值	（烤）紫薯	（微波）紫薯
吸光度差值 A	0.595	0.911
提取液中花青素含量 P（mg/mL）	0.099	0.152
紫薯中花青素含量 W（mg/g）	0.497	0.761

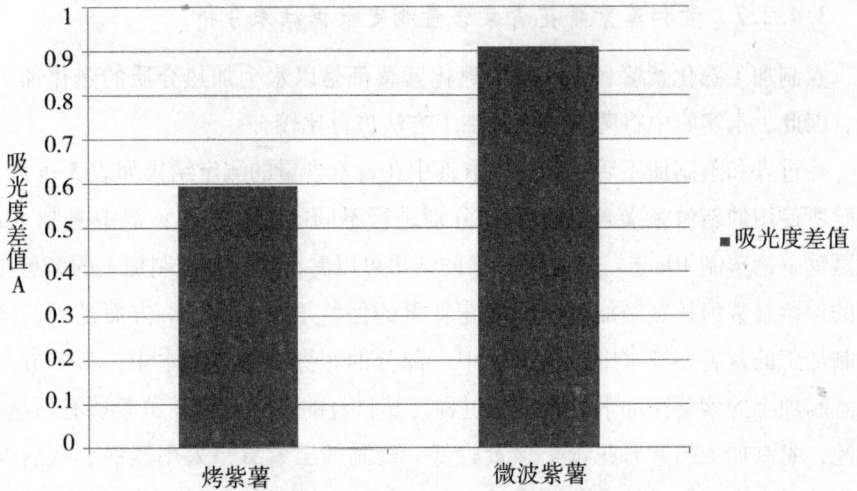

图3-3　烤和微波紫薯吸光度实验数据图

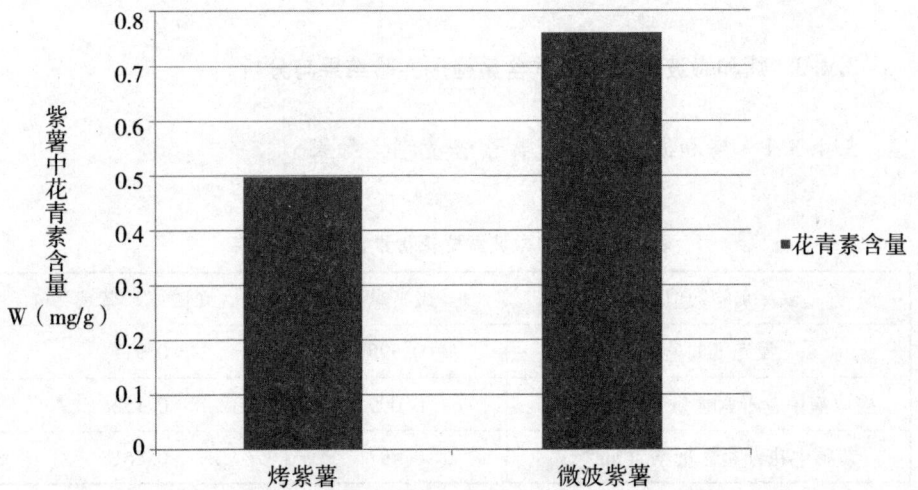

图3-4　烤和微波紫薯花青素含量实验数据图

3.4.3.2　烤和微波紫薯花青素含量测定数据结果分析

烤制加工紫薯和微波加工紫薯都是通过电能的转化来加热熟化食物，因此，本实验将烤制和微波加工紫薯两种加工方法进行比较。

测定结果如表3-6所示，对实验所使用的新鲜紫薯分别进行不同的熟化加工，即烤箱220℃烤制10min和800W大火微波2min后，新鲜紫薯中的各种营养成分的含量会受到一些影响。从表3-6中的结果可以看出，通过烤制加工的紫薯花青素保留含量数值较微波加工的紫薯花青素保留量数值低，可能是因为经过烤制加工的紫薯在烤箱烘烤的过程中还原糖类和氨基化合物间的反应，最终生成棕色的大分子物质类黑精，产生了美拉德反应，从而影响了紫薯的颜色和营养成分，使得紫薯中的花青素部分流失，因此，烤制熟化加工紫薯中花青素含量较低。微波加工紫薯是采用800W大火微波2min的方法熟化紫薯，微波过程中紫薯中的水分流失较少，紫薯中的花青素溶出较为缓慢，微波不仅加热时间短且加热过程中避免了所加热的紫薯过分受热，因而对所加热的紫薯营养成分影响最小。所以，微波加工的紫薯花青素保留含量最高，且微波加工的紫薯中花青素含量也比烤制加工的紫薯中花青素含量高。

3.4.4 实验总结

表 3-7 不同熟化加工方法下紫薯中的花青素含量

名称	煮紫薯	蒸紫薯	烤紫薯	微波紫薯
吸光度差值 A	0.673	0.753	0.595	0.911
提取液中花青素含量 P（mg/mL）	0.112	0.126	0.099	0.152
紫薯中花青素含量 W（mg/g）	0.526	0.629	0.497	0.761

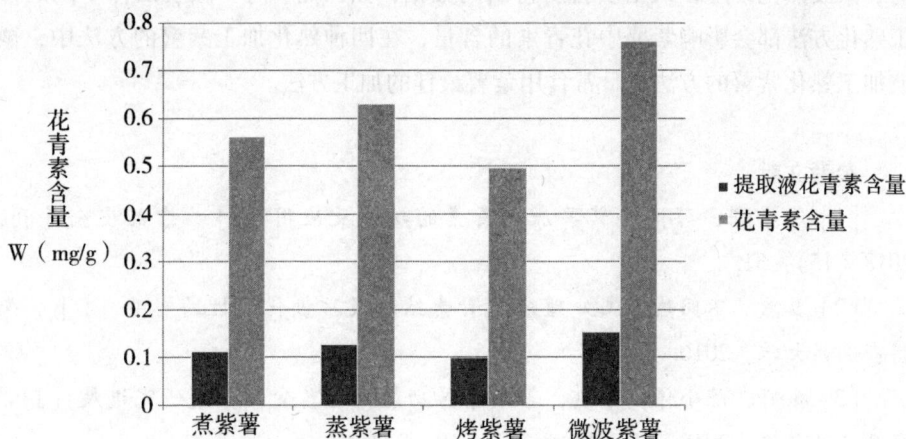

图 3-5 不同熟化加工方法下紫薯中的花青素含量比较

综合以上实验数据所，可以看出，紫薯中所含的花青素是一类水溶性色素，其化学性质较为不稳定，热稳定性较差。本次实验中采用煮、蒸、烤、微波四种熟化处理方法，经过一系列的实验处理得出相关的实验数据。从数据中可以看出，不同的熟化加工方法都会对紫薯中花青素的含量产生一定的影响。其中，微波熟化紫薯的加工方法是紫薯中花青素保留含量最高的加工方法，烤制熟化紫薯的加工方法中紫薯花青素保留含量最低，蒸制熟化紫薯的加工方法中紫薯花青素的保留含量在微波之后，煮制熟化紫薯的加工方法对紫薯中的花青素保留含量比微波和蒸制加工方法略少一些。四种不同的加工熟化方法都会对紫薯中花青素的含量产生一定的影响。四种加工熟化紫薯的方法所测得的花青素含量由大到小依次为微波>蒸>煮>烤。因此，根据实验可以得出，在四种熟化加工紫薯的方法中，微波加工紫薯的方法是紫薯中花青素保留含量最高的，也是食用紫薯最佳的加工方法。

3.5　结论与展望

本研究是在许多已有的理论基础上进行进一步研究的。关于不同加工熟化方法对紫薯花青素保留含量的影响，在不同的熟化加工过程中，因花青素具有不稳定性，在加工中易出现褪色、沉淀等现象，从而导致新鲜紫薯中花青素的含量受到影响。本文研究紫薯不同加工方法对花青素含量的影响，采用煮、蒸、烤、微波熟化处理，根据实验所得出的数据，煮、蒸、烤、微波四种不同的加工熟化方法都会影响紫薯中花青素的含量，在四种熟化加工紫薯的方法中，微波加工熟化紫薯的方法是日常食用紫薯最佳的加工方法。

参考文献

[1] 冯小诺，薛博．紫薯原花青素的功效及应用 [J]．食品安全导刊，2018（15）：51.

[2] 秦燕．不同热加工处理对花青素结构及抗氧化活性的影响 [D]．南昌：南昌大学，2016.

[3] 张婷，陈小伟，张琪，等．紫薯功能性与其食品开发研究进展 [J]．食品工业科技，2018，39（13）：315-319，324.

[4] 陈伟莉，张晨，张旭浩，等．紫薯花青素抗结肠癌作用及其诱导细胞凋亡机制 [J]．吉林大学学报（医学版），2015，41（04）：785-789，889.

[5] VAID M, SINGH T, PRASAD R, et al. Bioactive proanthocyanidin sinhibit-

growth and induce apoptosis in human melanoma cells by decreasing the accumulation of β-catenin [J]. *International Journal of Oncology*, 2015, 48 (2): 624-634.

[6] 李旭. 紫薯及其花青素的营养价值 [J]. 食品安全导刊, 2016 (27): 106.

[7] 王淑娜, 谭小丹, 陈涵, 等. 紫薯的营养价值与加工 [J]. 农产品加工, 2015 (21): 36-38.

[8] 宓伟, 韩富磊, 梁洁, 等. 紫薯花青素减轻高脂饲料联合四氯化碳诱导大鼠脂肪性肝炎 [J]. 卫生研究, 2018, 47 (04): 517-524.

[9] 章萍萍. 紫薯花青素的提取、纯化及其抗氧化和益生元活性研究 [D]. 合肥: 合肥工业大学, 2017.

[10] 张印红, 张琳琳, 刁亚鹏. 紫薯花青素对金黄色葡萄球菌的抑制作用研究 [J]. 当代化工研究, 2017 (08): 122-123.

[11] 王禹, 李鸿烨, 喻凯, 等. 紫甘薯花青素对小鼠酒精性肝损伤的保护作用 [J]. 华西药学杂志, 2017, 32 (06): 583-586.

[12] CHENG J, WANG Y, CAO Y, et al. The distribution of 18enterotoxin and enterotoxin-like genes in StapHy lococcusaureus strains from different sources in east China [J]. *Foodborne Pathogens & Disease*, 2016, 13 (4): 171.

[13] 曹亚裙, 谢淑丽, 方堃, 等. 电蒸箱烹饪条件对蒸紫薯品质的影响 [J]. 食品工业, 2017, 38 (01): 61-64.

第 4 章

紫薯花色苷的提取工艺优化

4.1　引　言

花色苷是一种由矢车菊素-3-槐糖苷-5-葡糖苷（Cy 类）和芍药素-3-槐糖苷-5-葡糖苷（Pn 类）组成的化合物[1]。在形成糖苷后，再用咖啡酸、阿魏酸或对羟基苯甲酸进行酰化[2]。

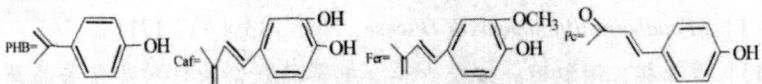

注：PHB 为对羟基苯甲酸；Caf 为咖啡酸；Fer 为阿魏酸；Pc 为香豆酸[8-9]

图 4-1　紫薯花色苷的组成结构

花色苷是一种极强的极性物质，它能在电荷分布不均匀的水和甲醇等极性物质中有很好的溶解效果，在电荷分布均匀的石油醚等非极性物质中不能溶解[3][4]。

花青素与糖苷键相互结合形成了花色苷。伴随着萃取技术的逐步提高，我国已经在紫薯中发现了多个花色苷。花色苷不仅有着对人体危害系数较低的优点，而且对人身心健康起着很大的保护作用，紫薯可作为治疗各种慢性疾病的辅助食品。本文通过实验来探讨柠檬酸浓度、料液比、温度和时间四个条件对紫薯花色苷提取工艺的作用，从而确定最为适宜的提取条件，为之后的相关探索打下初步的基础[5]。

以冻干紫薯粉中的花色苷为研究对象，选取不同浓度提取剂（柠檬酸）、料液比例、加热的温度和时间进行单因实验，并对其工艺参数进行修改。随后以上述四个因素为指标，制作三水平四因素试验表，并用 Design Expert 对数据进行分析，来确定紫薯花色苷的最佳配比条件[6]，为之后的相关研究打下初步的基础。

4.2　实验材料与方法

4.2.1　材料与试剂

4.2.1.1　主要实验原料

紫薯粉：网店购买，厂家：龙海优联食品有限公司。

4.2.1.2　实验试剂

柠檬酸为分析纯试剂，选自天津市永大化学试剂有限公司；实验用水为蒸馏水。

4.2.2　实验仪器

表4-1　主要仪器设备

仪器名称	型号	厂家
紫外可见分光光度计	UV 5500PC 型	上海元析仪器有限公司
恒温水油浴锅	RE-201D	武汉科尔仪器设备有限公司
台式高速离心机	TG16-WS	湖南湘仪实验室仪器开发有限公司
电子分析天平	GT204	上海佑科仪器仪表有限公司
数显水浴恒温振荡器	SHA-C	科兴仪器设备有限公司
电热鼓风干燥箱	FQC	上海恒科学仪器有限公司

4.2.3　紫薯花色苷含量测定方法

4.2.3.1　紫薯花色苷提取方法

准确称取 0.5g 紫薯粉，加入 10mL5% 浓度的柠檬酸后，在温度为 60℃ 的恒温水浴锅中加热 0.5h，之后用离心机在 6000r/min 转速的条件下分离 15min，分离结束后收集上液。

4.2.3.2 最大吸收波长的选择

依照4.2.3.1的步骤可以将取得的花色苷上清液，于400~800nm处分析其吸光度值，从而确定出花色苷的最大吸收波长。

4.2.3.3 总花色苷含量的计算

通过刘艳杰[7]对花色苷提取的研究结果，可以得到以下的花色苷含量计算公式，见式（4-1）。

$$花色苷含量=（A×n×v×100）／（m×98.2） \qquad （式4-1）$$

式中：A——530nm处的吸光度值；

n——提取液的稀释倍数；

v——提取液的体积（单位：mL）；

m——样品重量（单位：g）；

98.2为花色苷的消光系数。

4.2.3.4 紫薯花色苷提取单因素实验

（1）柠檬酸浓度对花色苷含量的影响

准确称取15份0.5g紫薯粉，分别使用不同浓度的柠檬酸溶液（1%、3%、5%、7%、9%）作为浸提溶剂，加入1∶20的料液比，搅拌均匀，然后把样本放在设置成60℃、0.5h条件下的恒温锅中，再用离心机在6000r/min转速的条件下分离15min，分离结束后收集上液。以相对应浓度柠檬酸为空白对照，于最大吸收波长处，测吸光度（分别平行三次），依据吸光度值转换出花色苷含量，选择最合适的提取溶剂[8]。

（2）料液比对花色苷含量的影响

准确称取15份0.5g紫薯粉，以5%浓度的柠檬酸溶液作为浸提溶剂，其中分别添加不同的料液比（1∶20、1∶25、1∶30、1∶35、1∶40），搅拌均匀，然后把样本放在设置成60℃、0.5h条件下的恒温锅中，再用离心机在6000r/min转速的条件下分离15min，分离结束后收集上液。以5%柠檬酸为空白对照，于最大吸收波长处，测吸光度值（分别平行三次），依据吸光度值转换出花色苷含量，选择最合适的料液比。

（3）提取时间对花色苷含量的影响

准确称取15份0.5g紫薯粉，以5%浓度的柠檬酸溶液作为浸提溶剂，加入1∶20的料液比，搅拌均匀，然后把样本放在设置成60℃条件下的水浴锅中分别提取0.5h、1h、1.5h、2h、2.5h，再用离心机在6000r/min转速的条件下分离15min，分离结束后收集上液。以5%柠檬酸为空白对照，于最大吸收波长处，测吸光度值（分别平行三次），依据吸光度值转换出花色苷含量，选择最合适的提取时间[9]。

（4）提取温度对花色苷含量的影响

准确称取 15 份 0.5g 紫薯粉，以 5%浓度的柠檬酸溶液作为浸提溶剂，加入 1∶20 的料液比，搅拌均匀，然后把样本放在设置成 30℃、40℃、50℃、60℃、70℃、0.5h 条件下的水浴锅分别浸提，再用离心机在 6000r/min 转速的条件下分离 15min，分离结束后收集上液。以 5%浓度柠檬酸为空白溶液，于最大吸收波长处，测吸光度值（分别平行三次），依据吸光度值转换出花色苷含量，选择最合适的提取温度[10]。

4.2.3.5 紫薯花色苷提取响应面试验

以上述实验为基准，选用不同浓度柠檬酸、料液比、加热温度和加热时间为主要影响因素，设计四因子三水平中心组合试验，并对其进行优化。其试验因素水平表见表 4-2。

表 4-2 响应面因素和水平表

水平	因素			
	A 柠檬酸浓度/%	B 料液比	C 温度/℃	D 时间/h
-1	3	1∶20	50	1
0	5	1∶25	60	1.5
1	7	1∶30	70	2

4.3 实验结果与讨论

4.3.1 最大吸收波长的确定

在 5%柠檬酸、料液比 1∶20、温度 60℃、时间 0.5h 的条件下，按照 4.2.3.1 的提取方法操作，在波长为 400~800nm 的区域内扫视紫薯花色苷的上液，从而来测定溶液的最大吸收波长。

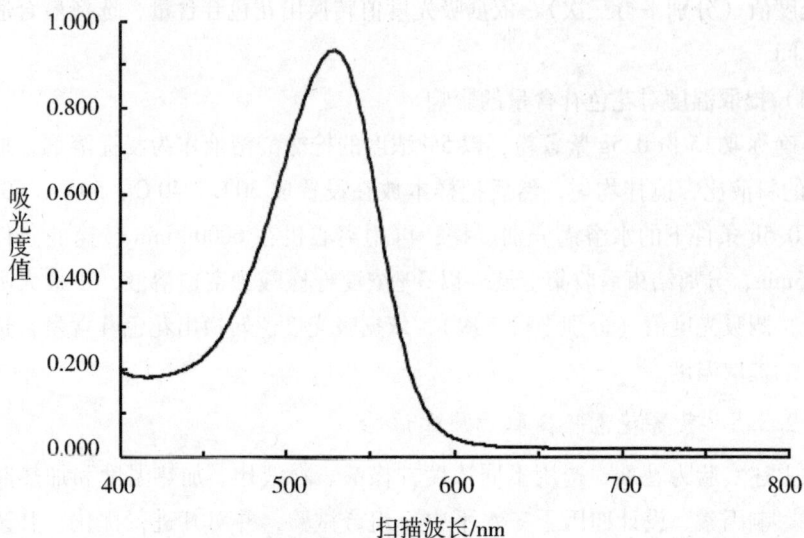

图 4-2　光谱扫描图

实验结果如图 4-2 所示，5%浓度柠檬酸提取的紫薯花色苷提取液在可见光区所对应的最大吸收波长为 530nm，故将 530nm 确定为最佳波长[11]。

4.3.2　单因素实验的结果与分析

4.3.2.1　柠檬酸浓度对花色苷含量的影响

通过固定值料液比 1∶20、温度 60℃、时间 0.5h，以及不同的柠檬酸浓度（1%、3%、5%、7%、9%），来观察花色苷含量的变化，结果见图 4-3。

由图 4-3 可知，花色苷含量在柠檬酸浓度为 5%时达到了最大值。因柠檬酸的浓度各不相同，对花色苷含量多少的影响随之也不一样，当浓度由 1%上升到5%时，花色苷含量逐渐上升，然而当浓度大于 5%时，含量则开始下降。所以，选用浓度为 5%柠檬酸最为合适。

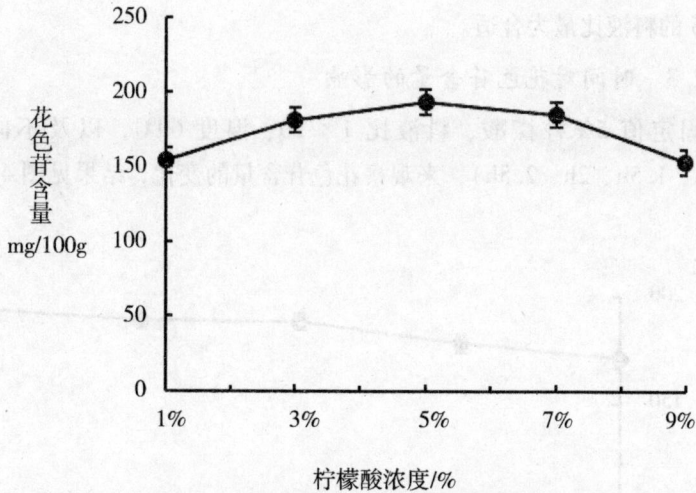

图4-3 柠檬酸浓度对花色苷含量的影响

4.3.2.2 料液比对花色苷含量的影响

通过固定值5%柠檬酸、温度60℃、时间0.5h，以及改变的料液比（1∶10、1∶15、1∶20、1∶25、1∶30），来观察花色苷含量的变化。结果见图4-4。

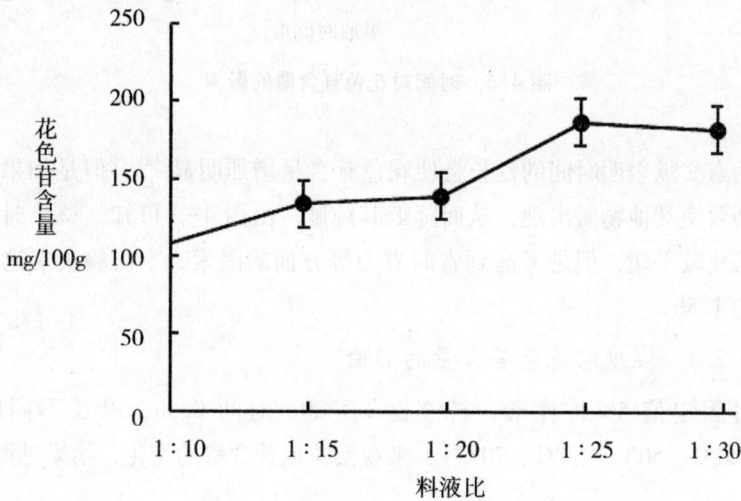

图4-4 料液比对花色苷含量的影响

由图4-4可知，花色苷含量根据柠檬酸的添加量而变化，在加入20mL之前，含量缓慢增加，20到30之间，含量先急剧上升后下降，这是因为如果加入的溶液太多，有可能会使大部分的花色苷融化在其中，从而减少其含量。所以，选用 1 : 25 的料液比最为合适。

4.3.2.3　时间对花色苷含量的影响

通过固定值 5%柠檬酸、料液比 1 : 20、温度 60℃，以及不同的时间（0.5h、1h、1.5h、2h、2.5h），来观察花色苷含量的变化，结果见图4-5。

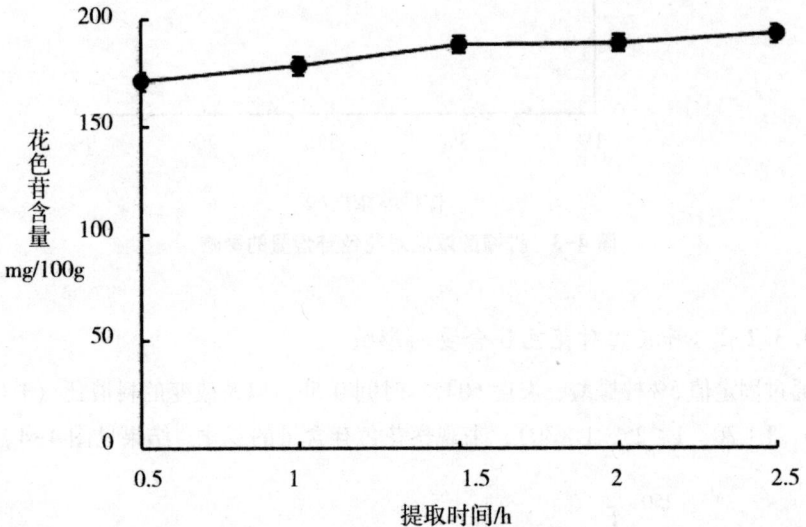

图 4-5　时间对花色苷含量的影响

虽然有文献表明时间的延长会使花色苷含量增加明显[12]，但是如果加热过久，也会致使其他物质出现，从而降低其纯度。由图 4-5 可知，整个时间段的含量趋势比较平缓，但是考虑到省时省力等方面的因素，本实验决定选用处于中间段的 1.5h。

4.3.2.4　温度对花色苷含量的影响

通过固定值 5%柠檬酸、料液比 1 : 20、时间 0.5h，以及不同的温度（30℃、40℃、50℃、60℃、70℃），来观察花色苷含量的变化，结果见图4-6。

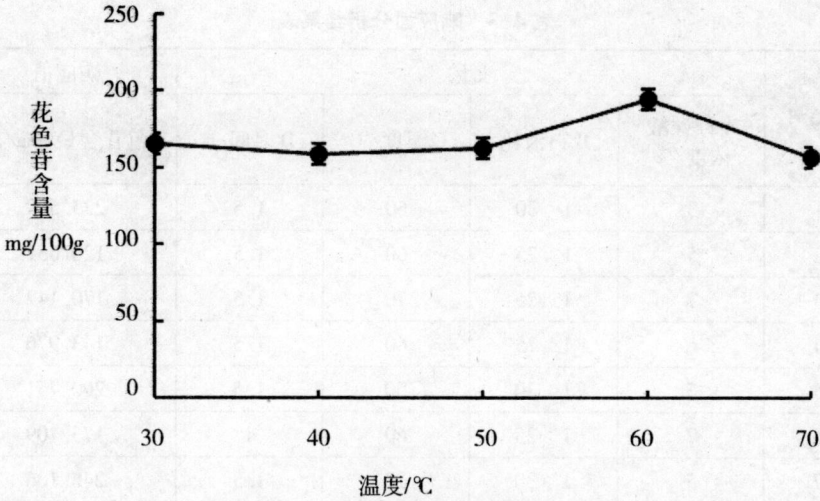

图 4-6 温度对花色苷含量的影响

由图 4-6 可知，紫薯花色苷的含量在温度为 60℃ 时最高，随后随温度升高逐渐下降，其原因是紫薯花色苷是一种对热敏感的物质。如果在固定的温度下，较高的温度可能会让其发散，然而如果越过了固定的温度，则会使其组织受到破坏，从而减少其含量。所以，实验中选用 60℃ 最为合适。

4.3.3 响应面试验的结果与分析

4.3.3.1 响应面试验结果

从表 4-2 中的响应面因素和水平表中可以看出，表 4-3 中的数据采用 Design Expert10.0 进行分析，得出了有关变量的回归公式：$Y = 148.89 + 10.71A + 25.54B + 24.20C + 14.61D - 1.83AB + 10.42AC + 5.95AD + 0.16BC - 31.52BD + 29.15CD - 4.38A^2 + 47.61B^2 - 1.27C^2 + 24.94D^2$；

对此设计进行了方差分析，从而可以得出拟合和回归系数的显著性[13]。结果如表 4-4 所示。

表 4-3 响应面分析结果表

实验号	变量				响应值
	A 柠檬酸浓度/%	B 料液比	C 温度/℃	D 时间/h	花色苷含量/mg/100g
1	3	1：30	60	1.5	223.529
2	5	1：25	60	1.5	120.651
3	7	1：25	70	1.5	170.142
4	5	1：25	60	1.5	143.976
5	5	1：30	50	1.5	200.751
6	7	1：25	60	1	173.109
7	5	1：30	70	1.5	248.106
8	7	1：30	60	1.5	228.251
9	5	1：20	60	1	145.196
10	5	1：25	60	1.5	149.541
11	5	1：25	70	1	171.321
12	3	1：25	70	1.5	142.661
13	5	1：20	60	2	249.877
14	5	1：25	60	1.5	175.910
15	5	1：30	60	2	224.360
16	3	1：25	60	1	135.736
17	7	1：25	50	1.5	112.699
18	5	1：25	50	2	132.318
19	5	1：25	60	1.5	154.366
20	5	1：25	70	2	252.181
21	3	1：20	60	1.5	169.155
22	5	1：30	60	1	245.768
23	3	1：25	50	1.5	126.892
24	3	1：25	60	2	147.323
25	7	1：25	60	2	208.492
26	7	1：20	60	1.5	181.180
27	5	1：20	50	1.5	136.101
28	5	1：25	50	1	168.057

实验号	变量				响应值
	A柠檬酸浓度/%	B料液比	C温度/℃	D时间/h	花色苷含量/mg/100g
29	5	1:20	70	1.5	182.801

表4-4　花色苷含量的回归方差分析表

方差来源	平方和	自由度	均方	F值	P值(Pr>F)	显著性
模型	45709.97	14	3265.00	10.08	<0.0001	Significant
A-柠檬酸	1377.67	1	1377.67	4.26	0.0582	—
B-料液比	7826.22	1	7826.22	24.17	0.0002	＊＊
C-温度	7027.39	1	7027.39	21.71	0.0004	＊＊
D-时间	2562.71	1	2562.71	7.92	0.0138	＊
AB	13.33	1	13.33	0.041	0.8421	—
AC	434.18	1	434.18	1.34	0.2662	—
AD	141.56	1	141.56	0.44	0.5192	—
BC	0.11	1	0.11	3.313E-004	0.9857	—
BD	3974.61	1	3974.61	12.28	0.0035	＊＊
CD	3398.83	1	3398.83	10.50	0.0059	＊＊
A2	124.54	1	124.54	0.38	0.5451	—
B2	14700.77	1	14700.77	45.41	<0.0001	＊＊
C2	10.53	1	10.53	0.033	0.8595	—
D2	4034.38	1	4034.38	12.46	0.0033	＊＊
残差	4532.47	14	323.75	—	—	—
失拟项	2950.39	10	295.04	0.75	0.6791	not significant
误差	1582.08	4	395.52	—	—	—
总变异	50242.44	28	—	—	—	—
—	—	—	—	R2=0.9098	R2=0.9098	—

注：P<0.05（差异显著＊），P<0.01（差异非常显著＊＊）。

由表4-4可知，模型中F值为10.08，P<0.01，表明此设计已经有了非常

显著的趋势；且花色苷含量的回归模型相关系数 R2＝0.9098，调整后的系数为 R2Adj＝0.8196，说明所建立的模型具有较好的拟合性。通过对比 F 值，我们可以得到四个因素对花色苷含量影响的主次关系，从大到小依次为料液比、温度、时间、柠檬酸浓度；其中，B、C、BD、CD、B2、D2 的 p 值都小于 0.01，故对花色苷含量的影响都非常显著，而 D 的 p 值小于 0.05，则 D 对花色苷含量的影响呈显著性；在这个响应面分析中，通过数据得到了失拟项为 0.75，以及失拟项与纯误差相比，可以发现其没有显著的影响，同时也说明了此设计有较好的契合度。

表 4-5　可信度分析表

项目	数据
标准差	17.99
平均值	176.57
变异系数（C.V.%）	10.19
信噪比	11.216

CV 值愈小，则越表示该实验具有较好的稳定性和较高的可靠性；当信噪比大于 4 时，该模型的可靠性降低。由表 4-5 可知，本试验的 CV 值为 10.19，相对较低，具有可信度，而信噪比为 11.216，则可信度较高，说明用该模型分析此实验中的数据是可靠的[14]。

4.3.3.2　各因素之间的交互作用分析

通过对以上实验数据的分析，可以得出各因素之间的响应曲面图和等高线图，见图 4-7 到图 4-12 所示。等高曲线的形态能反映出两种因素交互作用的强度和显著性[18]，在等高曲线为圆时，二者的交互作用无显著性；如果为椭圆时，说明两种因素之间的作用有明显的影响；而响应面曲线则是通过观察表面倾斜度来判断两者的显著程度的，随着倾斜度和坡度的增大，两者的交互作用也更加明显。

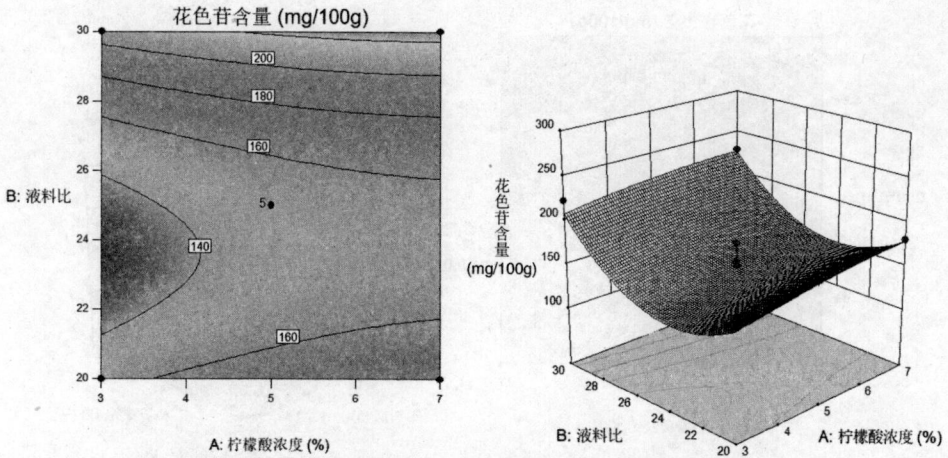

图 4-7　柠檬酸浓度与液料比对提取花色苷含量的影响

由图 4-7 可知，显示的等高线图并不是椭圆，这说明了柠檬酸浓度与液料比之间的作用所呈现出来的影响不明显。

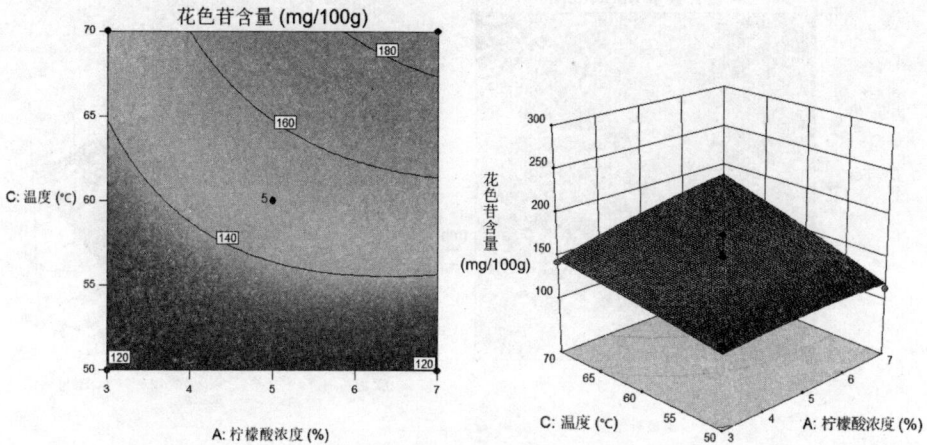

图 4-8　柠檬酸浓度与温度对提取花色苷含量的影响

由图 4-8 可知，柠檬酸浓度与温度对提取花色苷含量影响的响应曲面图的倾斜度呈平缓趋势，并且等高线图的线条比较稀疏。所以，通过两图都可看出两个因素之间的作用所呈现出来的影响并不明显。

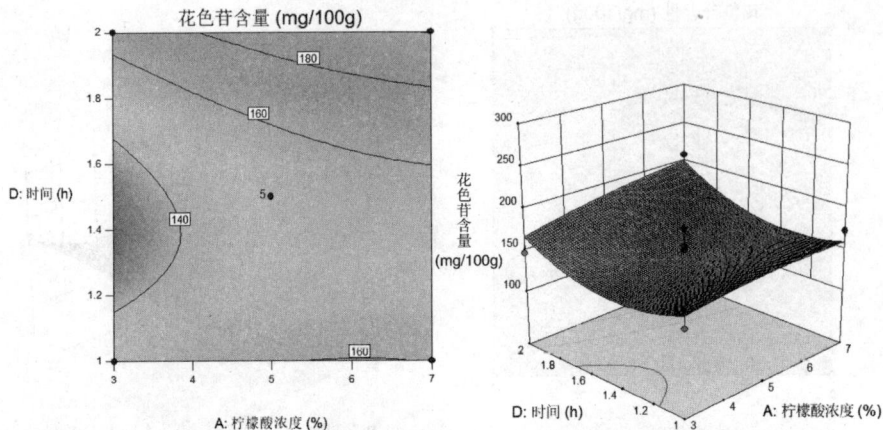

图 4-9 柠檬酸浓度与时间对提取花色苷含量的影响

由图 4-9 可知，柠檬酸浓度与时间两者之间的交互作用不显著，其表现为这两个因素所呈现出来的曲面图倾斜度比较平缓。

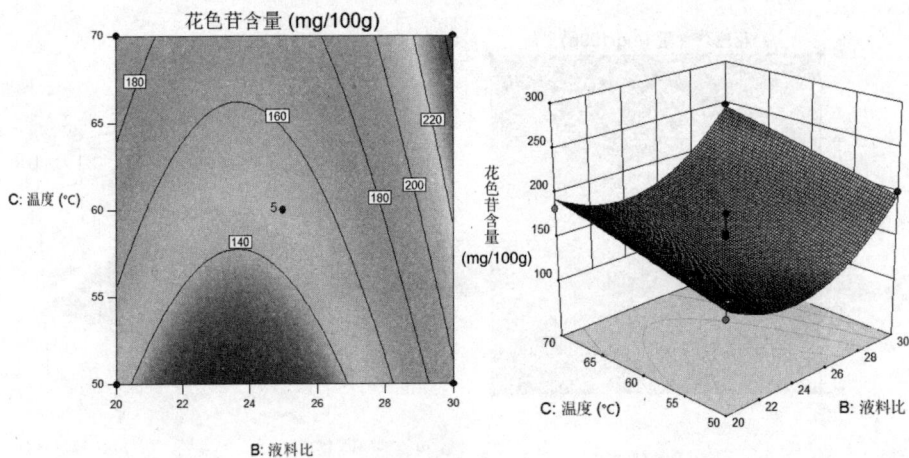

图 4-10 液料比与温度对提取花色苷含量的影响

由图 4-10 可知，液料比与温度这两个因素呈现出来的等高线图为椭圆形，且密集，该曲面图的倾斜面较高，都表明液料比与温度之间的交互作用显著。

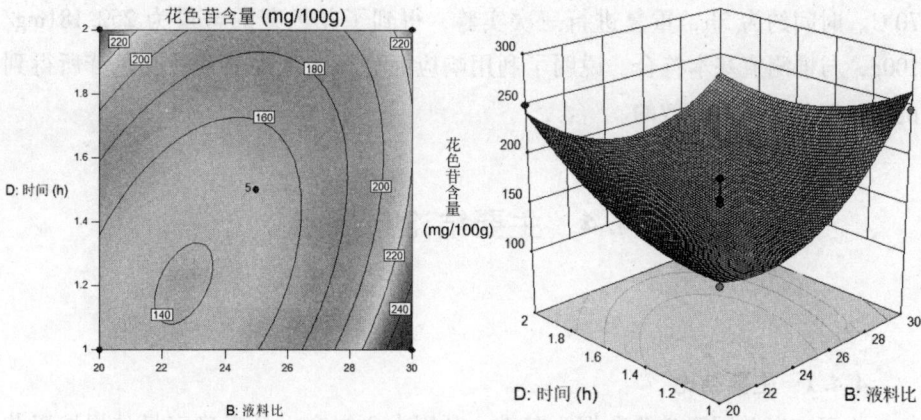

图4-11　液料比与时间对提取花色苷含量的影响

　　由图4-11可知，液料比与时间这两个因素呈现出来的等高线图为椭圆形，且该曲面图的倾斜度较高，则表明液料比与时间之间的交互作用显著。

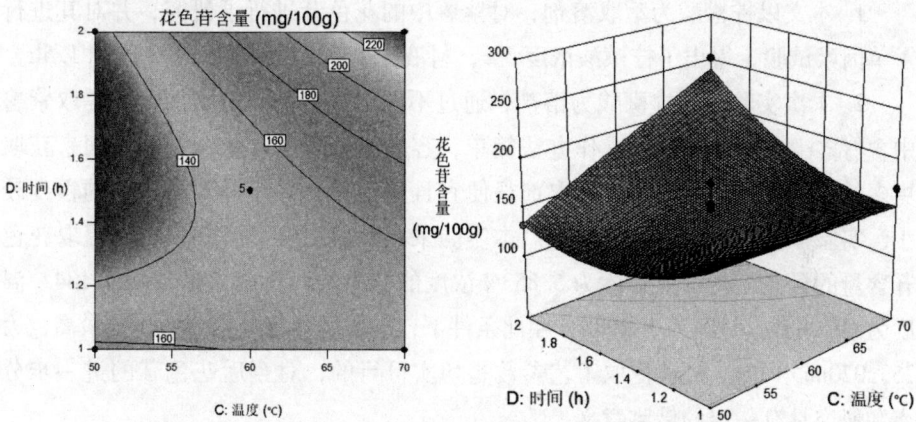

图4-12　温度与时间对提取花色苷含量的影响

　　由图4-12可知，温度与时间两者之间所呈现的等高线图和曲面图颜色变化较快，并且等高线图的线条较为密集，接近椭圆，并且曲面图的倾斜度较高。所以，都可说明温度与时间之间的作用很显著。

　　结合以上图表的数据可知，紫薯花色苷提取的最优工艺参数为5.853%浓度柠檬酸、料液比为1∶24.184、温度为69.985℃、时间为1.998h，此条件下提取的花色苷含量为253.070mg/100g，但是因为操作过程的误差或做实验地方的限制，可能需要将柠檬酸浓度改为约为5%、料液比约为1∶25、温度约为

70℃、时间约为2h，重复进行三次实验，得到了花色苷的含量为252.181mg/100g，与推测值基本符合，说明了利用响应面分析法来提取紫薯花色苷所得到的最优工艺条件是有效的。

4.4 主要结论与展望

4.4.1 主要结论

本研究以单因素实验数据为基准，利用中心组合设计来确定最佳提取工艺参数，并且根据其所有数据得来的回归公式，可以看出此设计所呈现出的效果比较好。选择响应面法进行优化试验比普通的正交试验法更直观，通过3D图形将各因素之间的交互作用表现出来，从而可以通过观察来选择试验设计中提取紫薯花色苷的最优工艺条件[16][17][18]，得到的结论如下。

1. 本文以柠檬酸为萃取溶剂，对紫薯中的花色苷进行了研究，并对其进行了单因素试验，得出了柠檬酸浓度5%，料液比1:25，温度60℃，时间1.5h。

2. 本次实验采用柠檬酸为溶剂，通过不同温度，不同时间加热来提取紫薯中含有多少花色苷。这种操作办法简单，容易上手，可以花较短的时间来获取更多的花色苷含量，并且该提取剂很便宜且容易得到，环境受到污染的程度较小，实验操作过程危险系数较低。本实验采用响应面分析方法，得到提取花色苷含量的最佳工艺参数具体为5.853%浓度的柠檬酸、料液比是1:24.184、温度为69.98℃、时间为1.998h，在此条件下，提取的紫薯花色苷的含量最高，为253.070mg/100g。最佳提取工艺参数是切实可行的，对今后花色苷的进一步分离和研究具有一定的借鉴意义。

3. 本研究通过对方差的分析得到四个因素对花色苷含量的影响主次关系，从大到小依次为料液比、温度、时间、柠檬酸浓度。

4. 最后经过进一步的响应面分析，得出了花色苷含量的实际操作值与推测值基本相符，其拟合度良好，说明了利用该分析法来提取紫薯花色苷所得到的最优工艺条件是有效的。

4.4.2 展 望

紫薯中的花色苷具有很高的安全性，且具有易于吸收的功能性成分，越来越受到人们的重视。目前市场上销售的紫薯制品大多以人工合成色素为主，存在着一定程度的安全风险[19]。因此，研究并开发利用紫薯资源势在必行。花色苷是一种天然色素，获得的途径有很多，它具有减缓炎症、癌症以及肿瘤的发生概率等作用，在食品和医疗领域有很大的发展空间，这让大量科研人员、医学研究者以及食品研发人员对花色苷的研究越来越重视。又因为目前人工合成色素引发安全问题的出现，使得花色苷的提取研究显得格外重要[20]。本研究通过对紫薯中花色苷的提取工艺进行研究，确定了最佳工艺参数，在一定程度上可以为食品行业及其他行业的发展提供一些建议。

本研究以冻干紫薯粉中的花色苷为主要对象，展开并进行了对花色苷含量提取工艺的研究，研究重点主要是通过单因实验，来探究柠檬酸浓度、料液比、温度和时间对紫薯花色苷提取量的影响。实验以柠檬酸浓度、料液比、提取温度和提取时间为影响因素，在单因框架构建上进行了四因素三水平为重点的配比试验设计，并用 Design Expert 来对数据进行分析，确定了紫薯花色苷的最佳配比条件，但是就本研究的内容和方向来看，还不够全面和深入，还有很多不足的地方。

因本研究主要是采用的是溶剂提取法，以酸为提取溶剂，所以今后如果还有与此相关的课题时，可以从其他提取方法出发，如超声辅助法、加热回流法等；也可以选用不同的提取溶剂，如乙醇、甲醇、丙酮等提取剂，以便可以得到更好更全面的研究成果与研究结论。

参考文献

[1] 周宇. 紫薯种植技术及病虫害防治 [J]. 河北农业, 2021 (12): 57-59.

[2] 王淑娜, 谭小丹, 陈涵, 等. 紫薯的营养价值与加工 [J]. 农产品加工, 2015 (21): 36-38.

[3] 耿宏庆, 赵鸢, 曾宇凌. 紫薯产品的综合研究进展 [J]. 南方农业, 2017, 11 (24): 124, 126.

[4] 李洋. 紫薯功能性研究与其食品开发研究 [J]. 食品安全导刊, 2020 (24): 173.

[5] 施琦良. 紫薯功能性研究与其食品开发策略 [J]. 食品安全导刊, 2020 (09): 88

[6] 刘岱琳, 林纪伟, 张静泽, 等. 天然植物中花色苷的研究应用现状 [J]. 食品研究与开发, 2010, 31 (09): 240-244.

[7] 孟文俊, 王增池, 王焕香. 紫薯保健功能分析及其应用前景 [J]. 现

代农村科技，2019 (12)：106-107.

[8] 孙金辉，王微，董楠．紫薯花色苷的研究进展 [J]．粮食与饲料工业，2011 (11)：38-40，44.

[9] 王金亭，李秋凤，闫卉佟．紫色甘薯花色苷化学结构及其生物学活性 [J]．粮食与油脂，2010 (06)：5-7.

[10] KALT W, HANNEKEN A, MILBURY P, et al. Recent research on polyphenolics in vision and eye health [J]．*Journal of Agricultural and Food Chemistry*，2010，58 (7)：4001-4007.

[11] DAVINELLI S, ALI S, SCAPAGNINI G, et al. Effects of flavonoid supplementation on common eye disorders：A systematic review and meta-analysis of clinical trials [J]．*Frontiers in Nutrition*，2021，8：651441.

[12] 姜秀娟，刘海霞，徐爱，等．花色苷提取的最新研究进展 [J]．农业技术与装备，2021 (11)：54-55.

[13] 李杰．紫甘薯花色素苷的提取、组分分析及热稳定性研究 [D]．武汉：华中农业大学，2012.

[14] 唐偲琦，李绍波，郎春辉，等．紫甘薯中花青素类色素提取和分光光度法测定 [J]．现代预防医学，2013，40 (09)：1721-1723.

[15] CORRALES M, LINDAUER R, BUTZ P, et al. Effect of heat pressure on cyanidin-3-glucoside ethanol model solutions [J]．*Journal of Physics：Conference Series*，2008，121 (14)：142003.

[16] 陈亚利．紫薯花色苷分离及紫薯饮料加工工艺研究 [D]．绵阳：西南科技大学，2019.

[17] 李继伟，余思敏，李倩，等．酶法辅助提取紫薯中花青素的研究 [J]．应用化工，2016，45 (09)：1646-1649.

[18] 马懿，古丽珍，包文川，等．双水相法提取紫薯花色苷及其抗氧化活性的研究 [J]．中国食品添加剂，2018 (06)：73-79.

[19] 何传波，米聪，魏好程，等．紫薯花色苷的提取及抗氧化活性研究 [J]．热带作物学报，2016，37 (05)：990-997.

[20] 刘艳杰．紫薯花色苷的提取纯化和组分分析及稳定性研究 [D]．上海：上海应用技术学院，2012.

第5章

紫薯花色苷稳定性研究

5.1　引　言

曾繁森等人研究了紫薯中花色苷的抗氧化作用和稳定性。结果表明：花色苷是一种来源广泛、无毒、具有很高的抗氧化作用的天然色素。在食品工业中，花色苷可以有效地预防食物的腐败和延长货架寿命；同时，随着环境 pH 值的变化，紫薯花色苷的色泽也会随之发生变化。在平时的生活中也能保持很好的稳定性。作为一种对空气敏感的食物，它是一种很好的保鲜材料[1][17]。在今后的发展中它被应用于气敏食品的保鲜上对于检测和保存食品的新鲜度具有重要意义[2]。

研究发现，紫薯花色苷色素的热稳定性以及贮藏稳定性良好，与日常生活中经常使用的白糖、食盐等非常适合搭配使用。跟一些其他的天然红色素，如黑加仑红、辣椒红色素等比较起来，其具有无法比拟的优点，安全无害，是一种新型的优质色素资源[3]。

近些年，相关学者对花色苷的提取和稳定性作了初步探究：JiantengXu 等对紫薯花色苷进行四种不同烹饪方式的热加工，得出经过烘焙后的花色苷含量与其他四种烹饪方式相比，只有 8%～16%的损失。另外，他还发现在烹调过程中花色苷单体的稳定性差异很大，在对食品进行加工时，含有 $C_7H_6O_3$ 的单酰化紫薯花色苷比阿魏酰和咖啡酰稳定性更高[4][20]。Boliar A 等对不同 pH 值、温度等条件下的紫薯、紫玉米进行了色素提取，研究发现前者比后者的花色苷含量更高[5][21]。

赵国瑜等人的研究表明，紫薯花色苷对光的敏感性高，在酸性环境中表现出更好的稳定性，50℃以下不利于花色苷的稳定；以不同食品添加剂为因素进行比较时发现，加入 D-异抗坏血酸钠溶液稳定性为最佳，加入其他食品添加剂如氯化钠时，其稳定性稍有改变，加入碳酸氢钠后，其稳定性最差；Al^{3+}对花色苷的作用效果不明显，但Zn^{2+}会极大程度地影响其稳定性。说明大多数食物中可以添加紫薯花色苷作染料[6][22]。孙欣等对不同酸碱度、不同温度条件下紫薯花色苷的稳定性进行了初步探讨；石双妮等人对番薯花色苷热稳定性进行了分析，结果表明：在加工、贮存过程中，紫薯花色苷的颜色、性能都会受到影响，紫薯花色苷的含量随加热时间和温度的增加而下降，因而，对其进行稳定性分析，可以为最大限度地保护其品种提供依据[7][8]。目前，人们主要从温度、光照强度等方面对花色苷的稳定性进行试验探究。但是，在花色苷色素被进行处理和加工时，接触到的一些金属离子及常用的食品调料，也会对它的稳定性造成影响。

目前国内对花色苷的开发利用尚不多见，花色苷含量极易受到周围多方面因素的影响，从而导致它的稳定性能下降。怎样提高紫薯花色苷的稳定能力，怎样提高花色苷的含量，让其在食品行业中可以被更高效地利用？这些问题等待着我们在未来去解决。本研究主要针对在我国种植面积较大的紫薯，并结合以往的实验，利用分光光度法对紫薯花色苷的稳定性状进行检验，分析不同环境条件对其稳定性的影响，并对全波长范围的吸光度值数据进行分析，以期更好地提高花色苷的含量及稳定性，实现其在食品行业，包括在理论和实践上都起到促进作用[9][10]。花色苷在不会使重工业成本增加的条件下，增加了企业的经济效益。本实验为进一步提高紫薯花色苷的质量和稳定性，拓宽其应用领域，为进一步深入研究其结构、理化性质、生理功能等提供了科学依据，并促进了紫薯品种产品深层次的开发和利用[11][12]。

5.2　实验材料与方法

5.2.1　实验主要试剂及仪器

5.2.1.1　主要试剂

表5-1　主要试剂

试剂名称	厂家	规格
柠檬酸	国药集团化学试剂有限公司	AR
磷酸	天津市天力化学试剂有限公司	AR

试剂名称	厂家	规格
磷酸氢二钠	国药集团化学试剂有限公司	AR
氢氧化钠	国药集团化学试剂有限公司	AR
硫酸亚铁	国药集团化学试剂有限公司	AR
三氯化铁	天津市双船化学试剂厂	AR
无水氯化钙	国药集团化学试剂有限公司	AR
氯化钠	国药集团化学试剂有限公司	AR
氯化镁	国药集团化学试剂有限公司	AR
硫酸铜	国药集团化学试剂有限公司	AR
30%过氧化氢	天津市天力化学试剂有限公司	AR
抗坏血酸	国药集团化学试剂有限公司	AR
亚硫酸氢钠	国药集团化学试剂有限公司	AR
次氯酸钠	国药集团化学试剂有限公司	AR

5.2.1.2 实验仪器

表5-2 主要仪器设备

仪器名称	型号	备注
紫外分光光度计	UV-5500PC	上海元析仪器有限公司
酸度计	PHS-3C	杭州雷磁分析仪器厂
台式高速离心机	TG16-WS	长沙湘仪仪器有限公司
电热鼓风干燥箱	GZX-9140MBE	上海一恒科学仪器有限公司
电子天平	FA2004B	上海越平科学仪器有限公司
恒温水油浴锅	RE-201D	武汉科尔仪器设备有限公司

5.2.2 不同因素对紫薯花色苷稳定性的影响实验

5.2.2.1 花色苷溶液的配制及处理

本实验采用质量为10g的紫薯粉加入200mL 5%的柠檬酸，浸提半小时后[23]，在6000r/min下离心15min，然后取上层清液备用。

5.2.2.2 光照/避光下对花色苷稳定性的影响

分别取10mL紫薯提取液于10mL离心管中，分别于光照和避光环境下静置

7 天，在 530nm 处测定吸光值，平行测量三次，记录下数据。

5.2.2.3　不同温度对花色苷稳定性的影响

分别取紫薯花色苷提取液 8 份，每份 10mL，放入暗处，设置温度为 30℃、40℃、50℃、60℃、70℃、80℃、90℃、100℃，将样品依次放入，于半小时后在 530nm 处测定吸光度值，平行测量三次，记录下数据。

5.2.2.4　不同 pH 值对花色苷稳定性的影响

分别取 9mL pH 值为（1~14）的缓冲液于 10mL 离心管中，添加 1mL 紫薯花色苷提取液，摇匀，静置，观察提取液颜色变化，于半小时后全范围测吸光度值，平行测量三次，记录下数据。

5.2.2.5　不同浓度金属离子对花色苷稳定性的影响

分别取 9mL 紫薯花色苷提取液于 10mL 离心管中，分别添加 1mL（0.02mol/L、0.04mol/L、0.06mol/L）不同浓度的金属离子（$MgCl_2$、$NaCl$、$CuSO_4$、$CaCl_2$、$FeCl_3$、Fe_2SO_4），对照组不添加金属离子，以 1mL 5%柠檬酸代替。摇匀，静置，于半小时后在 530nm 处测定吸光度值，平行测量三次，记录下数据。

5.2.2.6　不同浓度氧化/还原剂对花色苷稳定性的影响

准确移取一定体积的过氧化氢、次氯酸钠分别溶于 10mL 紫薯提取液中，配成浓度为 0.6%、1.2%、1.8%的溶液，和 10mL 对照溶液一并置于暗处，于半小时后在 530nm 处测定吸光度值，平行测量三次，记录下数据。

准确称取一定重量的 $NaHSO_3$、VC 分别溶于 10mL 紫薯提取液中，配成浓度为 200mg/L、400mg/L、600mg/L 的溶液，和 10mL 对照溶液一并置于暗处，于半小时后在 530nm 处全范围测定吸光度值，平行测量三次，记录下数据。

5.3 实验结果与讨论

5.3.1 紫薯花色苷的稳定性

5.3.1 光照对紫薯花色苷稳定性的影响

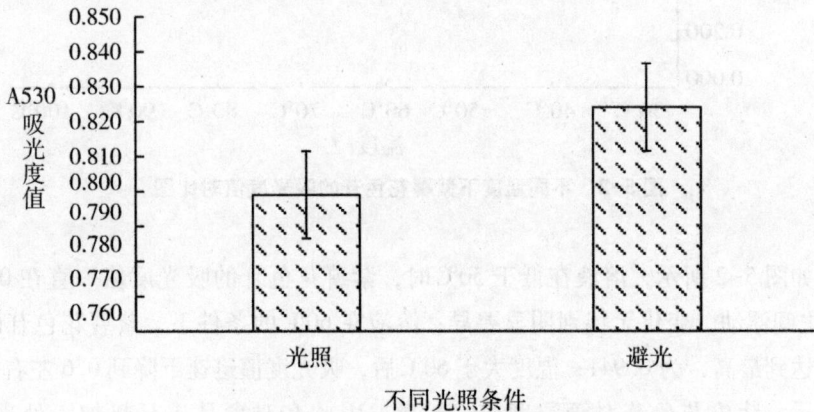

图 5-1 光照和避光条件下紫薯花色苷的吸光度值对比图

在光照和避光不同环境下放置提取液，经过七日后拿出测定。研究结果显示，在光照下，吸收度值下降得更快，光照会对紫薯中花色苷的含量产生不利的影响，因此，应尽量将其置于避光环境中。由图 5-1 可见，在光照条件下，花色苷的吸光值变化很大，分析成因如下：其一，光照强度提高了花色苷 2、4 位的碳原子活性，使其在接触亲水时极易发生酰基脱落的情况，色素的降解能力加快，颜色逐渐变淡；其二，光使花色苷降解为查尔酮，因其不稳定，后又迅速降解为苯甲酸和 2，4，6-三羟基苯甲醛等产物[22]。且花色苷是一种黄酮类化合物，在光照条件下它的不饱和键极易被分解，从而导致稳定性下降。实验结果显示，光照会抑制花色苷的稳定性。为了保持花色苷的颜色和稳定性，应对其进行避光储藏[13]。

5.3.2　温度对紫薯花色苷稳定性的影响

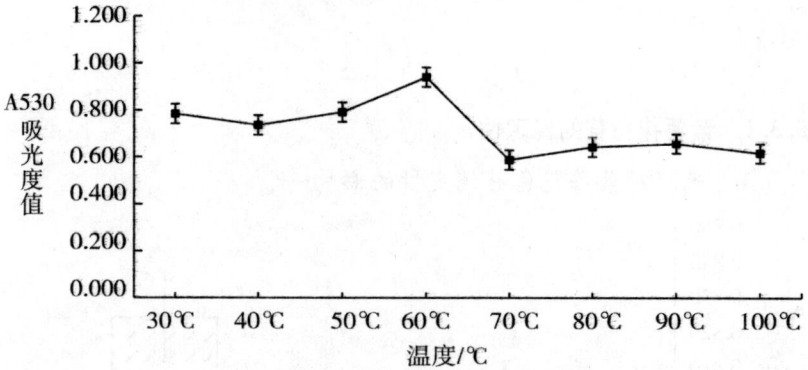

图 5-2　不同温度下紫薯花色苷的吸光度值对比图

如图 5-2 所示，溶液在低于 50℃时，紫薯花色苷的吸光度值一直在 0.7 ~ 0.8 之间浮动，变化无特别明显差异；溶液在 60℃的条件下，紫薯花色苷的吸光度达到最高，为 0.941；温度大于 60℃后，吸光度值迅速下降到 0.6 左右。实验显示，紫薯花色苷对于温度非常敏感，因此在对食品进行热加工处理时，60℃为最佳提取温度；而紫薯花色苷在 70℃ ~ 100℃进行提取时，色素有部分在高温下可能被降解，因此吸光度值变化大。所以，在对食品进行储藏和热处理时，都要严格控制温度，不宜用长时间的高温对食品进行加工。

5.3.3　pH 值对紫薯花色苷稳定性的影响

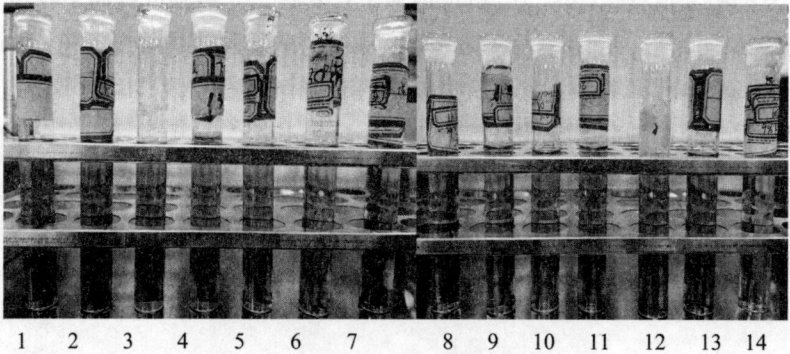

图 5-3　不同 pH 值下紫薯花色苷液

（图中从左到右溶液 pH 值依次 1 ~ 14）

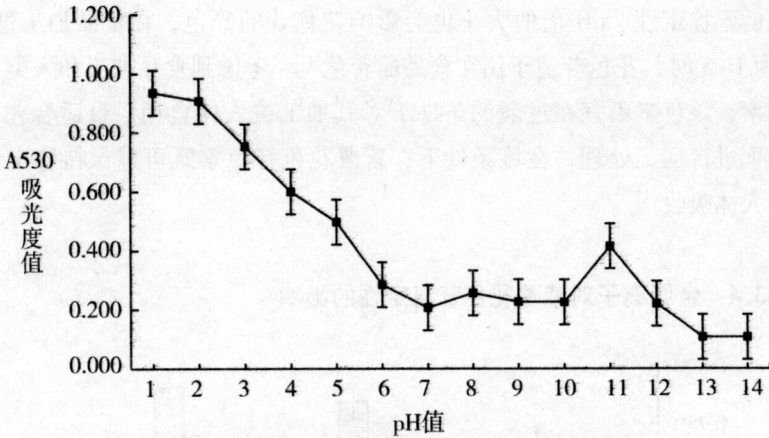

图 5-4　不同 pH 值下紫薯花色苷的吸光度值对比图

　　如图 5-3 所示，在溶液 pH≤2 时，溶液为鲜艳的红色；在溶液 pH≤5 时，溶液颜色由红色转变为淡淡的粉色；实验显示在酸性环境下，溶液颜色随着 pH 值的下降而变深；溶液在 pH 值为 6~12 时为紫色；pH 值为 13 时溶液颜色发生明显变化，呈现为绿色；pH 值为 14 时溶液颜色变成黄绿色。图 5-4 中所示的吸光度值与颜色发生的变化相对应。当溶液的 pH≤2 时，溶液的吸光度值基本无明显变化；当溶液 pH 值为 3 时，溶液的吸光度值已出现明显降低；当 pH>13 时，依据分光光度计全扫描出的波长范围可看出，溶液的最大吸收波长已从 530nm 处变到了 371nm 处，已偏离了花色苷的特征吸收峰，说明化合物的结构可能发生了很大的变化。以上特征的吸收波长及吸光度值的改变，说明了花色苷受 pH 值变化的影响，在溶液中结构会因此发生改变从而影响颜色。其结构分别以红色的 2-苯基苯并吡喃阳离子、蓝色醌型碱、无色的假碱与查尔酮四种形式存在。

　　在图 5-4 中，在溶液 pH≤2 的条件下，紫薯花色苷吸光度值都很高，具有非常强的稳定性；在 pH 值在 3~5 区间时，花色苷随着 pH 值的增大吸光度在迅速降低，其化学结构也随着 pH 值的变化相应发生改变，在此偏酸性区间内，花色苷结构大部分是 2-苯基苯并吡喃阳离子。当 pH 值在 6~7 区间时，溶液由酸性环境向中性环境转变，花色苷的吸光度值都很低，且曲线幅度还在下降，此时色素大部分是查尔酮结构。当溶液由弱碱环境向碱性环境转变，pH 值在 8~14 区间时，溶液颜色变化非常明显，从紫色转为绿色，最后变为黄绿色。花色苷在此区间主要以蓝色醌型结构为主。此时因为结构的不稳定，其质子会脱落，形成共振稳定的醌型阴离子[22]。

　　结果显示，在偏酸环境中，花色苷的稳定性较好，但在偏碱环境下则表现出很大的不稳定性。pH 值的大小也会影响花色苷的颜色，在食品加工过程中，pH 值为 1~5 时，花色苷适于用在食品的着色上。考虑到食品加工和人类食物摄入的因素，该色素不宜在过酸的条件下对其加工被人体食用，最适合在 pH＝3 的条件下进行加工处理，在该条件下，紫薯花色苷色素既可以保持稳定性，又有利于人体吸收[14]。

5.3.4　金属离子对紫薯花色苷稳定性的影响

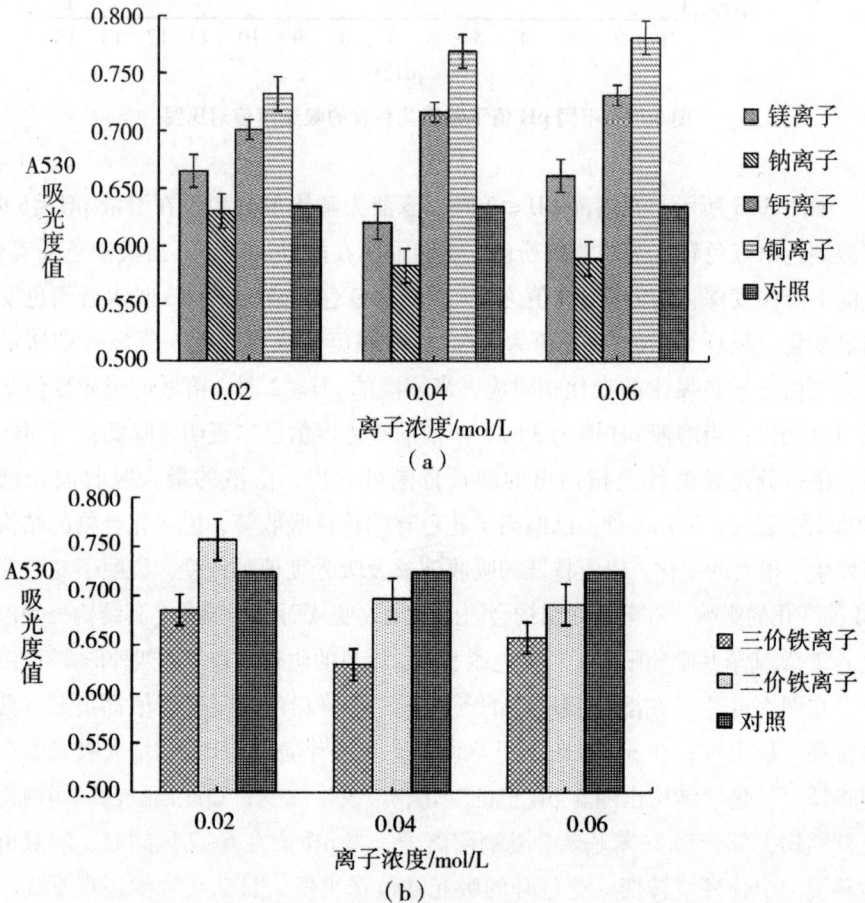

（a）

（b）

图 5-5　不同浓度的金属离子下对紫薯花色苷的吸光度值对比图

不同浓度的金属离子对紫薯花色苷吸光度值的曲线变化影响都不大。依据朗伯定律可知，波长下的吸光度值与色素浓度呈正相关，由此可说明上述金属离子对花色苷的稳定性质影响并不大。由图 5-5（a）可见在不同浓度的金属离子影响下紫薯花色苷吸光度值的变化：与对照溶液相比，往花色苷提取液中加入 Cu^{2+} 后，Cu^{2+} 浓度越高，溶液的吸光度值越高；实验得出，紫薯花色苷因为 Cu^{2+} 的加入，其稳定性变大且固色作用明显；溶液稳定性随着 Cu^{2+} 浓度的增加而增大，固色效果也随之越来越明显。与对照溶液相比，往花色苷提取液中加入 Ca^{2+}，溶液的吸光度值随着 Ca^{2+} 浓度的增加而小范围内不断增大；虽然其数值波动范围较小，但也可以证明 Ca^{2+} 对花色苷具有固色作用，Ca^{2+} 浓度越高，溶液吸光度值越高，固色作用越明显。根据实验数据得出，往提取液中逐步增加 Mg^{2+}，其吸光度值变化浮动范围与对照组相比很接近，说明 Mg^{2+} 对紫薯花色苷提取液几乎无明显作用。往紫薯花色苷溶液中加入 Na^{+}，当 Na^{+} 浓度等于 0.02mol/L 时，溶液吸光度与对照组相比基本不变；但是随着 Na^{+} 浓度的增加，大于 0.02mol/L 后，溶液吸光度迅速降低。查阅资料可知，Na^{+} 的添加量通常来说不能大于 200mg/L[2]。因此在给含花色苷的食物中加入钠盐时，在满足感官方面要求下，添加量要小于保持其稳定性的用量。

由图 5-5（b）可知，花色苷提取溶液中加入 Fe^{2+}、Fe^{3+} 后，溶液吸光度值发生了明显的变化，花色苷吸光值随着 Fe^{2+}、Fe^{3+} 浓度的增大而减少，根据结果显示，Fe^{2+}、Fe^{3+} 的加入会使花色苷色素发生一定程度的降解，因此在食品的储存和处理中，要避免与 Fe^{2+}、Fe^{3+} 的接触。

5.3.5　不同浓度氧化/还原剂对紫薯花色苷稳定性的影响

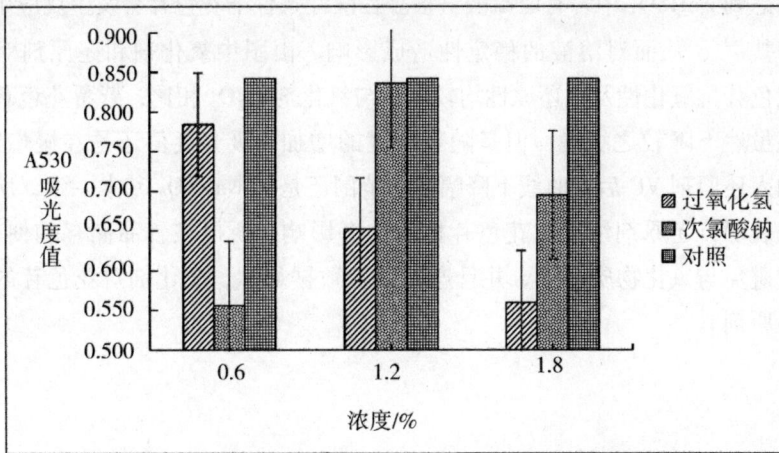

图 5-6　不同浓度的氧化剂下紫薯花色苷的吸光度值对比图

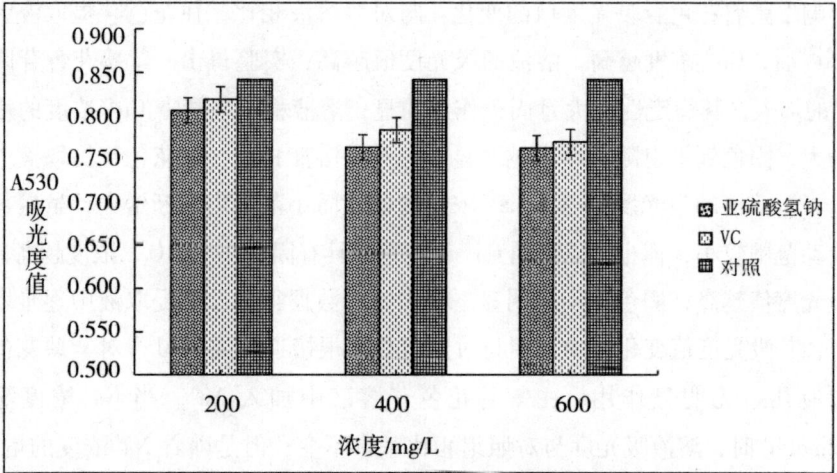

图 5-7 不同浓度的还原剂下紫薯花色苷的吸光度值对比图

在图 5-6 中可见，H_2O_2 的加入能快速降低溶液的吸光度值，并随 H_2O_2 浓度的增大而下降，结果得出，H_2O_2 浓度变化与其稳定性呈负相关。由于花色苷是一种多酚类的化合物，H_2O_2 与花色苷色素中的酚羟基发生氧化反应，从而使其降解。将氧化剂 NaCLO 添加到提取液中，发现其吸光度值的波长也有很大的变化。由此可见，氧化剂能迅速降解花色苷色素，对其稳定性有很大的影响，所以在食品储存和使用时，应尽量避免与氧化物质接触。

如图 5-7 所示，随着 $NaHSO_3$ 浓度逐渐增加，紫薯花色苷的吸光值平缓下降，考虑到 $NaHSO_3$ 中含有亚硫酸氢根。在酸性条件下花色苷会发生反应生成无色复合盐[22]，从而对溶液的稳定性造成影响。由图中氧化剂和还原剂对比可知，花色苷抗氧化性及抗还原性均较差，与氧化剂 H_2O_2 相比，紫薯花色苷的吸光度值虽然下降较之缓慢，但是随着浓度的增加，吸光度值还是在慢慢降低，并且加入还原剂 VC 后，曲线下降幅度和范围还是和 $NaHSO_3$ 基本一致，所以实验结果表明，还原剂浓度对花色苷稳定性有影响，所以在食品储存和使用时，应尽量避免与氧化物质接触。并且通过以上数据显示，氧化剂对花色苷的影响大于还原剂。

5.4 结论与展望

5.4.1 结 论

天然色素最主要的问题是其稳定性不佳。本研究以紫薯为材料，进行了有关紫薯花色苷稳定性的研究与试验，得出了以下主要结论：花色苷在避光和60℃的环境条件下更有利于提高它的稳定性；pH值≤3时花色苷色素的稳定能力最佳；日常中大多金属离子对花色苷的稳定性作用不大，如 Mg^{2+} 对花色苷的作用效果不大，Na^+ 对含有紫薯花色苷的食品需要在适量的限度范围内进行添加，在花色苷中加入 Cu^{2+}、Ca^{2+}，具有提高其稳定性和固色的作用，在对含有花色苷的食品进行处理时，应尽量避免与氧化剂、还原剂、Fe^{3+}、Fe^{2+}接触，它们的存在会大幅度降低紫薯花色苷的稳定性[14][15]。

以上这些研究结论对进一步开发和应用紫薯花色苷具有重要意义，为其今后在理论和实践上的发展提供了基础。

5.4.2 展 望

本文对紫薯花色苷这种天然色素的稳定性进行了初步的研究和探讨，结果得出，紫薯花色苷对pH、金属离子、温度和还原/氧化剂等环境因素非常敏感，后期可以设定各种因素间的相互作用对其稳定性的影响，以及如何有效地提高花色苷稳定性的高科技手段，使其在食品和医药方面得到有利的发展；除此之外，这一次的试验并没有设定太多的影响因素，今后希望能够从更多方面去考虑和研究关于影响紫薯花色苷的稳定性因素，例如从包装材料、食品加工方式、提取溶剂种类等多个方面对其进行更深入的研究，以期改善花色苷的稳定性，延长其货架寿命[18][19]。

参考文献

[1] 张海霞，包良，王晓兰，等. 紫色马铃薯花青素的提取和稳定性评价 [J]. 食品研究与开发. 2021 (11)：103-108.

[2] 刘艳杰. 紫薯花色苷的提取纯化和组分分析及稳定性研究 [D]. 上海：上海应用技术学院，2012.

[3] 徐柯，曾凡坤，袁美，等. 红薯叶、紫薯块根及不同时期紫薯叶中主

要活性成分含量比较［J］．食品与机械，2018，34（06）：30-34.

　　［4］赵二劳，闫唯，高子怡，等．紫薯色素提取工艺及其功能活性研究进展［J］．食品与机械，2018，34（3）：192-195.

　　［5］KUMAGAI T，YAMAKAWA O，KAI Y，et al．Murasakimasari：New sweet potato cultivar for processing［J］．*Sweetpotato Research Front*，2002，13（3）：3.

　　［6］李敏．不同花青素提取物的组成、稳定性及抗氧化性比较研究［J］．南京财经大学．2013（07）

　　［7］WANG H，CAO G H，PRIOR R L．Oxygen radical absorbing capacity of anthocyanins［J］．*Journal of Agricultural and Food Chemistry*，1997，2（1）：304-309.

　　［8］NORIHLKO T，IZABELA K I．Anthocyanins in callus induced from purple storage root of ipomoea batatas［J］．*Phytochemistry*，2000，54（2）：919-922.

　　［9］王洪云，张毅，孔秀林，等．紫甘薯花色苷体内外抗氧化能力研究［J］．江苏师范大学学报（自然科学版），2019，37（04）：32-36，48.

　　［10］宋莹，刘思含，常霞，等．紫薯粉发酵工艺优化及抗氧化能力分析［J］．食品与机械．2020（01）：216-221，229.

　　［11］ADMANA I，SVDEWI，SAMATRA P，et al．Belinese Cultivar of Purple Sweet Potato Improved Newrological Score and BDNF and Reduced Caspasse‐Independent Apoptosis among wistar Rats with Ischemic Stroke［J］．*Open Access Macedonian Journal of Medical Sciences*，2019，7（1）：38-44.

　　［12］石慧．紫薯花青素对油酸诱导 HepG2 细胞血脂代谢的影响［J］．口岸卫生控制，2019，24（5）：27-31，35.

　　［13］郅琦．紫薯花青素抗 UVB 诱导的 BALB/c‐nu 小鼠皮肤光老化作用研究［D］．重庆：西南大学，2019.

　　［14］杨霞，王利，李少伟，等．花青素抗炎机制的研究进展［J］．山东医药，2017，57（18）：106-109.

　　［15］吴蔚楚．植物花青素研究进展［J］．当代化工研究．2018（09）：183-185.

　　［16］齐敏玉．鲜食/加工紫薯品质分析及花色苷加工稳定性研究［D］．武汉：武汉轻工大学，2015.

　　［17］曾繁森，叶妍琦，张美清，等．紫薯花色苷的抗氧化活性及其稳定性研究［J］．闽南师范大学学报（自然科学版），2019，32（03）：60-67.

　　［18］汪文秀．人工合成色素对人体的危害及天然色素的应用前景［J］．食

品安全导刊, 2019 (25): 72-73.

[19] 陆国权, 李秀玲. 紫甘薯红色素与其他同类色素的稳定性比较 [J]. 浙江大学学报 (农业与生命科学版), 2001, 27 (6): 635-638.

[20] JIANTENG X XIAO Y S. Characterisation and stability of anthocyanins in purple-fleshed sweet potato P40 [J]. *Food Chemistry*, 2015, 186: 90-96.

[21] CEVALLOS-CASALS B A, CISNEROS-ZEVALLOSL. Stability of anthocyanin-based aqueous extracts of Andean purple corn and red-fleshed sweet potato compared to synthetic and natural colorants [J]. *Food Chemistry*, 2004, 86 (1): 69-77.

[22] 赵国瑜, 田亚萍, 巫丹, 等. 紫薯花色苷提取及稳定性研究 [J]. 保鲜与加工, 2020, 20 (04): 104-110.

[23] 朱美娟, 姚勇芳, 韩雪钗, 等. 紫薯色素的提取及其稳定性的研究 [J]. 安徽农业科学, 2009 (36): 7885-7887, 7913.

第三篇

03

紫薯产品的配方与
工艺优化研究

第6章

紫薯蛋糕的配方与工艺优化研究

6.1 引 言

本研究通过在蛋糕制作中加入紫薯粉，并用木糖醇代替白砂糖，对蛋糕配方进行改良，发挥紫薯和木糖醇的营养价值，丰富人们的膳食结构，为社会大众提供更多的选择。

6.2 实验材料与方法

6.2.1 实验材料

6.2.1.1 实验原料

紫薯粉：盐城陈氏食品有限公司；

木糖醇：山东龙力生物科技股份有限公司；

蛋糕油、盐、蛋糕专用小麦粉、鸡蛋、白砂糖、色拉油、玉米淀粉、柠檬均为一般市售。

6.2.1.2 实验仪器

电子秤：松上厨房电子秤（精确至0.01g）；

多用途粉筛200×50mm，筛孔尺寸：0.106mm，标准目数140目；

搅拌机：美国 Kitchen Aid 5K5SS 搅拌机（蛋缸上口直径22 cm、下底直径9cm、深度20 cm）；

三层烘烤箱：广州三麦机械设备有限公司，SCVE50+SE；

TA-TX. Plus 物性测定仪：英国 Stable Micro Systems。

6.2.2　研究方法

6.2.2.1　实验研究思路

（1）确定紫薯蛋糕基础配方和方法

在传统海绵蛋糕的基础上，加入紫薯粉和木糖醇，分别改变紫薯粉和木糖醇的添加量，做两组蛋糕产品，通过感官来评价蛋糕的外观形态、内部结构、弹柔性、香味、滋味和口感，最后确定出紫薯蛋糕的基础配方：固定蛋糕总粉量为300g（其中固定玉米淀粉50g不变、紫薯粉和蛋糕粉总量始终不变）、食用油100g、全蛋液500g、白砂糖200g、盐4g、蛋糕油25g为最佳。在160℃的条件下烘烤30min。

（2）确定感官评分标准和理化指标

感官评价主要是：蛋糕的外观形态、内部结构、弹柔性、香味、滋味和口感；理化指标主要选择硬度和弹性。

（3）设计单因素实验

选全蛋液、木糖醇、紫薯粉、蛋糕油、柠檬汁这五个对蛋糕品质影响较大的因素，通过数据分析，舍弃一个对蛋糕品质影响最小的因素。

（4）设计正交试验

在单因素实验的基础上，通过对综合评分、硬度和弹性的数据分析，各设定3个影响较大的添加量，采用 $L_9(3^4)$ 正交试验设计，以感官评分和质构指标进行正交优化实验，最终确定紫薯蛋糕的优化配方。

6.2.2.2　实验操作要点

（1）温度会影响蛋糊、面糊的搅打时间，因此本实验在 20~25 ℃室温环境中进行。

（2）制备蛋液：将全蛋液、糖（全白砂糖或白砂糖和木糖醇）、盐、柠檬汁放入搅拌缸，搅拌机有 0、2、4、6、8、10 六个速度，先慢后快（速度由2转至6）搅拌 5min 使糖完全溶解。

（3）制备面糊：加入经混合均匀和过筛（140目）的小麦粉、紫薯粉、玉米淀粉混合物，先2挡慢速搅拌，至面粉粒完全消失，转为6挡快速搅拌5~7min；

（4）加蛋糕油：加入蛋糕油，以8挡速度快速搅打，使面糊的体积变大至原来的3~3.5倍，取少许呈鸡尾状即可；

（5）加水和油：再继续以 2 挡慢速搅拌，沿缸壁慢速加入水至混合均匀，肉眼无水无颗粒，再以相同方式慢速加入大豆油，搅拌至油与面糊完全混合均匀即可，搅拌时间 5~7min，然后立即倒入模具烘烤。

（6）入模：采用烤盘纸折的纸膜（纸膜长 20cm，宽 6cm，高 5cm），将面糊从面缸中直接倒入模具，用刮板将表面刮平，入模量 619.5g。

（7）烘烤：将模具放在烤盘上并放入烤箱中，在 160℃的条件下烘烤 30min。

感官评分：产品自然冷却后，据"GB /T 10220-2012 感官分析—方法学—总论"进行感官评定，官评分标准见表 6-1。品评人员共 10 名，进行过感官评价的培训学生 10 名（男女均各半）。参考"GB / T 24303-2009 粮油检验—小麦粉—蛋糕烘焙品质实验-海绵蛋糕法"，采用百分制，满分为 100 分，结果取平均值。

表 6-1　木糖醇紫薯海绵蛋糕感官评分标准

项目	标准	分值
外观形态 （20分）	表面很光滑，无斑点，皱纹，表面允许略微隆起	15~20
	表面有较少斑点，皱纹，气泡，稍有收缩变形	8~14
	表面粗糙，有明显皱纹和斑点，明显收缩变形	1~7
内部结构 （20分）	呈紫色，有光泽，气孔较均匀，光滑细腻，无较硬部分	15~20
	呈淡紫色，有光泽，气孔略大稍粗糙，不均匀，无较硬部分	8~14
	呈蓝绿色，无光泽，气孔较大且粗糙，底部气孔紧密，有较硬部分	1~7
弹柔性（20分）	较柔软，弹性好，按下去后复原很快	15~20
	柔软较有弹性，按下去后复原较快	8~14
	柔软性、弹性差，按下去后难复原	1~7
香味（20分）	有很浓郁的薯香味和鸡蛋味，无异味	15~20
	有蛋香味和轻淡薯味，有一丝异味	8~4
	无蛋香味和薯味，有蛋腥味和明显异味	1~7

项目	标准	分值
滋味和口感（20分）	薯香和蛋香味浓郁，甜度适中，无异味。口感绵软、细腻，不干不粘，吞咽流畅	15~20
	有淡淡薯香味和蛋味，较甜或较淡，有一点异味。口感绵软略有坚实感，较干较粘，吞咽较流畅	8~14
	无紫薯味，腥味明显，过甜或过淡，有明显异味。口感粗糙，坚实，粘牙，不易吞咽	1~7

蛋糕理化值的测定：采用 TA-TX. Plus 物性测定仪和 PR36 探头，测试速度为 1.0mm/s，压缩程度为 60%，质构仪选择烘焙类食品中的蛋糕模式运行。质构仪通过模拟人的口腔咀嚼功能，客观地将人的感觉感受分解成几个部分，用硬度（hardness）、脆性（brittleness）、弹性（springiness）、内聚性（cohesiveness）和咀嚼性（chewiness）等反映食品的质构特性[14]。不同食品所测定的质构指标不同，蛋糕食味品质优劣主要从蛋糕的硬度、弹性来评价。

6.3　实验过程

6.3.1　紫薯粉添加量对产品品质的影响实验

全蛋液 250g、白砂糖 80g、木糖醇 20g、盐 2g、柠檬汁 5g、玉米淀粉 25g、蛋糕油 12.5g、水 50g、大豆油 50g 均保持不变，改变紫薯粉的添加量（15g、30g、45g、60g、75g），蛋糕粉量（110g、95g、80g、65g、50g）按总量依次减少，进行实验，对产品进行综合评分。

6.3.2　蛋糕油添加量对产品品质的影响实验

全蛋液 250g、白砂糖 80g、木糖醇 20g、盐 2g、柠檬汁 5g、紫薯粉 45g、蛋糕粉 80g、玉米淀粉 25g、蛋糕油 12.5g、水 50g、大豆油 50g 均保持不变，改变蛋糕油的添加量（5g、10g、20g、25g），进行实验，对产品进行综合评分。

6.3.3　柠檬汁添加量对产品品质的影响实验

全蛋液 250g、白砂糖 80g、木糖醇 20g、盐 2g、紫薯粉 45g、蛋糕粉 80g、玉米淀粉25g、蛋糕油12.5g、水50g、大豆油50g均保持不变，改变柠檬汁的添加量（2g、4g、6g、8g、10g）进行实验，对产品进行综合评分。

6.3.4 木糖醇添加量对产品品质的影响实验

全蛋液250g、盐2g、柠檬汁5g、紫薯粉45g、蛋糕粉80g、玉米淀粉25g、蛋糕油12.5g、水50g、大豆油50g均保持不变，改变木糖醇的添加量（5g、10g、15g、20g、25g）进行实验，对产品进行综合评分。

6.3.5 蛋液添加量对蛋糕品质的影响实验

白砂糖80g、木糖醇20g、盐2g、柠檬汁5g、紫薯粉45g、蛋糕粉80g、玉米淀粉25g、蛋糕油12.5g、水50g、大豆油50g均保持不变，改变全蛋液的添加量（150g、200g、250g、300g、350g）进行实验，对产品进行综合评分。

6.3.6 正交试验

采用正交试验法，产品的感官评价得分为综合指标。采用全蛋液（A）、木糖醇（B）、紫薯粉（C）和蛋糕油（D）4个因素进行正交试验，得到紫薯蛋糕的最优配方。正交试验因素水平表见表6-2。

表6-2 正交试验因素水平表

水平	因素			
	A 全蛋液（g）	B 木糖醇（g）	C 紫薯粉（g）	D 蛋糕油（g）
1	200	40	45	15
2	250	50	60	20
3	350	60	75	25

6.4 实验结果与分析

6.4.1 感官评价与分析

6.4.1.1 紫薯粉添加量对产品综合评分的影响

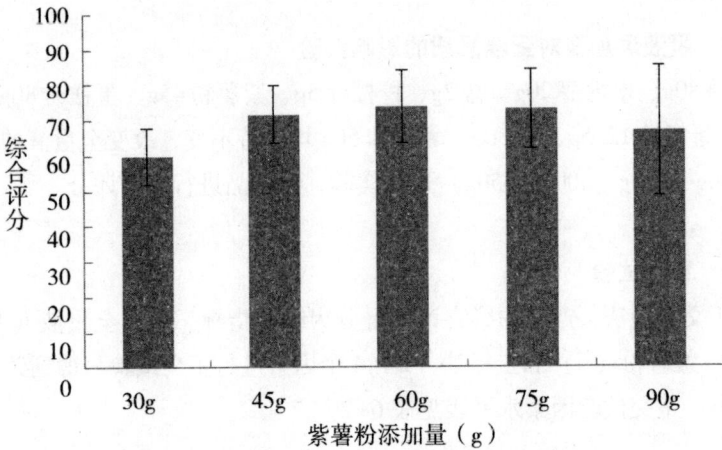

图6-1 紫薯粉添加量对产品综合评分的影响

由图6-1可以看出随着紫薯全粉添加量的增加，蛋糕的综合评分先增加到最大值后减小，在紫薯全粉添加量为60g时出现最高点。蛋糕评分随紫薯粉添加先增加后减小的现象说明，并不是紫薯粉添加越多越好；紫薯粉添加过少，蛋糕失去了紫薯香味，而且内芯颜色不是紫色，烤制后的蛋糕表面粗糙，内部组织松软、粘牙，颜色呈紫黑色，综合评分会下降。另外，混合面粉筋力太低，蛋糕在烘烤过程中容易出现变形、下陷和底部结块的现象[14]。当紫薯粉添加量为60g时，蛋糕表面光滑，内芯呈紫色，气孔分布均匀，口感和滋味较好，紫薯香和蛋香味浓郁，因此评分最高。

从综合评分的高低，选取得分较高的45g、60g、75g三个水平进行正交试验。

6.4.1.2　蛋糕油添加量对产品综合评分的影响

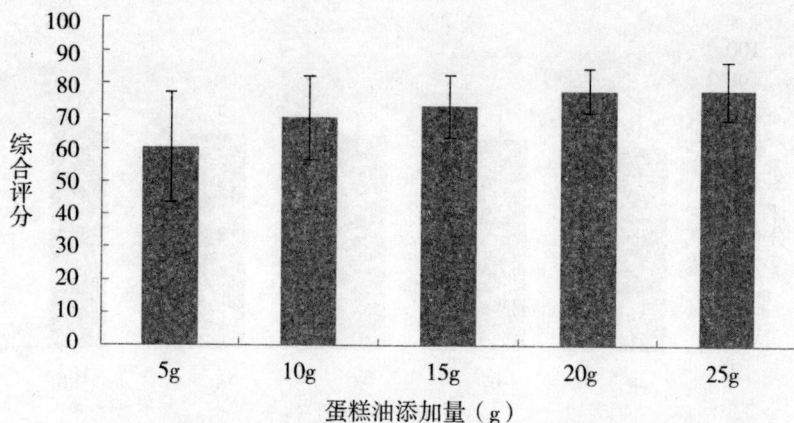

图6-2　蛋糕油添加量对产品综合评分的影响

蛋糕油是一种食品乳化剂，其成分为双乙酰酒石酸单（双）甘油酯，在海绵蛋糕生产中常作为泡沫剂和稳定剂使用，能提高蛋糕内部组织的湿润性，使蛋糕的口感更加绵软。另外，蛋糕油的添加也可以减少蛋糕制作的复杂步骤，可以一次性投料，大大节省了时间和蛋糕制作的难度，还起到的延长成品货架期的作用[16]。

由图6-2可以看出，蛋糕油添加量和产品的综合评分成正比。当蛋糕油添加量为25g时，产品的综合评分达到最佳。若蛋糕油添加量过少，则蛋糕内部组织不够湿润，口感偏硬，给人不好的感官体验；若蛋糕油添加量过多，则蛋糕组织过于湿润，易粘牙，成品蛋糕冷却过程中还易塌陷。

从综合评分的高低，选取得分较高的15g、20g、25g三个水平进行正交试验。

6.4.1.3　柠檬汁添加量对产品综合评分的影响

在制作海绵蛋糕时，首先是制备蛋泡糊。由于蛋液本身呈碱性，若直接加入紫薯粉，紫薯粉中的花青素在碱性环境中会出现变色反应，紫色变成蓝色，而在众多食物中蓝色几乎不太能被人们所接受。且花青素在碱性环境中的颜色更接近食物霉变的颜色，更不符合人们的饮食习惯，所以在紫薯蛋糕制作过程当中必须加入适当酸性液体来中和蛋液的碱性，使紫薯粉中花青素在中性环境中呈现其天然紫色。对比添加醋或其他调节pH值的添加剂来说，新鲜柠檬汁更具优势，它不仅天然绿色，符合当今人们对绿色健康的追求；而且它可以使蛋泡糊的pH值偏离等电点（在偏酸情况下气泡较稳定），增强蛋泡糊的稳定性，同时有矫正异味和增加风味的作用[15]。

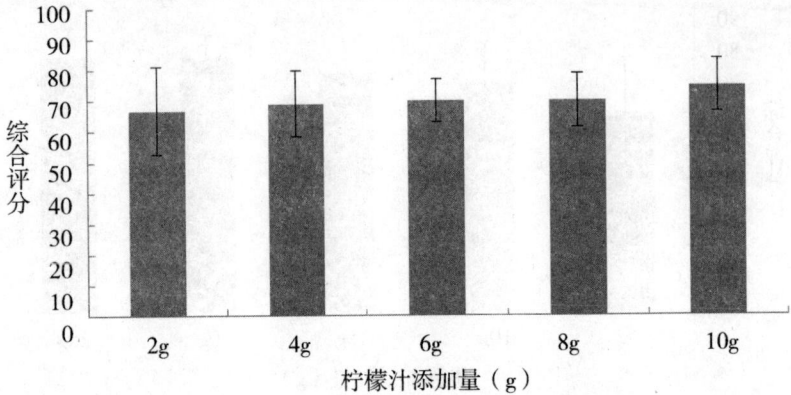

图6-3 柠檬汁添加量对产品综合评分的影响

从图6-3可以看出，随着柠檬汁的添加量不断增加，蛋糕的综合评分也在不断增加，在柠檬汁添加量为10g时，蛋糕的综合评分最高。蛋糕综合评分不断增加的原因是，柠檬汁添加量的增加，面糊里整个环境偏酸，利于蛋泡糊的稳定性，能维持蛋糊体积，还能防止花青素变蓝，经烤制后的蛋糕较暄腾，内芯呈紫色或紫红色，比较符合大众的需求。但评分差异不大，该单因素对紫薯蛋糕品质影响不明显。

从综合评分的高低，选取得分较高的6g、8g、10g三个水平进行正交试验。

6.4.1.4 木糖醇添加量对产品综合评分的影响

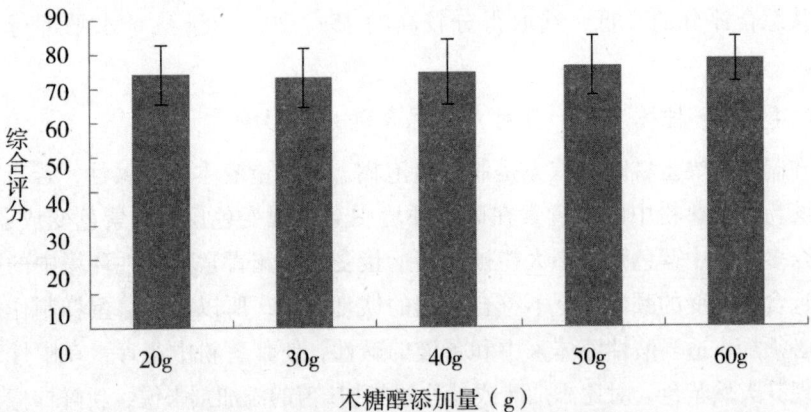

图6-4 木糖醇添加量对产品综合评分的影响

从图 6-4 我们可以知道，当木糖醇添加量增加时（白砂糖添加量逐渐减少），产品的综合评分先减少后增加，当木糖醇添加量为 60g 时，综合评分最高。产品评分先减小后增大的原因是，木糖醇的增加，白砂糖的减少，使蛋泡糊劲度降低，持气力下降，导致成品组织不暄腾，体积小[17]，造成评分下降；随着木糖醇量的不断增加，提高了蛋液的发泡能力，而且木糖醇比白砂糖颗粒更细，在搅打过程中，更容易融化，使蛋糕内部组织结构软绵细腻，并且糖在高温下的美拉德反应也增添了蛋糕的风味，因此综合评分逐步增加。但因为木糖醇量的不断增加，造成了蛋糕口感过甜，所以综合评分增加得不是非常明显。

从综合评分的高低，选取得分较高的 40g、50g、60g 三个水平进行正交试验。

6.4.1.5 全蛋液添加量对产品综合评分的影响

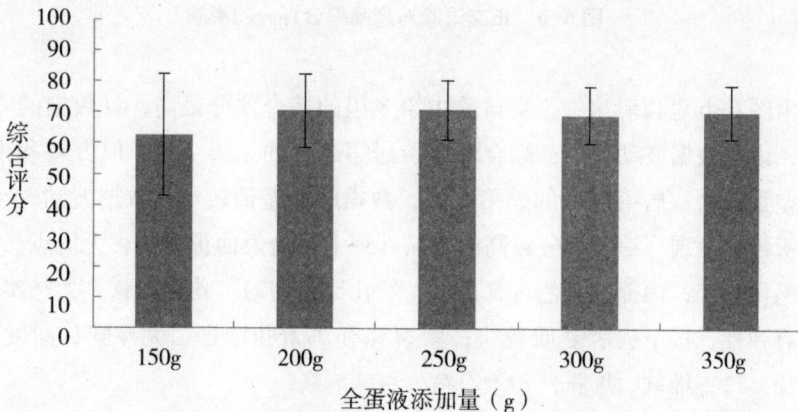

图 6-5 全蛋液添加量对产品综合评分的影响

由图 6-5 可以看出，随着全蛋液添加量的增加，产品的综合评分先增加后减小，当蛋液用量为 250g 时，蛋糕的综合评分最高。评分先增大后减小的原因是：蛋液添加量太少，鸡蛋的起泡性较差，蛋泡糊中空气减少，制作的面糊体积较小，烤制后蛋糕膨胀度不足，口感偏硬，蛋香味不足，评分较低。蛋液添加量过多，整个面糊呈碱性，导致花青素变色，蛋糕内芯颜色偏灰色，蛋腥味较重；蛋液过多，起泡性好，空气较多，蛋泡糊内部空隙较大，烤制后，蛋糕在冷却时易塌陷，评分也会下降。添加量在 250g 时，蛋糕的颜色较好，暄腾度、口感都比较好，因此评分最高。

从综合评分的高低，选取得分较高的 200g、250g、350g 三个水平进行正交试验。

6.4.1.6　正交试验对产品综合评分的影响

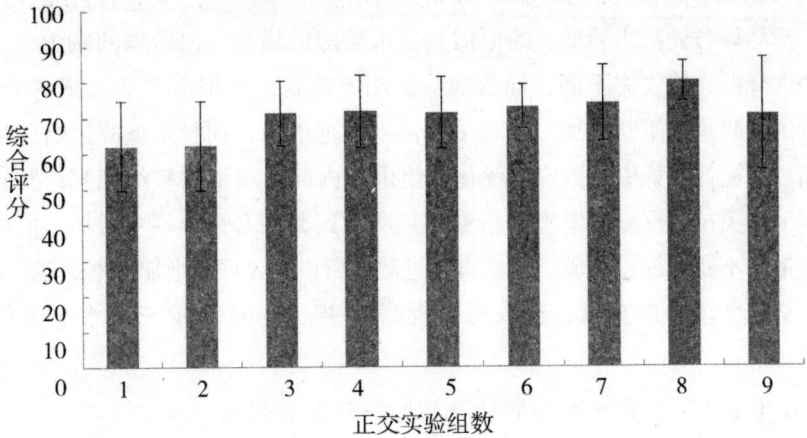

图 6-6　正交试验对产品综合评分的影响

由图 6-6 可以看出，正交试验中第 8 组的综合评分最高，且数据的方差值较小，说明数据波动较小；综合评分位居第二名的是第 7 组，但方差和排名第一的差别较大；居第三名的是第 6 组，数据的方差值较小，数据波动较小。通过分析数据发现，综合评分较高的产品外观上都是表面很光滑，无斑点、皱纹，表面略微隆起；内部呈紫色，有光泽，气孔比较均匀，光滑细腻，无坚实部分；柔软有弹性，按下去后复原较快；紫薯味和鸡蛋味浓郁，无异味；甜度适中，无异味，口感绵软、细腻，不干不粘，吞咽流畅。

评分最低的是第 1 组，其次是第 2 组，最后是第 9 组。其中第 1 组和第 9 组蛋糕表面呈淡紫色还有气泡，蛋糕厚度较薄，膨松度不够，有坚实部分，蛋糕内部气孔分布不均匀；第 2 组表面有气泡，厚度较薄，暄腾度不够，内部气孔分布不均匀。

6.4.2　理化评价与分析

6.4.2.1　紫薯粉添加量对产品质构的影响

从图 6-7 可以看出，紫薯粉对蛋糕的硬度、弹性均有一定影响。随着紫薯粉添加量的增大，蛋糕的硬度逐渐增大，弹性呈先增加后减小再增加的趋势。硬度则与蛋糕的品质成负相关，紫薯粉添加值越大，蛋糕吃起来越硬。蛋糕硬度不断增加的原因是，紫薯粉添加量过多，蛋糕粉较少，蛋糕的麦胶蛋白、麦谷蛋白减少，形成面筋的持气能力下降，烤制后产品持气能力和暄腾度逐渐下降[18]，硬度偏大。弹性与蛋糕的品质成正比，弹性值越大，蛋糕越柔软，蛋糕的弹性基本上随紫薯粉添加量的增加而增大，这是由于紫薯粉不断增加，制作面糊时的搅打时间也会变长，客观上增加了面糊中的空气，使蛋糕弹性增加。

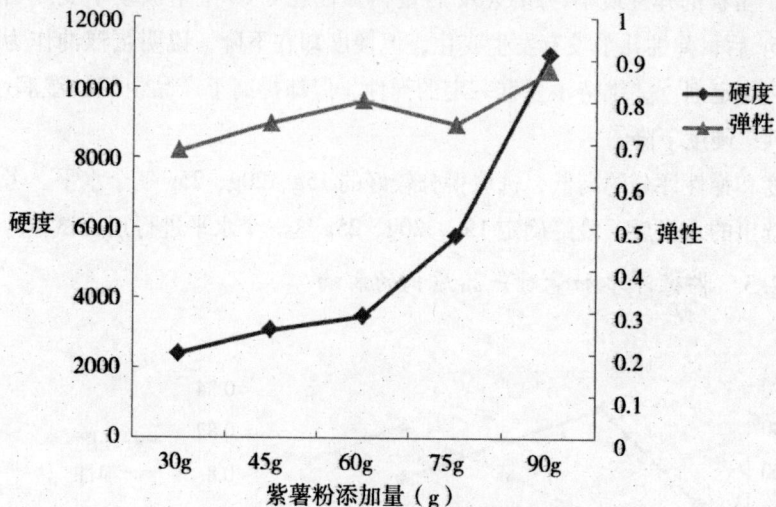

图6-7　紫薯粉添加量对产品质构的影响

从硬度和弹性评分的高低，选取得分较好的45g、60g、75g三个水平。考虑综合评分选出的水平后，最终确定45g、60g、75g这三个水平进行正交试验。

6.4.2.2　蛋糕油添加量对产品质构的影响

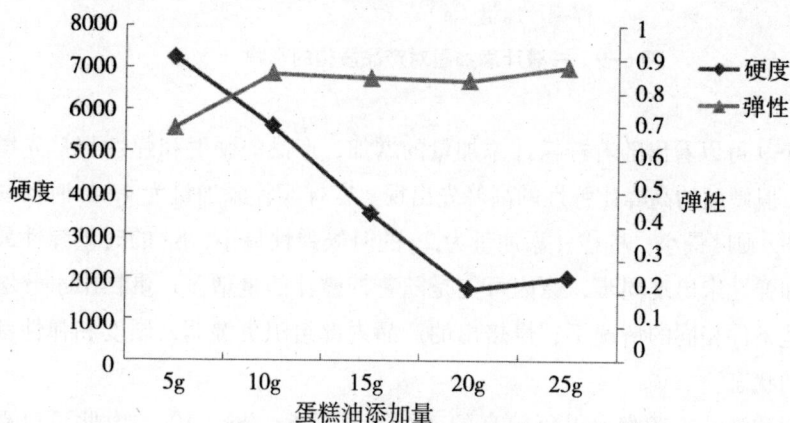

图6-8　蛋糕油添加量对产品质构的影响

由图6-8可以看出，蛋糕硬度随着蛋糕油添加量的增加而减少。当蛋糕油添加量为25g时硬度开始增加，可能原因是随着蛋糕油添加量的不断增加，使蛋糕内部组织更加柔软和湿润，蛋糕硬度下降，弹性增加。当蛋糕油添加量为5g的时候，蛋糕的弹性最小，超过5g后蛋糕弹性在0.85上下波动不变。当蛋糕油超过5g后，弹性几乎没有发生变化，但硬度却在下降，说明蛋糕油作为起泡剂和泡沫稳定剂[2]，维持了蛋糕一定的弹性，但却提高了产品组织的湿润性，使口感变软，硬度下降。

从硬度和弹性评分的高低，选取得分较好的15g、20g、25g三个水平。考虑综合评分选出的水平后，最终确定15g、20g、25g这三个水平进行正交试验。

6.4.2.3 柠檬汁添加量对产品质构的影响

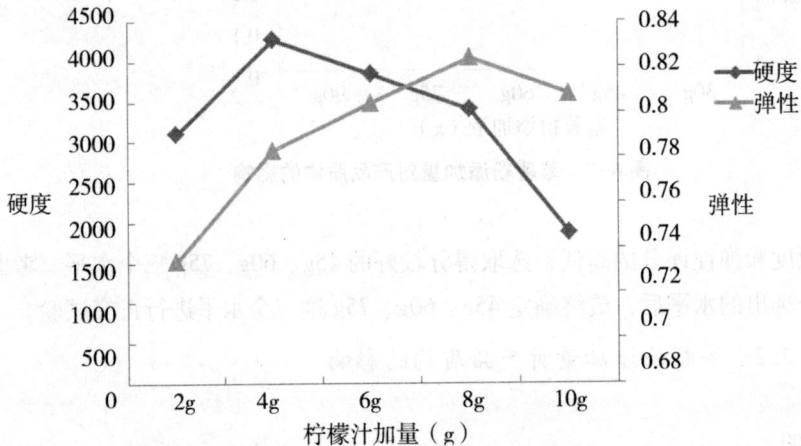

图6-9 柠檬汁添加量对产品质构的影响

从图6-9可以看出随着柠檬汁添加量的增加，产品的硬度和弹性都是先增加后减少，但硬度的高峰比弹性的高峰先出现。在柠檬汁添加量为4g的时候硬度最大，10g硬度最小；柠檬汁添加量为2g的时候弹性最小，8g的时候弹性最大。硬度和弹性未出现同步，原因可能是随着柠檬汁的量增多，蛋糕中水分增加，在其他条件相同的情况下，烘焙出的产品内部组织更湿润，硬度和弹性都呈现最好的状态。

从硬度和弹性来考察，得分较高的三个水平是6g、8g、10g。由此可以看出，柠檬汁的添加量与产品综合评分、硬度和弹性始终正相关，没有特别大的影响，因此做正交试验时不再将柠檬汁添加量作为一个因素。添加量为8g时硬度和弹性最好，蛋糕颜色呈现紫色，综合评分也比较高，在接下来的正交试验中，将固定柠檬汁添加量为8g。

6.4.2.4　木糖醇添加量对产品质构的影响

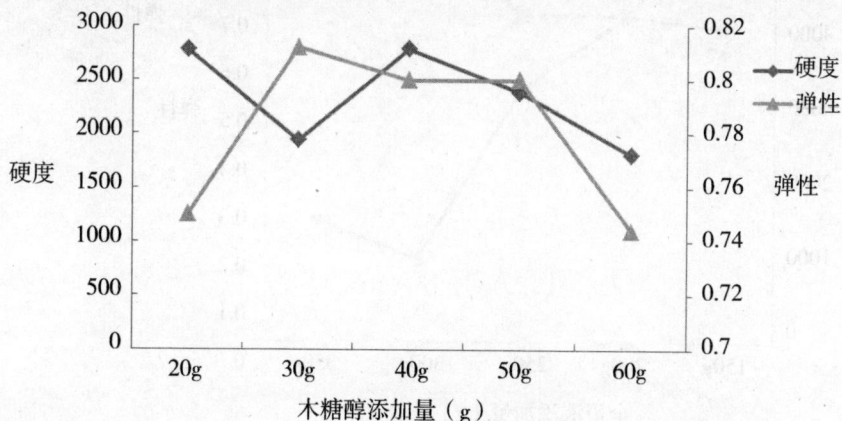

图 6-10　木糖醇添加量对产品质构的影响

由6-10数据分析可得，产品弹性大致随木糖醇添加量的增加而逐步减小，硬度上下波动，说明弹性和硬度的相关性较小。弹性最好、硬度最低的都是30g。木糖醇的增加、白砂糖的减少，使蛋泡糊劲度降低，持气力下降，导致成品组织不暄腾，体积小；另外，木糖醇添加量过多，蛋糕粉的糊化温度降低，烤制时面糊在低温下就已经成形，蛋糕膨胀的体积不足，也导致了蛋糕体积变小，因此蛋糕弹性减小。硬度上下波动，说明木糖醇添加量的变化对蛋糕硬度的影响较大。40g后硬度逐步减小的原因是，木糖醇比白砂糖颗粒更细，木糖醇代替白砂糖越多，搅打时越易融化，蛋泡糊充入空气更多，蛋糕更暄腾，硬度下降。

从硬度和弹性评分的高低，选取得分较好的30g、40g、50g三个水平。考虑综合评分选出的水平和木糖醇的营养保健功效后，最终确定40g、50g、60g这三个水平进行正交试验。

6.4.2.5　全蛋液添加量对产品质构的影响

由图6-11可看出，随着鸡蛋液添加量的增大，蛋糕的硬度逐渐减小，说明鸡蛋用量越大，蛋糕的品质越好，这与鸡蛋良好的乳化性和起泡性有关。蛋糕的弹性随着鸡蛋用量的增加先增大后下降，这是因为鸡蛋用量超过一定范围时，鸡蛋增加了面糊中的水分含量，反而使蛋糕弹性减弱[13]。

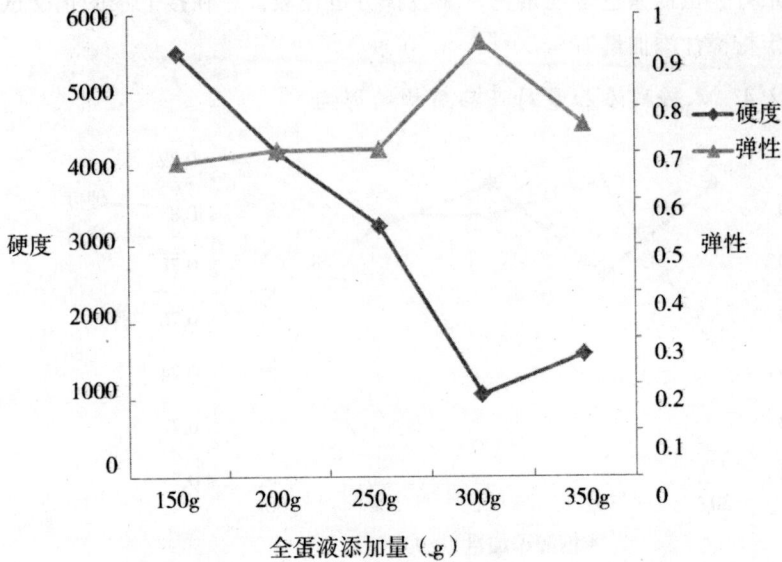

图 6-11　全蛋液添加量对产品质构的影响

从硬度和弹性来考察，得分较高的三个水平是 250g、300g、350g。考虑到综合评分是大众普遍接受的蛋糕品质，最终确定符合实际的三个水平 200g、250g、350g 来进行正交试验。

6.4.2.6　正交试验对产品质构的影响

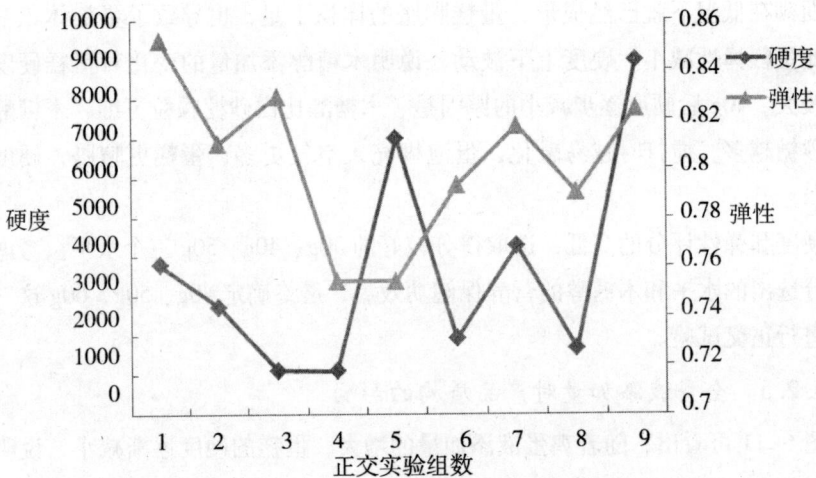

图 6-12　正交试验对产品质构的影响

从图 6-12 可以看出第 9 组硬度最高，其次是第 5 组和第 7 组，硬度与蛋糕品质成反比，硬度值越大，蛋糕品质越不好；第3、4、6、8组的硬度值较小，因此这几组蛋糕品质较好。第1、3、7、9组的蛋糕弹性值比较高，弹性好说明蛋糕暄腾度比较好，蛋糕的口感好。但硬度小弹性好并不一定代表蛋糕的品质最高，因此硬度和弹性相关性较小。

6.4.3　正交试验结果分析

表6-3　正交试验结果 L₉ (3⁴)

试验号	A 全蛋液量（g）	B 木糖醇（g）	C 紫薯粉量（g）	D 蛋糕油（g）	综合评分
1	3	3	1	2	62.14
2	1	2	3	2	62.29
3	3	1	3	3	71.29
4	2	1	2	2	71.86
5	2	3	3	1	71.43
6	1	1	1	1	73.14
7	1	3	2	3	74.14
8	2	2	3	3	80.14
9	3	2	2	1	71.0
K1	209.57	216.29	215.42	215.57	—
K2	223.43	213.43	217	196.29	—
K3	204.43	207.71	205.01	225.57	—
K1	69.86	70.1	71.81	71.86	—
K2	74.48	71.14	72.33	65.43	—
K3	68.14	69.24	68.34	75.19	—
R	19	8.58	11.99	29.28	—
主次因素	D>A>C>B				
最佳组合	A₂B₁C₂D₃				

由表6-3可知，第8组的综合评分最高，此时硬度和弹性较好，硬度值为1665.34，弹性值为0.79。各因素对感官评价的影响大小依次为 D>A>C>B，蛋糕油（D）的添加量对紫薯蛋糕的品质影响最大，最优水平是25g；其次是全蛋液（A）添加量和紫薯全粉（C）添加量，最优添加量分别为250g、60g，对紫

薯蛋糕的品质影响较大；而木糖醇（B）的添加量对紫薯蛋糕的品质影响最小，最佳添加量为40g。即 D3 A2 C2 B1 为最佳组合，第8组与最优配方较为接近。

6.5 结论与展望

6.5.1 结 论

采用正交试验和感官评价等方法，得到紫薯蛋糕的最佳配方为：紫薯粉60g，蛋糕粉65g，全蛋液250g，白砂糖60g，木糖醇40g，盐2g，柠檬汁4g，蛋糕油25g，玉米淀粉25g，水50g，大豆油50g。在160℃的条件下，烘烤30min。紫薯含淀粉、可溶性糖、蛋白质、氨基酸、膳食纤维、脂肪、多种维生素（VA、VB1、VB2、VC、VE 等）、胡萝卜素，富含 Fe、Zn 等多种微量元素，还含有丰富的硒元素、多糖、花青素、黄酮绿、原酸、多酚等功能性成分，这些加入蛋糕中，既增加了蛋糕的营养，又使蛋糕具有一定的保健功效。配方中木糖醇替代部分白砂糖，蛋糕的甜度没有改变，但降低了升糖指数，增添了蛋糕的保健功效。所以优化紫薯蛋糕的配方具有现实意义，也顺应人们追求营养与保健食品的趋势。

6.5.2 展 望

随着生活水平的提高，绿色、自然无添加剂、安全健康有营养的食物大受人们的追捧。产品不但要保证好吃，还要确保绿色无污染、安全健康、有营养、无各种添加剂。为了制作出健康有营养的紫薯蛋糕；有的加入香蕉制作高膳食纤维的紫薯蛋糕；有的加入魔芋增加紫薯蛋糕的功能性；有的加入木糖醇和阿斯巴甜制作低糖紫薯蛋糕。今后在研究紫薯蛋糕配方时，可以考虑添加不同种类的功能性原料，着重研究紫薯蛋糕中各种营养素变化，在保留最优营养素的同时，确定最佳配方和工艺条件。

本研究中存在一个问题：没有对工艺进行探索。对于烘焙类食品，配方十分重要，不合适的温度和时间会让最佳配方变得无用，因此对温度和时间的工艺探索也是十分有必要的。

参考文献

[1] 揭小玲. 紫薯全粉品质特性及紫薯饼干加工技术研究［D］. 福州：福

建农林大学, 2013.

[2] 单联刚, 李红涛, 马林. 木糖醇紫薯海绵蛋糕的配方优化 [J]. 食品工业科技, 2016, 37 (16): 296-301.

[3] 陈艳, 李美凤, 白瑞雪. 香蕉紫薯高纤维蛋糕的研制 [J]. 轻工科技, 2015, (4): 7-8.

[4] 马腾飞, 林雪婷, 王丽霞, 等. 魔芋紫薯海绵蛋糕工艺优化及品质检验 [J]. 长江大学学报 (自科版), 2016, 13 (27): 5, 54-60, 77.

[5] 王涛, 慕鸿雁, 倪凯, 等. 紫薯菊花蛋糕的研制 [J]. 粮食与饲料工业, 2017, (7): 40-42.

[6] 贾娟. 艾草紫薯戚风蛋糕的工艺研究 [J]. 中国果菜, 2017, 37 (2): 6-10.

[7] BOVELL-BENJAMIN A C. Sweet potato: a review of its past, present, and future role in human nutrition [J]. *Advances in food and nutrition research*, 52: 1-59.

[8] 王丽娟, 王琴, 温其标. 我国甘薯产业的发展现状 [J]. 粮食加工, 2008, 133 (1): 13-15.

[9] HWANG Y P, CHOI J H, HAN E H, et al. Purple sweet potato anthocyanins attenuate hepatic lipid accumulation through activating adenosine monopHospHate-activated protein kinase in human HepG2 cells and obese mice [J]. *Nutrition Research*, 2011, 31 (12): 896-906.

[10] 杨巍, 黄洁琼, 陈英, 等。紫薯的营养价值与产品开发 [J]. 农产品加工, 2011, (8): 41-43.

[11] 陈芳芳. 紫薯粉对面团烘焙特性的影响及其机理 [D]. 上海: 华东理工大学, 2014.

[12] 夏邦旗. 新型甜味剂木糖醇及其在食品工业中的应用 [J]. 陕西粮油科技, 1994, 19 (2): 43-46.

[13] 程琳娟. 荞麦面包、蛋糕的研制及其营养价值研究 [D]. 武汉: 武汉工业学院, 2010.

[14] 陈洁, 张龙涛, 陈玲, 等. 紫薯保健蛋糕的研制 [J]. 福建轻纺, 2013, (12): 25-32.

[15] 孙彩玲, 田纪春, 张永祥. TPA 质构分析模式在食品研究中的应用 [J]. 实验科学与技术, 2001, 5 (2): 1-4.

[16] 王美. 紫薯清蛋糕配方及工艺方法研究 [J]. 食品研究与开发, 2011, 32 (6): 86-89.

[17] 孙晓侠，苏浩，吴珊珊，等．紫甘薯蛋糕的研制 [J] ．蚌埠学院学报，2013, 2（5）：13-16.

[18] 范会平，王娜，邵建峰，等．紫薯低糖清蛋糕的研究 [J] ．粮食与饲料工业，2014,（2）：23-27.

第 7 章

紫薯面包的配方与工艺优化研究

7.1　引　言

　　目前我国紫薯栽培的主要品种有：京薯 6 号、群紫 1 号、德国黑薯、济薯 18 号[1]、美国黑薯、山川紫等[1][2]。其中京薯 6 号是我国与巴西联邦共和国合育而成，表皮和果肉都为紫色，甜度较高，产量很大，品质良好，出干率极高，主要运用在产品的深加工和色素提取方面；中国山东省农科院作物研究所培育的济薯 18 号，叶色绿、茎段紫，表皮光滑，块状齐整，长势极强，品质良好。

　　2016 年世界卫生组织将紫薯评选为最佳蔬菜之首[3]。在食品、保健品和化妆品日益走向纯天然、无添加的今天，紫薯及其深加工产品的利用会越来越广泛，它的开发一定会拥有一个非常光明的未来[4][5]。面包是一种极受欢迎的面点，在面团中加入紫薯粉，经过一系列复杂专业的加工工艺而制成的紫薯面包，营养价值得到了提高，风味和保健作用得到了提高，同时紫薯加工途径得以拓宽，紫薯附加值也得到了提高，最终使大众食品的营养价值得以提升[6][7][8]。

7.2　实验材料与方法

7.2.1　实验材料与设备

　　高筋面粉：香港绿马头牌高筋面粉；白砂糖：购自本地超市；黄油：巧厨烘焙爱登森林黄油；鸡蛋：购自本地超市；紫薯粉：苏合秾园紫薯粉；酵母：法国金燕子牌高活性干酵母；盐：云鹤精制碘盐；水：实训室用水。

　　电子秤：松下厨房秤电子秤 0.01g 精准；多用途粉筛：350×16 目；搅拌机：

美国 Kitchen Aid 5K5SS 搅拌机；发酵箱、烤箱：广州三麦机械设备有限公司
SCVE50+SE 三层烘烤箱；TA-TX. Plus 物性测定仪：英国 Stable Micro Systems.

7.2.2 实验方法

7.2.2.1 基本配方

高筋面粉 500g、水 250g、白砂糖 100g、黄油 50g、鸡蛋 50g、酵母 5g、
盐 3g。

7.2.2.2 紫薯面包工艺

（1）工艺流程

原料配备→调制面团→成形→烘烤→冷却包装。

（2）工艺原理

高筋面粉是指蛋白质含量大约为 13.5% 的面粉，通常蛋白质含量在 11.5%
以上[9]。面筋蛋白质加水经搅拌后在力的作用下形成网状结构，支撑面包组织
的骨架，同时面筋的弹性与延伸性使面团具有良好的持气性，从而使面包有膨
大的体积；淀粉在适宜的条件下糊化，使面包拥有初步的组织结构；少量破损
淀粉一步步降解，最终得到供酵母所利用的葡萄糖[10]。

生活饮用水卫生标准 GB 5749-2006 中规定生活饮用水是指供人生活的饮水
和生活用水，无异味，无肉眼可见物，pH 值不小于 6.5 且不大于 8.5。水在紫
薯面包的制作过程中起到了溶剂的作用，溶解原料，充分混合，使其成为均匀
一致的面团；可通过加冷水、加热水、加温水的方法达到控制面团温度的目的，
使其达到适宜酵母生长的温度；控制面团的黏稠度，通过控制水的添加量控制
面团的黏稠度，使其黏稠度达到最佳，以便操作；增加保鲜期的时长，使其长
期保持绵软柔和；帮助生物反应，水在酵母发酵的生化反应中起介质及运载工
具的作用。

在国家关于白砂糖的标准 GB/T317-2006 中规定了白砂糖的原料为甘蔗或
甜菜，通过将糖汁提取出来后清洁、煮炼结晶，再进行分离等多个步骤后形成。
国标中对其感官的要求为干燥松散，洁白有光泽，晶粒或其水溶液味甜无异味，
每平方米表面积长度大于 0.2mm 的黑点数量≤15 个。糖是一种有甜味的原材
料，能为人们的日常生活和工作提供很多的能量，同时也能为酵母的生长和繁
殖提供足够的营养条件。

在制作面包的过程中首先要将面粉揉成团，在揉面的过程中如果在面团中
添加适量的白砂糖，将有利于吸收蛋白质胶粒之间的游离水，并且提高胶粒外

部的浓度，帮助其内部的水分变得越来越少。这些都有利于降低蛋白质胶粒的弹性及其膨胀度，在改变面团膨胀度的同时调节其可塑性，避免最后制作出来的面包出现变形、塌陷、花纹模糊等影响食品感官的因素。将糖融入糕点的制作过程中也可以起到很好的着色效果，在最后烘烤加热的阶段中，面包中的糖会发生焦糖化作用和美拉德反应，使面包能够拥有金黄色的表皮和独特的面包香味。糖在面包的保鲜方面也能起到不小的作用，糖在加入面包后具有很高的渗透压，这将有利于杀死不适合在此渗透压下生存的微生物的脱氧核糖核酸及其核糖核酸，可以抑制霉菌等微生物的生长繁殖，使面包的保鲜期变长。因为糖具有吸湿性和保潮性，能让产品在一定时期内保持柔软，可以在一定程度上改善面团的物理性质及面团的内部组织结构[11]。

黄油是一种在制作糕点和西餐时经常会用到的油。多以固态呈现，也叫乳脂或者是白脱油。黄油的制作较为简单，将牛奶中的脱脂乳和稀奶油进行分离，取出稀奶油将其制作成熟后搅拌就能得到。质量好的黄油首先在质地上是均匀的，其次颜色呈现出浅黄色，用手摸上去触感细腻，闻起来油脂味浓郁，并且切面不能看到水分。黄油在改善面团的物理性质方面有一定作用，制作面团时加入油脂，由于油脂中含有充足的疏水基，能有效地阻止水分向蛋白质胶粒内部渗透，一方面限制面粉中的面筋蛋白质吸水，另一方面限制面筋形成，使已形成的面筋微粒相互隔离，不易黏结成大块面筋，使面团的弹性、黏度、韧性变弱，可塑性增强，加工性能增强，促进面包体积膨大。将黄油加入面包中可以使黄油中的油脂和面筋相结合，使最后制作出来的面包组织均匀、口感柔软。黄油可以使淀粉和面筋之间的润滑作用增强，使面团在发酵的过程中减小很多膨胀的阻力，进而帮助面团的发酵和膨胀，使面包在烘烤之后的体积变大许多。同时黄油也和糖同样能起到对面包的保鲜作用，黄油在面包中能够抑制水分子向面筋转移，从而防止淀粉的老化。

鸡蛋在紫薯面包的制作中起到了增强产品营养、丰富色香味、改善内部的组织结构，让产品的柔软度和弹性得到提高的作用。

紫薯全粉是新鲜紫薯经过一系列复杂且专业的步骤，例如清洗、去皮、切片、漂洗、蒸煮、干燥、粉碎过筛等将新鲜紫薯制成粉末状产品，是薯类中十分高级的增值产品，因为它较好地保存了细胞的完整性，损失的功能性成分较少。通常我们经过复水处理使用紫薯粉，获得的紫薯粉色泽鲜亮如新鲜紫薯、风味独特、口感细腻。紫薯全粉在功能性紫薯面包的研制中起到了提高了吸水量和弱化度的作用，使面团的形成和稳定时间延长，面团的稳定性提高，面团的耐搅拌能力降低[12]；使面团的拉伸性能降低，面团的强度和面粉糊化的难度增大。

GB 2721-2015 食品安全标准中规定食用盐是以氯化钠为主要成分、用于食用的盐，色白、味咸、无异味、无杂质的结晶体。食盐可以调节发酵速率，因为渗透压的作用，盐对酵母的生长繁殖、二氧化碳气体和别的发酵副产物的产生都有一定抑制效果[13]。增筋作用，钠离子和氯离子往往对加强面筋蛋白之间的离子键作用效果明显，而食用盐恰好在水中会分解成氯离子和钠离子，离子键的作用让面筋网络致密坚固，面粉中的蛋白酶活性得以抑制，稳定了面筋网络，不受蛋白酶水解作用；面筋的稳定，面筋吸收水分能力增强，使其膨胀而断裂，质地变紧密，弹力增加，这就是食盐在改变面筋物理性质方面所起的作用；风味的产生，适量食用盐的添加可产生淡淡的咸味，再和糖的甜味相互作用，增加其阈值，使面包甜味更浓厚，风味更丰富，富有层次感；抑制细菌，酵母和野生细菌对于食盐的抵抗力大多很微弱，盐分在面包中所引起的渗透压力可以在一定程度上延迟细菌的生长，有时甚至使其灭亡；改善色泽，利用食用盐调节面筋，可使内部组织细密，使光线能够较为容易地通过较薄的组织壁膜，使面包内部组织的色泽较为轻白[14]。

食品加工用酵母，GB 31639-2016 中关于它的定义是以糖蜜和淀粉质类原料为主要碳源，加入氮源、磷源适宜细胞生长的发酵用营养物质，接种酵母菌种，经一系列复杂且专业的工序制成的，能够发酵产生二氧化碳、乙醇，可以增加食品风味，用于食品加工过程中的酵母类产品。面包所用的酵母，是单细胞生物，椭圆形或圆形，真菌的一种，拥有半透性细胞膜。在面包制作过程中尤其是在面团发酵中酵母产生大量的二氧化碳气体，且这些气体被留在面筋网状组织内，使面团体积变大蓬松，起到了生物蓬松作用；改善的味道作用，面包产品所有的发酵味道都是酵母在发酵时产生的。

7.2.2.3 紫薯面包制作要点

（1）原辅料配备：将所需要的原料用天平进行准确称重，用特定的器皿装起来，粉状原料需要用特定目数的筛子过筛，称量要准确，且严格遵照配方。

（2）调制面团：将高筋面粉、酵母、白砂糖和紫薯全粉等原料加入搅拌机中，开动机器第 2 挡慢速搅拌，加入蛋液，同时缓慢加糖水，4 挡中速搅拌20min，至七分劲，加入盐，再搅打 5min 左右，至九分劲，加入黄油，然后快速搅拌至面筋完全扩展[15]。

（3）成形：将和好的面团从搅面机中拿出来，用手整形，用保鲜膜覆盖大面团静置七八分钟，然后将其分割成 60g 的小面团，搓成表面光滑的面团；放入温度 37℃、湿度 75% 的发酵箱内，发酵 30min 左右至体积是原来的 2 倍，将其从发酵箱中拿出，用手揉捏，使其中的气排出，然后搓圆；再次将面团放入温度 37℃、湿度 75% 的发酵箱内，发酵 30min 左右至体积是原来的 2 倍[16]。

（4）烘焙：将在发酵箱发酵好的面团放入烤箱中，温度调至 175℃，烘烤 8min。

（5）冷却包装：将烤好的面包从烤箱中端出，放置冷却，然后将其用专门的包装包好。

7.2.2.4　仪器操作注意事项

搅拌机的操作方法：第一步要确定电源是否连接正确，再将原料按照先后顺序加入料桶，选择适宜的挡位开机；绝对不能在机器运作时换挡，更加不允许在机器运作时将手伸进机器内；若机器出现未知故障时，不能自己修理，应当立即断开电源，并报告相关负责老师。发酵箱的操作方法：第一步要确定电源是否连接正确，然后调节好温度和湿度；禁止在发酵箱工作时进行清洁；若机器出现未知故障时，不能自己修理，应当立即断开电源，并报告相关负责老师。电烤箱的操作方法：第一步要确定电源是否连接正确，然后调节好温度、湿度和时间，放入将要烘烤的面团，关好炉门，在烘烤过程中拿烤盘时，要采取一定的措施，例如戴手套，以免灼伤或烫伤手部；禁止在烘焙过程中进行设备清洁；若机器出现未知故障时，不能自己修理，应当立即断开电源，并报告相关负责老师。天平使用的注意事项：天平类电子产品绝对不能沾水，若不小心沾上水可以快速用干布擦拭干净；若机器出现未知故障时，不能自己修理，应当立即断开电源，并报告相关负责老师，要尽速送修，不能大力敲打撞击，不能放置在高温及潮湿的地方；若长期不用时要将机器擦拭干净，放在塑料袋内包好。

7.2.2.5　感官评价

感官评价，人们又称其为感官评定或感官检验，是指对食物的色泽、香气、滋味、质地等作出评价，其主要依靠人类的感觉器官，比如用眼睛观察、用鼻子闻、用舌头尝、用手触摸等。食品感官评价是以食品理化分析为基础，集心理学、统计学、生理学的综合知识发展起来的，是在食品行业中广泛使用的一种经典品质评价方法[17]。食品质地的感官评价是最直观、使用最早，而且最准确的质地评价方法，它是其他质地评价方法的基础和基准。对紫薯面包利用感官评价进行评定，其具体要求参考国标，评定要在面包冷却未回软老化之前进行，由 10 位烹饪与营养教育专业的学生组成感官评定小组，分别从纹理结构、质地形态、平滑度、弹柔性、色泽、气味六个方面进行感官评价，评出对应分数，具体评价标准见表7-1。

表7-1　紫薯面包感官质量评定标准

项目	评价标准	分值
纹理结构	形状完整规则，表皮无折皱、破裂现象 形状较为规则，表皮稍有折皱、破裂现象 形状略为规则，表皮破裂明显	15 ~ 20 10 ~ 15 5 ~ 10
质地形态	孔洞均匀，内部组织均匀 孔洞较均匀，有小部分大孔洞，弹性较好 孔洞过小，弹性差，内部组织过于密实	15 ~ 20 10 ~ 15 5 ~ 10
平滑度	光滑、细腻	0 ~ 10
弹柔性	绵软，有弹性	0 ~ 10
色泽	外皮金黄色，内部颜色均匀一致 外皮呈淡黄色或深棕色，内部颜色散乱 外皮颜色较淡或为焦黄色，内部颜色散乱	15 ~ 20 10 ~ 15 5 ~ 10
气味	甜味适口，具有正常面包和紫薯特有香味，无异味 甜味基本适口，具有较淡紫薯香味，稍有酸味，无明显异味 甜味不适口，紫薯味寡淡，有异味	15 ~ 20 10 ~ 15 5 ~ 10

7.2.2.6　质构分析

通过仪器和设备获取食品相关物理性质的数据参数，根据特定的方法将获取的数据和质地参数建立起联系，然后依此来评价食品的质地，这就是食品质地用仪器测量的方法。质构仪可以精确地检测食物样品的物理性质，可以应用于不同种类食物的分析，确保了物性评价方式的简单有效，且仪器安装使用的软件直观简易，操作简单，数据更是可以存储到数据库里，便于以后的使用，转移到电子数据表里，可以对结果进行大量的比较和分析[18]。质构仪测定结果与感官评定结果二者之间拥有较高的相关性，这些相关性在多个领域都有报道。例如谷物及其制品、肉及肉制品、乳类及乳制品、休闲食品。张华文等对质构仪和拉伸仪测定面团特性进行比较，得出质构仪的测定结果可以代替拉伸仪的测定结果用于品质评价，质构仪测定的拉伸面积、拉伸阻力、延伸度和拉伸比例可用于评价面团的强度、弹性和延伸性，可以较全面地评价和确定面粉的品质和适用范围[19]。在本文利用质构仪的实验中，使用 TA-TX. Plus 物性测定仪测量紫薯面包的质构特性，计算其平均值。物性仪设置的参数如下：TPA 模式：P/36R 铝探头，5g 触发力的自动触发；测前速度：1.0mm/s；测试速度：1.0mm/s；测后速度：5.0mm/s；压缩程度：60%。根据质构测试仪的内部分析，获得面包的硬度、咀嚼性、弹性、黏聚性以及回复性等相关信息。

7.3　实验过程

7.3.1　单因素实验

首先，我们假定各因素间没有交互作用，其他因素都固定，只对一个因素进行实验，这种方法就是单因素实验。20 世纪 60 年代初，荣获联邦德国巴伐利亚科学院院士、美国国家科学院外籍院士、第三世界科学院院士、中华人民共和国科学院院士称号的数学家华罗庚教授在我国倡导与普及的"优选法"，就是单因素的最佳调试法。将次要因素都固定，选择一个最主要因素进行试验。选用紫薯粉的添加量、白砂糖的添加量、黄油的添加量和水的添加量 4 个对紫薯面包质量有较大影响的工艺因素，各设定 5 个水平，在不改变其他配方的基础上，依然以高筋面粉 500g、水 250g、白砂糖 100g、黄油 50g、鸡蛋 50g、酵母 5g、盐 3g 的基础配方进行试验，通过专业小组对紫薯面包的感官评价分数，确定优选配方。

7.3.1.1　紫薯全粉添加量对面包感官品质的影响

紫薯全粉按照 10g、20g、30g、40g、50g 的比例，依照圆面包的制作工艺，在不改变其他配方的基础上，依然以高筋面粉 500g、水 250g、白砂糖 100g、黄油 50g、鸡蛋 50g、酵母 5g、盐 3g 的基础配方，通过原料配备、调制面团、成形、烘烤、冷却包装等工艺制作紫薯面包进行试验，通过专业小组对紫薯面包感官评分确定紫薯全粉的最佳添加量，实验结果见表 7-2。

根据表 7-2 的试验结果可以得出，紫薯全粉的最佳添加量是 30g。随着紫薯全粉添加量从 10g 至 30g 的不断增加，紫薯圆面包内部组织的紫红色逐渐加深，使产品色泽美观且带有紫薯的特殊香味，紫薯面包的感官评分也不断升高，在达到 30g 时，分数最高。但是在面团中紫薯全粉的量并不是越多越好，当紫薯全粉添加的量超过 30g 的时候，面包的感官评分反而下降，面粉与水结合会受紫薯粉添加的影响，糊化可利用的水减少，增大糊化的难度，过多的紫薯粉与面粉形成不了比较结实的面团网状结构，无法滞留发酵所产生的二氧化碳，导致气孔减小，蓬松度逐渐下降，从而影响紫薯面包的感官品质。

表7-2　紫薯全粉添加量对紫薯面包感官品质的影响

紫薯全粉添加量/g	评分值
10	63
20	67.3
30	76.2
40	72
50	68

7.3.1.2　白砂糖添加量对紫薯面包感官品质的影响

白砂糖按照50g、75g、100g、125g、150g的比例，依照紫薯圆面包的制作工艺，在不改变基本配方的基础上，依然以高筋面粉500g、水250g、黄油50g、鸡蛋50g、酵母5g、盐3g的基础配方，通过原料配备、调制面团、成形、烘烤、冷却包装等工艺制作紫薯面包进行试验，通过专业小组对紫薯面包感官评分确定白砂糖的最佳添加量，实验结果见表7-3。

表7-3　白砂糖添加量对面包感官品质的影响

白砂糖添加量/g	评分值
50	64.1
75	68.1
100	68.8
125	68.1
150	65.7

根据表7-3的实验结果，可以得出白砂糖的最佳添加量是100g。白砂糖是一种甜味剂，也是酵母汲取营养的能源物质。随着白砂糖添加量从50g至100g的不断增加，不仅面包的甜味在增加，而且在很大程度上促进了酵母产生气体，改善面包的着色及发酵情况，紫薯面包的感官评分也不断升高，在达到100g时，分数最高。但是白砂糖的添加量并不是越多越好，当白砂糖的添加量超过100g的时候，面包的感官评分反而下降，主要是由于随着焙烤温度的不断升高，

美拉德反应使面包外表皮的颜色也随之逐渐加深，过多含量的白砂糖，会产生焦糖化反应，使面包的表皮颜色加深变黑，从而影响紫薯面包的感官品质。

7.3.1.3 黄油添加量对面包感官品质的影响

黄油按照 40g、45g、50g、55g、60g 的比例，依照圆面包的制作工艺，在不改变其他配方的基础上，依然以高筋面粉 500g、水 250g、白砂糖 100g、鸡蛋 50g、酵母 5g、盐 3g 的基础配方，通过原料配备、调制面团、成形、烘烤、冷却包装等工艺制作紫薯面包进行试验，通过专业小组对紫薯面包感官评分确定黄油的最佳添加量，实验结果见表 7-4。

表 7-4 黄油添加量对面包感官品质的影响

黄油添加量/g	评分值
40	61.3
45	61.5
50	63.8
55	64.4
60	61.7

由于黄油添加量对面包感官品质效果有影响，根据表 7-4 的试验结果可以得出黄油的最佳添加量是 55g。随着黄油添加量 40g 至 55g 的不断增加，使水分向蛋白质胶粒内部渗透受到了极大抑制，限制了面筋蛋白质吸水，破坏了面筋形成，使已经形成的面筋微粒相互隔离，使面团的弹性、黏度、韧性降低，面团的可塑性增强，使面团的加工性能得以提高，紫薯面包的感官评分也不断升高，在达到 55g 时，分数最高。当黄油的添加量在 55g 至 60g 的时候，随着黄油添加量的增加，面包的感官评分与黄油添加量之间呈负相关。因为加入了过多含量的黄油，其会包裹着面团，阻碍酵母的正常生长繁殖，延缓面团的发酵，使面包的感官品质有所下降。

7.3.1.4 水的添加量对面包感官品质的影响

水按照 240g、245g、250g、255g、260g 的比例，依照圆面包的制作工艺，以高筋面粉 500g、白砂糖 100g、黄油 50g、鸡蛋 50g、酵母 5g、盐 3g 为基础配方，通过原料配备、调制面团、成形、烘烤、冷却包装等工艺制作紫薯面包进行试验，通过专业小组对紫薯面包感官评分确定水的最佳添加量，实验结果见表 7-5。

表 7-5 水的添加量对面包感官品质的影响

水的添加量/g	评分值
240	64.5
245	65.6
250	63.8
255	63.1
260	62.8

由于水的添加量对面包感官品质效果有影响，根据表 7-5 的试验结果可以得出水的最佳添加量是 245g。随着水的添加量 240g 至 245g 的不断增加，使各种原料充分混合，成为一个均匀一致的面团，紫薯面包的感官评分也不断升高，在达到 245g 时，分数最高。但是水的添加量并不是越多越好，当水的添加量超过 245g 的时候，面包的感官评分反而下降，主要原因是水分过多，使面团湿度过大，可塑性降低。

7.3.2 质构分析

紫薯全粉按照 10g、20g、30g、40g、50g 的比例，依照圆面包的制作工艺，在不改变其他配方的基础上，依然以高筋面粉 500g、水 250g、白砂糖 100g、黄油 50g、鸡蛋 50g、酵母 5g、盐 3g 的基础配方，通过原料配备、调制面团、成形、烘烤、冷却包装等工艺制作紫薯面包进行试验，通过专业小组对紫薯面包感官评分确定紫薯全粉的最佳添加量是 30g。通过仪器、设备获取食品的物理性质，从理化角度分析紫薯全粉的添加量对面包品质的影响，具体分析结果见表 7-6。

表 7-6 紫薯全粉的添加量对面包品质影响的质构分析

序号	弹性	粘结性	黏性	咀嚼性	回复性
1	0.896	0.689	311.371	278.926	0.228
2	0.714	0.576	423.155	302.015	0.169
3	0.853	0.775	710.687	606.037	0.258
4	0.513	0.371	195.824	100.469	0.113
5	0.843	0.597	257.514	217.047	0.196
平均数	0.764	0.602	379.71	300.899	0.193
SD	0.156	0.151	203.008	187.614	0.056

表 7-6 中，3 号的弹性是 0.853，粘结性是 0.775，黏性是 710.687，咀嚼性是 606.037，回复性是 0.258，紫薯全粉的最佳添加量是 30g。

白砂糖按照 50g、75g、100g、125g、150g 的比例，依照紫薯圆面包的制作工艺，在不改变其他配方的基础上，依然以高筋面粉 500g、水 250g、黄油 50g、鸡蛋 50g、酵母 5g、盐 3g 的基础配方，通过原料配备、调制面团、成形、烘烤、冷却包装等工艺制作紫薯面包进行试验，通过专业小组对紫薯面包感官评分确定白砂糖的最佳添加量是 100g。通过仪器、设备获取食品的物理性质，从理化角度分析白砂糖的添加量对面包品质的影响，具体分析结果见表 7-7。

表 7-7　白砂糖的添加量对面包品质影响的质构分析

序号	弹性	粘结性	黏性	咀嚼性	回复性
1	0.823	0.93	189.284	155.752	0.221
2	0.716	0.522	237.431	169.903	0.168
3	0.904	0.674	325.366	294.011	0.195
4	0.761	0.624	657.618	500.761	0.2
5	0.715	0.596	398.85	285.376	0.197
平均数	0.784	0.669	361.71	281.161	0.196
SD	0.08	0.156	184.01	138.305	0.019

表 7-7 中，3 号的弹性是 0.904，粘结性是 0.674，黏性是 325.366，咀嚼性是 294.011，回复性是 0.195，相较其他几组评分，其居中，只有弹性在几组样品中是最优，但是综合来看评分最佳，所以以白砂糖的最佳添加量是 100g。

黄油按照 40g、45g、50g、55g、60g 的比例，依照圆面包的制作工艺，在不改变其他配方的基础上，依然以高筋面粉 500g、水 250g、鸡蛋 50g、酵母 5g、盐 3g 的基础配方，通过原料配备、调制面团、成形、烘烤、冷却包装等工艺制作紫薯面包进行试验，通过专业小组对紫薯面包感官评分确定黄油的最佳添加量是 55g。通过仪器、设备获取食品的物理性质，从理化角度分析紫黄油的添加量对面包品质的影响，具体分析结果见表 7-8。

表 7-8 中，4 号的弹性是 0.921，粘结性是 0.627，黏性是 869.046，咀嚼性是 799.983，回复性是 0.199，相较其他几组评分，其较高，综合来看评分最佳，所以黄油的最佳添加量是 55g。

表7-8 黄油的添加量对面包品质影响的质构分析

序号	弹性	粘结性	黏性	咀嚼性	回复性
1	0.945	0.634	576.2	544.743	0.198
2	0.895	0.63	508.608	455.052	0.176
3	0.82	0.625	638.046	523.152	0.171
4	0.921	0.627	869.046	799.983	0.199
5	0.803	0.573	508.856	408.539	0.161
平均数	0.877	0.618	620.151	546.294	0.181
SD	0.063	0.025	149.189	151.82	0.017

水按照 240g、245g、250g、255g、260g 的比例，依照圆面包的制作工艺，在不改变其他配方的基础上，依然以高筋面粉 500g、鸡蛋 50g、酵母 5g、盐 3g 的基础配方，通过原料配备、调制面团、成形、烘烤、冷却包装等工艺制作紫薯面包进行试验，通过专业小组对紫薯面包感官评分确定水的最佳添加量是 245g。通过仪器、设备获取食品的物理性质，从理化角度分析水的添加量对面包品质的影响，具体分析结果见表7-9。

表7-9 水的添加量对面包品质影响的质构分析

序号	弹性	粘结性	黏性	咀嚼性	回复性
1	0.922	0.636	561.145	517.604	0.202
2	0.862	0.66	512.397	441.814	0.2
3	0.717	0.608	222.673	159.684	0.204
4	0.729	0.629	348.841	254.463	0.225
5	0.664	0.54	485.244	322.357	0.146
平均数	0.779	0.615	426.06	339.184	0.195
SD	0.108	0.046	138.324	143.22	0.03

表7-9 中，2号弹性是 0.862、粘结性是 0.66、黏性是 512.397、咀嚼性是 441.814、回复性是 0.2，相较其他几组评分较高，综合来看评分最佳，所以以水的最佳添加量是 245g。

7.3.3 正交试验

在单因素实验的基础上，选用紫薯粉的添加量 A、白砂糖的添加量 B、黄油的添加量 C 和水的添加量 D 等 4 个对紫薯面包质量有较大影响的工艺因素,在不改变其他配方的基础上,依然以高筋面粉 500g、水 250g、白砂糖 100g、黄油 50g、鸡蛋 50g、酵母 5g、盐 3g 的基础配方,通过原料配备、调制面团、成形、烘烤、冷却包装等工艺制作出紫薯面包进行试验,各设定 3 个水平,采用 L_9 (3^4) 进行正交试验设计,通过专业小组对紫薯面包感官评价的分数,确定优选配方。具体因素水平见表 7-10。

表 7-10 优化配方正交因素水平设计表

因素名	紫薯粉/g	白砂糖/g	黄油/g	水/g
	A	B	C	D
水平 1	25	95	50	240
水平 2	30	100	55	245
水平 3	35	105	60	250

表 7-11 功能性紫薯面包优化配方正交试验结果

	A	B	C	D	感官评价
实验 1	1	1	1	1	64
实验 2	1	2	2	2	66.2
实验 3	1	3	3	3	65.9
实验 4	2	1	2	3	59.7
实验 5	2	2	3	1	63.7
实验 6	2	3	1	2	62.6
实验 7	3	1	3	2	59.9
实验 8	3	2	1	3	63.8
实验 9	3	3	2	1	62.5
K1	196.1	183.6	190.4	190.2	—
K2	186	193.7	188.4	188.7	—
K3	186.2	191	189.5	189.4	—
R	3.36	3.37	0.67	0.5	—
主次顺序	B>A>C>D				
优水平	A1	B2	C1	D1	
优组合	A1B2C1D1				

由正交试验结果可以看出，各因素对功能性紫薯面包感官影响的主次顺序为：B（白砂糖的添加量）>A（紫薯粉的添加量）> C（黄油的添加量）> D（水的添加量），最优组合为A1B2C1D1，即紫薯粉的添加量为25g、白砂糖的添加量为100g、黄油的添加量为50g和水的添加量为240g时，制得的功能性紫薯面包品质最好。

7.4 结论与展望

7.4.1 结 论

对功能性紫薯面包进行的研究，以高筋面粉500g、水250g、白砂糖100g、黄油50g、鸡蛋50g、酵母5g、盐3g为基础配方，通过原料配备、调制面团、成形、烘烤、冷却包装等工艺制作紫薯面包依靠单因素、正交试验通过专业人士的感官评价和质构仪的理化分析得出试验结果：紫薯粉的添加量为25g、白砂糖的添加量为100g、黄油的添加量为55g和水的添加量为245g时，制得的功能性紫薯面包，表面色泽金黄明亮，内部色泽均匀一致，绵软细腻，形状完整规则，表皮无褶皱、破裂现象，富有紫薯特殊香气，品质最好。

7.4.2 展 望

通过单因素、正交试验做出了感官良好的紫薯圆面包，紫薯粉富含维生素B1、维生素B2、维生素C、烟酸[21]、膳食纤维和花青素等营养素[22]。正如前文提到的，面包的种类繁多，相信未来会有更多不同种类的紫薯面包出现在大众眼前，会有更多的紫薯产品出现在大众消费中，将紫薯的营养与价值发挥到极致，促进传统烹饪教学与改革，有利于引领餐饮行业转型升级，满足人们日益增长的物质文化需求。

参考文献

[1] 刘军伟，胡志和．紫薯功能及产品开发研究进展［J］．食品研究与开发，2012（9）：231-236.

[2] 张淼，李燮昕，贾洪锋，等．我国紫薯全粉加工及利用现状研究［J］．四川烹饪高等专科学校学报，2012，1019（4）：25-28.

[3] 蔡自建，龙虎．甘薯营养研究及食品开发［J］．西南民族大学学报

（自然科学版），2005（1）：103-106.

[4] 张淼，李燮昕，贾洪锋，等. 我国紫薯全粉加工及利用现状研究 [J]. 四川烹饪高等专科学校学报，2012，1019（4）：25-28.

[5] 张多敏，王占东，杨郁荘，等. 紫薯牛奶的研制 [J]. 现代食品科技，2010，26（8）：857-859.

[6] 汤富蓉. 紫色甘薯全粉加工关键技术的研究 [D]. 成都：西华大学，2011.

[7] 王琴，张任英，王丽娟. 紫甘薯全粉流变学特性的研究 [J]. 食品研究与开发，2010（2）：30-34.

[8] 李雾，刘雪华. 面包的历史及其发展 [J]. 食品工业科技，1992（02）：29-33.

[9] 宗华. 面包中的化学 [J]. 云南教育（中学教师），2010（Z2）：27-28.

[10] 王冠明. 漫谈面包原料 [J]. 粮油食品科技，1983（04）：19.

[11] 陈芳芳，于文滔，刘少伟，等. 紫薯粉对面团粉质特性和质构特性的影响 [J]. 食品工业，2014，35（05）：170-174.

[12] 李颖，张萌，郭丽萍，等. 紫薯粉对面团流变学特性及馒头品质的影响 [J]. 粮油食品科技，2013，21（06）：46-50.

[13] 李永海. 食盐对面包质量影响的探讨 [J]. 粮油食品科技，1983（01）：14-16.

[14] 傅宾孝. 食盐在面包生产中的作用 [J]. 粮油食品科技，1991（01）：18-20.

[15] 顾宗珠. 焙烤食品加工技术 [M]. 北京：化学工业出版社，2008：68-98.

[16] 华景清，陈坚. 紫薯泥双色吐司面包工艺的研究 [J]. 农业机械，2011（29）：118-120.

[17] 赵延伟，耿欣，陈海华，等. 面包及蛋糕的质构与感官评价的相关性研究 [J]. 中国农学通报，2012，28（21）：253-259.

[18] NATALIAN, IGOR T, MICHAEL B. Decision Support Models and Software for the Differential Immunophenotype Diagnostics of Leukosis and Lymphomas [J]. *Information Technology and Management Science*, 2014, 17（1）：9-17.

[19] 张秋会，宋莲军，黄现青，等. 质构仪在食品分析与检测中的应用 [J]. 农产品加工，2017（24）：52-56.

［20］WILLIAMS R, SOARES F, PEREIRA L, et al. Sweet potato cancontribute to both nutritional and food security in Timor-Leste ［J］. *Field Crops Research*, 2013, 146: 38-43.

［21］SUN H N, MU T H, XI L S, et al. Sweet potato (Ipomoeabatatas L.) leaves as nutritional and functional foods ［J］. *Food Chemistry*, 2014, 156: 380-389.

［22］龚美华. 正交试验法对"黑面包实验"最佳条件的研究 ［J］. 化学教与学, 2015 (10): 46, 83-84.

第8章

紫薯馒头的配方与工艺优化研究

8.1　引　言

紫薯馒头研究，是将中国传统特色美食和新时代发掘的新型食材联系在一起，既继承和发扬了中国的传统特色美食，也将新食材的营养价值、食用价值等体现了出来，并使之成为新时代的特色食品。此项研究，有助于在保留传统特色的同时，也使食物更加符合现代人的饮食观念——营养、健康，满足了人们日益增长的物质需求。其目的意义如下。

（1）探索农产品加工途径，提高农产品附加值

紫薯深加工是近几年发展起来的新兴产业，但其下游产品开发不足，利用率低下。本项目拟在紫薯全粉的下游产品开发上找出突破口，通过配方和工艺优化，研制出口感好、成本适中的大众食品（面包、蛋糕、馒头、包子），可有效提升农产品附加值，产生经济和社会效益。

（2）提升大众食品的营养价值，满足人们日益增长的物质需求

随着经济的发展，人民生活水平的提高，人们越来越注重食品的营养价值。紫薯的营养价值较高，富含淀粉、可溶性糖、蛋白质、维生素、氨基酸及多种矿物质。此外，紫薯是"生理碱性"食物，能调节人体内的酸碱平衡；紫薯富含纤维素，有助于加快消化道蠕动、预防痔疮和癌的发生；同时紫薯含有硒元素和花青素等独特的营养物质，具有抗癌作用。紫薯产品（紫薯蛋糕、面包、馒头、包子）的研制与推广，满足了人们的物质需求。

（3）彰显学校特色，促进传统烹饪教学改革，引领餐饮行业转型升级

本项目在研制过程中，从配方的组合到工艺的优化，全程需要嫁接食品科学技术与手段，真正做到"科学烹饪"，精确的数据取代模糊的经验，促进学校教学的改革，同时把成熟的产品推向市场，使其实现标准化和集约化生产，引

领餐饮行业转型升级。

8.2 实验材料和方法

8.2.1 实验材料

8.2.1.1 实验材料

紫薯全粉：苏合稌园紫薯粉；低筋面粉，香港绿头牌低筋面粉；酵母粉：法国金燕子牌高活性干酵母；白砂糖：购自本地超市；水：实训室用水。

8.2.1.2 仪器设备

TA-TX. Plus 物性测定仪：英国 Stable Micro Systems 公司；电子秤：松上 S-3 厨房电子秤，精确度为 0.01g；多用途粉筛：350×60 目；发酵箱：广州三麦机械设备有限公司、SCVE50+SE；蒸笼；蒸锅。

8.2.2 实验方法

8.2.2.1 工艺流程和操作要领

1. 工艺流程

小麦粉+紫薯全粉+活性干酵母粉+水+白砂糖和面，切形，发酵，蒸制，冷却成型。

（1）和面：称取紫薯全粉、高筋粉的混合物 100g，混匀，称取 10g 的糖溶解到 50g 的水中，1g 的活性干酵母粉溶解到糖水中，充分搅拌和面，成团后反复揉面，直到面团表面光滑。

（2）切形：将揉好的面团搓成长条，用刀切成麻将大小，这种馒头也称为麻将馒头。

（3）发酵：在和面前，将发酵箱调整到自己想要的温度、湿度。将面团放入容器中，放好后送入发酵箱，发酵一定时间。

（4）蒸制：用蒸笼蒸制，沸水上汽蒸制 10min，取出冷却到室温，得到馒头样品。

2. 操作要领

（1）粉料称量：称取面粉和紫薯全粉这种粉状原料时，要用筛子过筛，减少面粉呈团状，降低和面的难度。

（2）粉料混合：称取完面粉和紫薯全粉之后，要将它们充分混合，尽可能地达到分布均匀的状态。

（3）糖水溶解：将白砂糖溶解到水中时，应用温水将白砂糖溶解之后，冷却至适当的温度后再加入活性干酵母粉进行和面操作，以防温度太高，使得酵母粉失去原本的活性。

（4）面团成型：搓揉面团时，要搓揉至面团表面光滑才可。

（5）馒头成形：用刀切面团时，要速度快，以免因为速度过慢而影响馒头的形状、大小。

（6）蒸制馒头：将容器中的馒头转移到蒸笼时，操作要小心，以免破坏了馒头的形状，并且在蒸制时，要等到水沸腾上汽后再进行蒸制。

8.2.2.2　单因素实验设计

（1）紫薯全粉的添加量对紫薯馒头品质的影响

称取紫薯全粉和小麦粉的比例分别为 4%、5%、6%、7%、8% 的混合粉各 100g，白砂糖 10g，干酵母粉 1.0g 和加水量 50g，按照上述工艺流程的要求制作馒头，根据馒头成品的感官评价和质构结果，最终确定紫薯全粉的最佳添加量。

（2）白砂糖的添加量对紫薯馒头品质的影响

称取 5 份紫薯全粉含量为 6% 的混合粉 100g，分别加入 5g、7.5g、10g、12.5g、15g 的白砂糖，按照上述工艺流程的要求制作馒头，根据馒头成品的感官评价和质构结果，最终确定白砂糖的最佳添加量。

（3）水的添加量对紫薯馒头品质的影响

称取 5 份紫薯全粉含量为 6% 的混合粉 100g，分别加入 45g、50g、55g、60g、65g 的水，按照上述工艺流程的要求制作馒头，根据馒头成品的感官评价和质构结果，最终确定水的最佳添加量。

（4）酵母粉的添加量对紫薯馒头品质的影响

称取 5 份紫薯全粉含量为 6% 的混合粉 100g，分别加入 0.4g、0.6g、0.8g、1.0g、1.2g 的干酵母粉，按照上述工艺流程的要求制作馒头，根据馒头成品的感官评价和质构结果，最终确定酵母粉的最佳添加量。

8.2.2.3　正交试验设计

在紫薯馒头的制作过程中，影响较大的因素是紫薯全粉的添加量、白砂糖的添加量、发酵时间和发酵温度。所以，以粉状原料 100g 作为标准，在传统的馒头制作工艺基础上，设计 $L_9(3^4)$ 的正交试验，对馒头成品进行感官评价和质构的测定，来得出紫薯馒头最佳的配方和工艺，其正交因素水平见表 8-1。

表 8-1 正交试验因素水平设计

水平	因素			
	A	B	C	D
	紫薯全粉/g	白砂糖/g	发酵时间/min	发酵温度/℃
1	5	10	20	30
2	6	12.5	30	40
3	7	15	40	50

8.2.2.4 紫薯馒头的感官评价

紫薯馒头的感官评价包括纹理结构、质地形态、表面色泽、平滑度、弹柔性、黏性、香气七个方面。评价方法是将制作好的紫薯馒头成品在相同条件下蒸热，抽取各组馒头样品进行编号放入盛器中，邀请 10 名烹饪鉴定专家作为紫薯馒头成品的感官评价员按照感官评价表进行评价，评分标准见表 8-2。评价后再用 Excel 数据处理软件和正交设计助手软件对本实验数据进行处理和分析，最终获取紫薯馒头准确试验数据。

表 8-2 感官评分标准（总分 100 分）

项目	特点	分值
纹理结构（10 分）	切面有丰富的蜂窝眼，大小一致且分布均匀	7~10 分
	切面有较多的蜂窝眼，但大小不均匀	4~6 分
	切面蜂窝眼较少，结构死板	1~3 分
质地形态（15 分）	蓬松绵软，形态饱满	10~15 分
	松泡柔软，形态扁塌	5~9 分
	死板，泡度差，韧性强	1~4 分
表面色泽（15 分）	色泽呈紫色，颜色均匀、自然，光泽度好，无杂质	10~15 分
	色泽呈浅紫色，颜色不均匀，光泽度较差，有少量杂质	6~9 分
	色泽呈深紫色，颜色发暗、发灰，光泽度差，有大量杂质	1~5 分
平滑度（10 分）	表面光滑，无肉眼可见的凹面	8~10 分
	表面比较光滑，有肉眼可见的凹面	4~7 分
	表面粗糙，有许多凹面	1~3 分

项目	特点	分值
弹柔性 (15分)	用手指按压，复原性好	10~15分
	用手指按压，复原性一般	6~9分
	用手指按压，复原性差，较硬	1~5分
黏性 (15分)	爽口，不黏牙，有一定的咀嚼性	10~15分
	稍黏牙，咀嚼性较差	5~9分
	不爽口，黏牙，难以咀嚼	1~4分
香气 (20分)	无异味，紫薯风味浓郁，香气足	14~20分
	无异味，紫薯风味不浓	7~13分
	无异味，紫薯风味很淡或几乎没有	1~6分

8.2.2.5 紫薯馒头质构的测定

将冷却1小时后的紫薯馒头[15]，每组随机选择三个放到容器中，使用 TA-TX. Plus 物性测定仪测量紫薯馒头的质构特性，计算其平均值。物性仪设置的参数如下：TPA 模式：P/36R 铝探头，5g 触发力的自动触发；测前速度：1.0mm/s；测试速度：1.0mm/s；测后速度：5.0mm/s；压缩程度：60%。根据质构测试仪的内部软件分析，获得馒头的硬度、咀嚼性、弹性、黏聚性以及回复性。

8.3 实验结果与分析

8.3.1 单因素实验结果与分析

8.3.1.1 紫薯全粉的添加量对馒头的质构与感官的影响

关于紫薯全粉的添加量对紫薯馒头质构的影响，其实验结果如表8-3所示。随着紫薯全粉添加量的增大，紫薯馒头的弹性和黏聚性在整体上呈现出一种下降的状态，这是因为紫薯全粉里面不含面筋蛋白，使得馒头的面筋网络结构被破坏，导致了馒头的弹性和黏聚性降低。由于紫薯全粉改变了馒头的网络结构，不能形成特定的网络结构保留酵母粉产生的气体，使得馒头的硬度和咀嚼性逐渐增大。紫薯馒头的回复性整体上没有特别大的变化，在紫薯全粉的添加量为7%的时候，回复性最大，为0.398；在紫薯全粉的添加量为4%的时候，回复性最小，为 0.342。

表 8-3　紫薯全粉的添加量对馒头质构的影响

紫薯全粉的添加量/%	硬度/g	弹性	黏聚性	咀嚼性	回复性
4	2645.543	0.976	0.793	2038.526	0.342
5	3013.178	0.965	0.785	2194.141	0.352
6	3233.138	0.966	0.781	2296.684	0.369
7	3565.161	0.931	0.792	2573.7	0.398
8	3888.677	0.907	0.779	3014.575	0.385

　　关于紫薯全粉的添加量对紫薯馒头感官的影响，其实验结果如图 8-1 所示。当紫薯全粉的添加量为 6% 时，紫薯馒头的感官评价最好，其纹理结构、质地形态、表面色泽、平滑度、弹柔性、黏聚性和香气相对来说都处于一个比较好的状态，感官评分相对较高。当紫薯全粉的添加量为 4% 和 5% 时，虽然硬度和咀嚼性低于 6%，但是其色泽没有 6% 的好，紫薯的香味也不够浓郁。当紫薯全粉的添加量为 7% 时，其色泽和香气优于 6%，但其硬度和咀嚼性增大，口感下降。当紫薯全粉的添加量为 8% 时，其硬度和咀嚼性过大，难以咀嚼，口感较差，且紫薯馒头的光泽度差，有少量杂质。由紫薯馒头的质构特性与其感官评价综合来看，紫薯全粉的添加量选择 5%、6%、7% 较为合适。

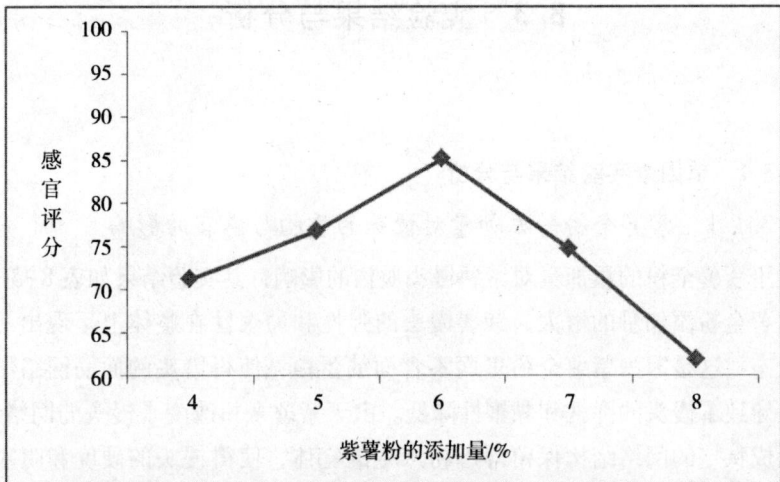

图 8-1　不同紫薯全粉的添加量的馒头感官测定

8.3.1.2　白砂糖的添加量对馒头的质构与感官的影响

关于白砂糖的添加量对紫薯馒头质构的影响，其实验结果如表 8-4 所示。随着白砂糖的添加量的增大，紫薯馒头的硬度、弹性、黏聚性、咀嚼性和回复性整体均呈现出一种下降的状态；白砂糖能够促进面筋蛋白的网络结构形成，所以当白砂糖添加量增大时，紫薯馒头的弹性和黏聚性都呈现出一种下降的状态。由于面团之中形成了一定的网眼结构，极大地保留了酵母粉发酵产生的气体，所以随着白砂糖添加量的增加，紫薯馒头的硬度和咀嚼性也呈现出一种下降的状态。紫薯馒头的回复性整体上也呈现出一种下降的状态，但是从整体来看，其差异性不大。在白砂糖的添加量为 5g 的时候，回复性最大，为 0.344；在白砂糖的添加量为 15g 的时候，回复性最小，为 0.275。

表 8-4　白砂糖的添加量对馒头质构的影响

白砂糖的添加量/g	硬度/g	弹性	黏聚性	咀嚼性	回复性
5	4362.358	0.982	0.807	3158.876	0.344
7.5	3788.147	0.975	0.806	2973.67	0.314
10	3426.094	0.968	0.79	2620.574	0.311
12.5	3396.204	0.965	0.771	3332.324	0.298
15	3086.507	0.941	0.739	2361.45	0.275

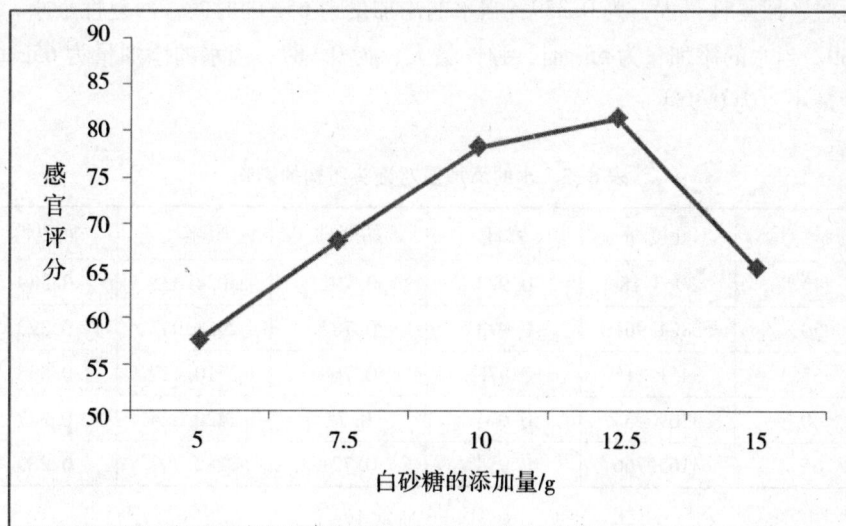

图 8-2　不同白砂糖的添加量的馒头感官测定

关于白砂糖的添加量对紫薯馒头感官的影响，其实验结果如图 8-2 所示。当白砂糖的添加量为 12.5g 时，紫薯馒头的感官评价最好，其纹理结构、质地形态、表面色泽、平滑度、弹柔性、黏聚性和香气相对来说都处于一个比较好的状态，感官评分相对较高。当白砂糖的添加量为 5g 和 7.5g 时，紫薯馒头的硬度和弹性过高，且馒头的甜度较低，韧性强，口感较差，让人难以下咽。当白砂糖的添加量为 10g 时，紫薯馒头的甜度比较适中，但是其黏聚性和回复性太低，复原性较差，且馒头表面的平滑度不如 12.5g，表面有肉眼可见的凹面。当白砂糖的添加量为 15g 时，紫薯馒头的硬度和弹性过低，紫薯馒头的形态扁塌，复原性一般且有些黏牙，并且馒头的甜度过高。由紫薯馒头的质构特性与其感官评价综合来看，白砂糖的添加量选择 10g、12.5g、15g 较为合适。

8.3.1.3　水的添加量对馒头的质构与感官的影响

关于水的添加量对紫薯馒头质构的影响，其实验结果如表 8-5 所示。随着水的添加量增加，紫薯馒头的硬度、黏聚性、咀嚼性和回复性整体均呈现出一种下降的状态。水的添加能够促进面团的形成，形成网状结构，所以当水的添加量增大时，紫薯馒头的硬度和黏聚性逐渐降低。由于面团之中形成了一定的网状结构，极大地保留了酵母粉发酵产生的气体，所以随着水的添加量增加，紫薯馒头的咀嚼性呈现出一种下降的状态；紫薯馒头的回复性和弹性整体上也呈现出一种下降的状态，但是从整体来看，其差异性不大。当水的添加量为 45g 的时候，回复性最大，为 0.339；当水的添加量为 65g 的时候，回复性最小，为 0.289。当水的添加量为 55g 时，弹性最大，为 0.987；当水的添加量为 65g 时，弹性最小，为 0.954。

表 8-5　水的添加量对馒头质构的影响

水的添加量/g	硬度/g	弹性	黏聚性	咀嚼性	回复性
45	3963.18	0.977	0.792	3034.335	0.339
50	3864.961	0.973	0.787	2961.047	0.323
55	3451.715	0.978	0.768	2710.427	0.335
60	3309.235	0.974	0.75	2420.394	0.307
65	3165.766	0.954	0.721	2288.702	0.289

关于水的添加量对紫薯馒头感官的影响，其实验结果如图 8-3 所示。当

水的添加量为 55g 时，紫薯馒头的感官评价最好，其纹理结构、质地形态、表面色泽、平滑度、弹柔性、黏聚性和香气相对来说都处于一个比较好的状态，感官评分相对较高。当水的添加量为 45g 和 50g 时，形成的面团的水分过少，比较干裂，制成馒头的硬度和弹性过高，且馒头的质地形态较差，韧性强，口感较差，让人难以下咽。当水的添加量为 60g 时，形成的面团水分较多，制成馒头的硬度比较适中，松泡柔软，但是其黏聚性和回复性太低，复原性较差，且馒头的蜂窝眼较少，并且表面有肉眼可见的凹面。当水的添加量为 65g 时，形成的面团水分极多，十分黏手，制成馒头的硬度和弹性过低，且其形态扁塌，复原性一般且有些黏牙，并且馒头的表面粗糙，蜂窝眼极少，有许多肉眼可见的凹面。由紫薯馒头的质构特性与其感官评价综合来看，水的添加量最佳选择为 55g。

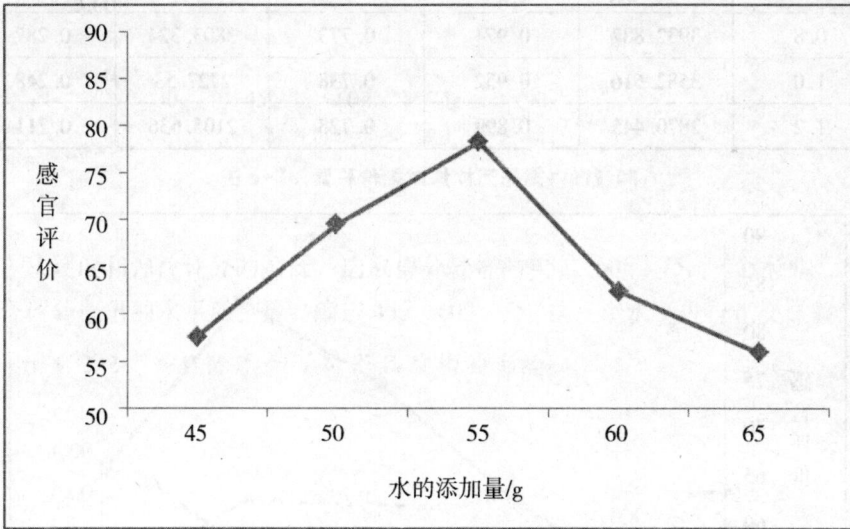

图 8-3 不同水的添加量的馒头感官测定

8.3.1.4 酵母粉的添加量对馒头的质构与感官的影响

关于酵母粉的添加量对紫薯馒头质构的影响，其结果如表 8-6 所示。随着酵母粉的添加量增大，紫薯馒头的硬度、黏聚性、咀嚼性和回复性整体均呈现出一种下降的状态。添加的酵母由于发酵作用能够产生大量的气体，而且面团在发酵过程中形成了一定的网状结构，极大地保留了酵母发酵产生的气体，所以当酵母粉的添加量增大时，紫薯馒头的硬度和咀嚼性都呈现出一种下降的状态。由于产生了大量的气体，紫薯馒头的体积变大，且更加绵软，所以紫薯馒头的黏聚性也呈现出一种下降的状态。紫薯馒头的弹性呈现出一种"倒U"形的状态，但是整体上来说差别不明显。当酵母粉的添加量为 0.8g 的时候，弹性最大，为 0.974；当酵母粉的添加量为 1.2g 的时候，弹性最小，为 0.899。紫薯馒头的回复性呈现出一种下降的状态，但是从整体来看，其差异性不大。当酵母粉的添加量为 0.4g 的时候，回复性最大，为 0.303；当酵母粉的添加量为 1.2g 的时候，回复性最小，为 0.211。

表8-6　酵母粉的添加量对馒头质构的影响

酵母粉的添加量/g	硬度/g	弹性	黏聚性	咀嚼性	回复性
0.4	5062.696	0.909	0.733	5042.385	0.303
0.6	4308.144	0.921	0.745	4225.856	0.293
0.8	3932.887	0.974	0.773	3803.324	0.287
1.0	3582.616	0.952	0.738	2727.53	0.248
1.2	2870.445	0.899	0.728	2105.636	0.211

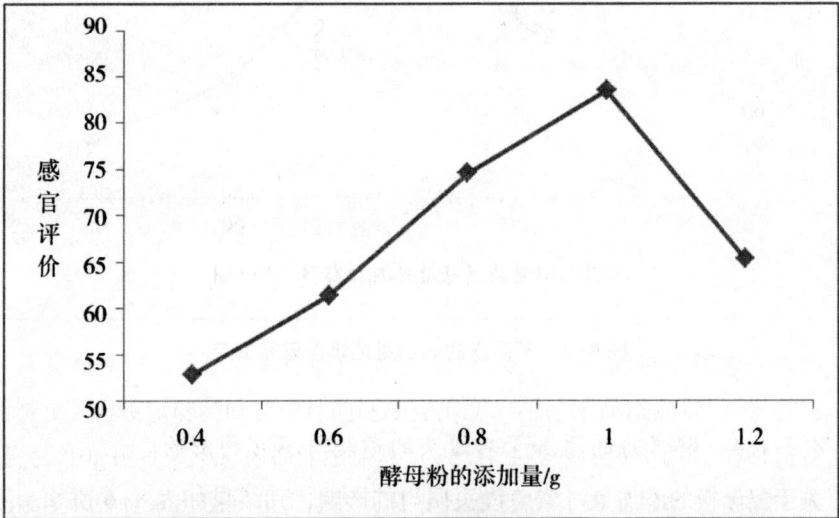

图8-4　不同酵母粉的添加量的馒头感官测定

关于酵母粉的添加量对紫薯馒头感官的影响，其结果如图8-4所示。当酵母粉的添加量为 1.0g 时，紫薯馒头的感官评价最好，其纹理结构、质地形态、表面色泽、平滑度、弹柔性、黏聚性和香气相对来说都处于一个比较好的状态，感官评分相对较高。当酵母粉的添加量为 0.4g 和 0.6g 时，由于添加的酵母粉量较少，发酵产生的气体较少，使得制成的紫薯馒头的蜂窝眼较少，泡度差且韧性强，有许多肉眼可见的凹面，表面比较粗糙，并且这样的紫薯馒头的复原性差，较硬，难以下咽。当酵母粉的添加量为 0.8g 时，酵母发酵产生的气体比 0.4g 和 0.6g 产生的气体多，但是仍然不足，制成的紫薯馒头的质地相对比较松泡柔软，有相对较多的蜂窝眼。当酵母粉的添加量为 1.2g 时，酵母产生的气体过多，制成的紫薯馒头在冷却之后坍塌，表面比较粗糙，有许多的凹面，且弹性不够，较黏牙，不爽口，难以咀嚼。从紫薯馒头的质构特性与其感官评价综合来看，酵母粉添加量的最佳选择 1.0g。

8.3.1.5 单因素实验总结

由单因素实验的质构和感官的结果和分析可以看出，紫薯馒头的各个因素对其回复性没有极大的影响，其主要影响的是紫薯馒头的硬度、弹性、黏聚性和咀嚼性，其中硬度和弹性的影响比较明显。在选择的四个单因素中，紫薯全粉和白砂糖对紫薯馒头的质构和感官评价的影响最为明显，并且，在实验的过程中发现，发酵温度和发酵时间对紫薯馒头也有比较大的影响，所以选择紫薯全粉、白砂糖、发酵时间和发酵温度四个因素作为接下来正交试验的主要因素。

8.3.2 正交试验结果与分析

8.3.2.1 正交试验结果

根据质构分析和感官评价的结果，确定正交试验的四因素三水平，进行 L_9 (3^4) 正交试验：紫薯全粉的添加量分别为 5%、6%、7%，白砂糖的添加量分别为 10g、12.5g、15g，发酵时间分别为 20min、30min、40min，发酵温度分别为 30℃、40℃、50℃，其结果如表 8-7 所示。

表 8-7 正交试验结果

试验号	因素				感官评分
	A 紫薯粉的添加量	B 白砂糖的添加量	C 发酵时间	D 发酵温度	
1	1	1	1	1	64.3
2	1	2	2	2	68.7
3	1	3	3	3	63.9
4	2	1	2	3	76.9

试验号	因素				感官评分
	A 紫薯粉的添加量	B 白砂糖的添加量	C 发酵时间	D 发酵温度	
5	2	2	3	1	66.1
6	2	3	1	2	68.5
7	3	1	3	2	69.7
8	3	2	1	3	70.2
9	3	3	2	1	69.2
K_1	196.9	210.9	203.0	199.6	
K_2	211.5	205.0	214.8	206.9	
K_3	209.1	201.6	199.7	211.0	
k_1	65.63	70.30	67.67	66.53	
k_2	70.50	68.33	71.60	68.97	T=617.5
k_3	69.70	67.20	66.57	70.33	
R	4.87	3.1	5.03	3.8	
因素主次	C>A>D>B	—	—	—	
最佳组合	A2B1C2D3	—	—	—	

8.3.2.2　正交试验结果分析

由表 8-7 正交试验感官结果可以看出，影响紫薯馒头感官品质和质构品质的主要因素是紫薯粉的添加量（A）>发酵时间（C）>白砂糖的添加量（B）>发酵温度（D），即影响紫薯馒头品质的因素主次顺序为 A>C>B>D。当实验条件为 A2B1C2D3 时，感官评分最高，其感官评分为 76.9，此时的紫薯馒头的纹理结构、质地形态、表面色泽、平滑度、弹柔性、黏性和香气都达到相对比较好的状态。1 号至 3 号紫薯馒头的紫薯香味不够浓郁，颜色也不够均匀、自然，其中 3 号紫薯馒头由于发酵时间过长、发酵温度过高，导致紫薯馒头形态扁塌且有异味，表面也有许多肉眼可见的凹面。5 号紫薯馒头韧性强，不爽口、黏牙，难以咀嚼。6 号和 9 号紫薯馒头的发酵过程不够彻底，导致酵母的风味没有被释放出来，影响了馒头的口感，其中 9 号馒头的甜度过大，让人难以接受。7 号和 8 号紫薯馒头的发酵程度相比较 6 号和 9 号要好一些，但是复原性一般，光泽度较差。综上所述，紫薯馒头感官评价最优的试验条件为 A2B1C2D3。

由表 8-8 正交试验质构结果可以看出，当实验条件为 A2B1C2D3 时，紫薯馒头的硬度和咀嚼性相对较小，它的弹性、黏聚性、回复性相对较大，这些特性处在一个十分适当的状态。这个时候的紫薯馒头内部形成了一定的网状结构，能很好地保留酵母发酵所产生的气体，使得它的硬度、咀嚼性相对较小，馒头切面也有丰富的蜂窝眼，吃起来爽口、不黏牙。由于产生的气体得以保留，所以制成的紫薯馒头暄腾，形态饱满，馒头的弹性、咀嚼性和回复性也处于一个相对比较好的状态。

表 8-8　正交试验的质构结果

试验号	硬度/g	弹性	黏聚性	咀嚼性	回复性
1	4566.19	0.983	0.794	3569.478	0.4
2	3183.786	0.981	0.809	2522.569	0.403
3	3461.598	0.983	0.8	2711.892	0.396
4	3267.017	0.984	0.806	2584.884	0.404
5	3227.675	0.989	0.82	2617.548	0.428
6	4616.048	0.974	0.787	3537.717	0.363
7	3637.995	0.976	0.784	2907.767	0.398
8	3480.469	0.977	0.783	2661.79	0.37
9	4590.217	0.973	0.799	3559.233	0.383

8.4　结论与展望

8.4.1　结　论

本研究在传统工艺的基础上，通过单因素试验和正交试验对紫薯馒头的配方工艺进行研究，以感官评价和质构分析作为评判的标准。其中感官评价以紫薯馒头的纹理结构、质地形态、表面色泽、平滑度、弹柔性、黏聚性和香气七个方面来对紫薯馒头作出判断，质构分析主要从紫薯馒头的硬度、弹性、黏聚性、咀嚼性和回复性五个方面作出判断。在单因素试验中，探究了紫薯全粉的添加量、白砂糖的添加量、水的添加量和酵母粉的添加量对紫薯馒头的品质和风味的影响，得出了紫薯全粉和白砂糖对紫薯馒头的品质和风味影响最大的结论。同时在实验过程中发现发酵时间和发酵温度对紫薯馒头的品质和风味也有十分重要的影响。所以，在正交试验中，探究了紫薯全粉的添加量、白砂糖的添加量、发酵时间和发酵温度对紫薯馒头的品质和风味的影响。在实验的过程中，得出了紫薯馒头的最佳工艺配方，即在紫薯全粉含量为6%的混合粉100g中，加入10g白砂糖、1.0g活性干酵母、55g水，在50℃的环境下发酵30min，这样制成的紫薯馒头的纹理结构、质地形态、表面色泽、平滑度、弹柔性、黏聚性和香气均能达到最佳的效果。

8.4.2 展 望

随着人们生活水平的提高，人们对"吃"的要求也越来越高：不仅仅要吃得饱，更加要吃得好、吃得健康。紫薯，由于其特有的营养成分和保健功能，作为一种新型的可食用、可药用的保健食品，越来越受到人们的青睐。它被认为是当前无公害、绿色、有机食品中首推的保健食品。紫薯全粉，作为紫薯的衍生物，通过其特殊的工艺手法，更大地保留了紫薯的营养成分，几乎保留了除薯皮之外的所有的干物质，营养成分密集，保健作用强。由于紫薯全粉拥有易运输、易储存等优点，有许许多多的企业更加愿意用紫薯全粉制成一系列的产品。它们更多地被人们添加到各种各样的产品中去，被制成一个个全新的产品，例如，紫薯馒头、紫薯面包、紫薯蛋糕、紫薯饼干等，它们都已慢慢地出现在我们的生活中，对我们的生活产生了潜移默化的影响。

我国在20世纪90年代才将紫薯这一新型产品引进国内，所以对紫薯及其系列产品的研究不够深刻。并且由于紫薯特殊的原料工艺及其加工特性，我国生产紫薯全粉的企业并不多。加强紫薯产品的生产工艺优化，探索紫薯全粉的加工用途，提高紫薯全粉的附加值，增强人们对紫薯全粉营养价值的认可，对满足人们日益增长的物质需求，改善紫薯产品产量少的现状，促进传统烹饪教学改革，加强安全食品的研发，增加薯农的收益，加快城乡建设等，都有着十分重要的意义。

参考文献

[1] 张淼，李燮昕，贾洪锋，等．我国紫薯全粉加工及利用现状研究[J]．四川高等专科烹饪学校学报，2012（4）：25-28．

[2] 揭小玲．紫薯全粉品质特性及紫薯饼干加工技术研究[D]．福州：福建农林大学，2013．

[3] 汤富蓉．紫色甘薯全粉加工关键技术的研究[D]．成都：西华大

学，2011.

[4] 李娟. 紫薯种植刚扩容深加工公司已成立 [N]. 成都日报，2009-06-15.

[5] 杨巍. 紫薯的营养价值与产品开发 [J]. 农产品加工（学刊），2011 (8)：41-43.

[6] 高玥. 紫薯开发研究利用进展 [J]. 陕西农业科学，2013 (1)：100-103.

[7] 王利群. 紫薯的营养 [J]. 农产品市场周刊，2010 (20)：22-23.

[8] 王丽娟，王琴，温其标. 甘薯全质微粉的研究与开发进展 [J]. 食品工业科技，2008，9 (29)：302-304，90.

[9] 陈芳芳. 紫薯全粉对面团粉质特性和质构特性的影响 [J]. 食品工业，2014，35 (5)：170-174.

[10] 李颖. 紫薯全粉对面团流变学特性及馒头品质的影响 [J]. 粮油食品科技，2013，21 (6)：46-50.

[11] 朱克庆. 紫薯馒头的研制 [J]. 粮食加工，2012，37 (3)：32-34.

[12] 罗文，陈实，张松. 紫薯馒头制作工艺研究 [J]. 四川旅游学院学报，2016 (4)：23-26.

[13] 马栋. 紫薯大豆复合馒头工艺研究 [J]. 湖北农业科学，2014，53 (8)：1875-1878.

[14] 李逸鹤. 小麦胚芽紫薯复合馒头的研究 [J]. 食品研究与开发，2014，35 (24)：84-87.

[15] 吕军仓，席小艳. 质构分析仪在面制品品质评价中的应用 [J]. 粮油加工，2006，3：73-74，77.

第9章

紫薯饼干的配方与工艺优化研究

9.1　引　言

　　饼干中添加一些绿色无污染的有机食材，符合当下消费者追求绿色健康的生活理念。在饼干中添加紫薯，不仅能产生特定的口感，而且较之传统饼干，其营养及热量都更优。

　　目前对紫薯饼干的研究还停留在配方优化上，而对工艺和烘焙条件影响的相关研究较少，有待进一步的探索和研究。因此，本研究从配方及工艺优化上着手，制作一款品质优良、酥脆可口的饼干，旨在为日后工业化生产提供理论基础。

　　本课题的主要研究内容如下：在确定基础配方及工艺后，以 50g 低筋面粉为定量，研究紫薯粉、黄油、糖粉、全蛋液、面坯厚度、烘烤时间及温度对紫薯饼干感官品质的影响。以紫薯粉添加量 4%、5%、6%、7%、8%；黄油添加量 28%、35%、42%、49%、56%；糖粉添加量 6%、10%、14%、18%、22%；全蛋液添加量 6%、10%、14%、18%、22%；面坯厚度 2 毫米、4 毫米、6 毫米、8 毫米、10 毫米；烘烤时间 6min、7min、8min、9min、10min；烘烤温度上火 180℃，底火 180℃；上火 170℃，底火 170℃；上火 170℃，底火 160℃；上火 170℃，底火 150℃；上火 160℃，底火 150℃的单因素试验结果为基础，进行紫薯粉、黄油、糖粉、全蛋液添加量的正交试验，紫薯饼干的感官测评及质构测定，确定紫薯饼干的最佳配方及制作工艺。

9.2　实验部分

9.2.1　实验原料

新良低筋面粉、展艺紫薯粉、安佳黄油、展艺糖粉、鸡蛋。

9.2.2　实验仪器

表 9-1　主要仪器设备

仪器名称	型号	生产厂家
质构仪	TA-XT plus	英国 Stable Micro System 有限公司
烤箱	YXD-F100	—
厨师机	TUNCOO-1509	TUNCOO
电子秤	KFS-A	凯丰集团有限公司
面粉筛	60目	—

9.2.3　方　法

9.2.3.1　紫薯饼干的加工流程

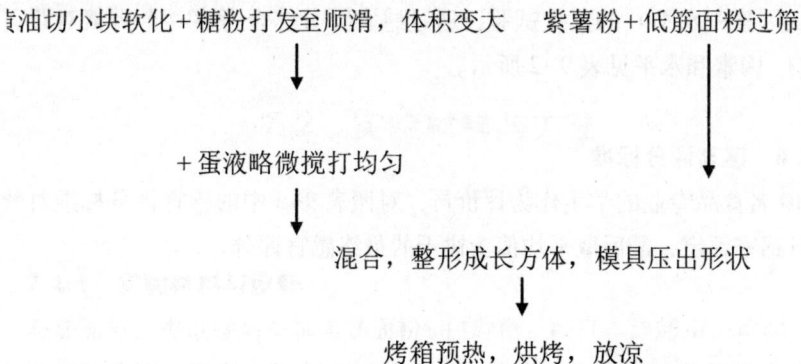

黄油切小块软化+糖粉打发至顺滑，体积变大　　紫薯粉+低筋面粉过筛

+蛋液略微搅打均匀

混合，整形成长方体，模具压出形状

烤箱预热，烘烤，放凉

9.2.3.2　紫薯饼干的制作要点

（1）原料称量及预处理：将低筋面粉、紫薯粉及糖粉分别过筛，鸡蛋清洗

后打发成蛋液，各原料分别称量后置于干净干燥容器中，黄油软化；

（2）黄油打发：软化后的黄油加糖粉打发至顺滑、颜色变白；

（3）原料混合：紫薯粉、低筋面粉、黄油及蛋液混合，轻揉成面团；

（4）成型：面团用擀面杖擀成薄饼状，用饼干模具压出形状，间隔放在烤盘中；

（5）烘烤：烤箱上火、底火均调为180℃，并预热约5min后进行烘烤；

（6）出炉冷却：饼干出炉后放凉。

9.2.4 单因素实验

根据紫薯饼干的基础配方及工艺，进行单因素试验，探究紫薯粉、黄油、糖粉、全蛋液添加量及面坯厚度、烘烤温度和烘烤时间对紫薯饼干感官品质的影响。

9.2.5 正交优化实验

表9-2 紫薯饼干配方正交优化试验因素与水平

水平	A 紫薯粉添加量	B 黄油添加量	C 糖粉添加量	D 全蛋液添加量
1	6	35	6	14
2	7	42	10	18
3	8	49	14	22

在单因素试验的基础上，对紫薯粉、黄油、糖粉、全蛋液的添加量进行 $L_9(3^4)$ （四因素三水平）的正交试验，通过感官评分综合考察4个因素对紫薯饼干的影响。因素和水平见表9-2所示。

9.2.6 感官评分标准

由10名食品专业的学生作为评价员，对照表9-3中的感官评分标准对紫薯饼干进行感官评定，最后取平均值为饼干的最终感官评分。

表 9-3　紫薯饼干感官评分标准

评定项目	评分标准	分值
色泽 （满分 30 分）	饼干表面呈紫薯的紫色，颜色深浅适宜，分布均匀，无异色、焦糊现象	21~30
	饼干表面呈紫薯的紫色，颜色深浅较适宜，分布基本均匀，无异色，无焦糊	11~20
	饼干颜色与紫薯色相差甚远，颜色过深或过淡，色泽不均匀，有焦糊现象	0~10
滋味 （满分 30 分）	口感松脆，滋味香甜	21~30
	口感较松脆，滋味较香甜	11~20
	口感不松脆，过于甜，质地紧实或松软，且粗糙	0~10
气味 （满分 20 分）	紫薯黄油味浓郁，无异味	15~20
	紫薯黄油味较淡，无异味	9~14
	无紫薯黄油味，有异味	0~8
组织状态 （满分 20 分）	截面组织为多孔状，孔洞均匀细密，厚薄较适宜，内外成熟度一致	15~20
	截面组织为多孔状，但孔洞不均匀细密，厚薄较适宜，内外成熟度一致	9~14
	断面结构紧实，多孔状不明显，饼干过厚或过薄，内部未熟透	0~8

9.2.7　紫薯饼干的质构测定

使用质构仪，在室温下测试。模式：TPA 质构分析；探头：P2；测前速度：1mm/s，测中速度 5mm/s；测后速度 5mm/s；目标模式：应变；触发力：5g；位移：10mm；数据采集点率：200。每组试验选取 3 块饼干进行测试。

9.3　实验结果与讨论

9.3.1　紫薯粉添加量对紫薯饼干感官品质的影响

从图 9-1 可以看出，当紫薯粉添加量为 7% 时，紫薯饼干的评分最高。紫薯粉的添加对饼干的色泽影响显著，一般来讲，紫薯粉添加量越大，饼干的紫色越深，呈现的紫色越诱人，薯香越浓。紫薯粉可以说是一款天然染色剂，能赋予饼干自然的紫薯色。且紫薯粉中不含面筋蛋白质，面粉中的蛋白质吸水膨胀，产生网状结构，撑开面团。在小麦粉中添加紫薯粉会稀释面粉中的面筋，削弱了面团强度，使饼干产生疏松的口感。试验时紫薯粉添加量少于7%时，饼干颜色不均匀、不正宗；添加量超过7%，因为紫薯粉膳食纤维丰富，淀粉含量高，会吸附过多水分，添加量越多，面坯的可塑性和面团成形能力差，用擀面杖辊压过的面团出现裂口，饼干产品有裂纹，且口感粗糙、干涩，较难吞咽，表面还有发白现象。综合考虑后，选取紫薯粉添加量6%、7%、8%进行正交试验。

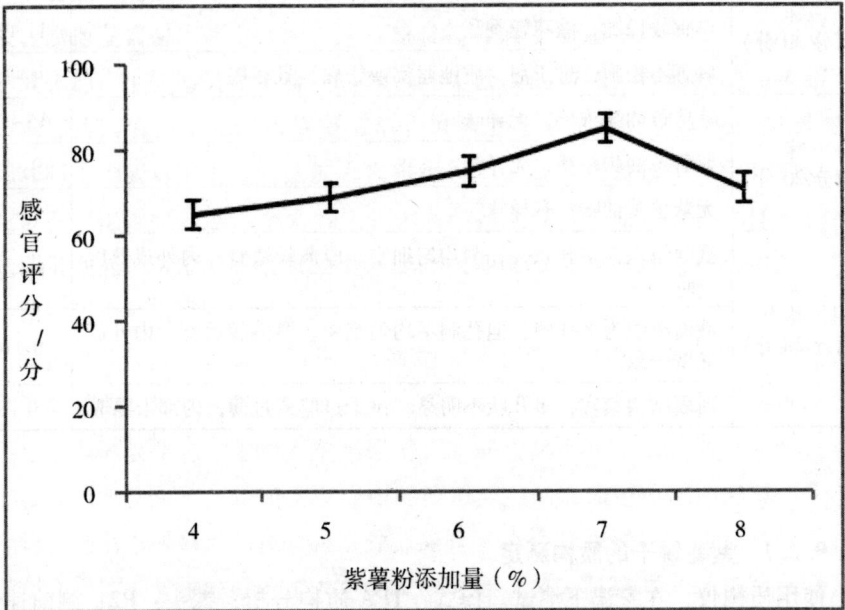

图 9-1　紫薯粉添加量对紫薯饼干品质的影响

9.3.2　黄油添加量对紫薯饼干感官品质的影响

从图 9-2 可以看出，当黄油添加量为42%时，紫薯饼干的评分最高。饼干的口感品质受黄油添加量的影响很大。油脂会分布在面团组织之间，阻碍面筋形成，减少面筋吸水量，从而降低面团的弹性、韧性和凝聚力，增加可塑性，使产品便于制作，口感酥松。另外，黄油经搅打处理时充入了空气，在烘烤时空气受热，使饼干内部产生细密的气孔，这也是紫薯饼干不使用疏松剂但质地却酥松的原因之一。试验时黄油添加量少于42%时，油脂阻碍面筋生成的作用力弱，面团中存在大量面筋，黄油中携带的气体也少，所以饼干偏硬，酥松性差；黄油添加量超过 42% 后，黄油量过多导致油脂裹住面粉，面团难以成形，制作困难，饼干极易碎裂，成品非常油腻，而且降低了紫薯饼干的营养保健价值，因而其添加量不是越多越好。综合考量，选取黄油添加量 35%、42%、49% 进行正交试验。

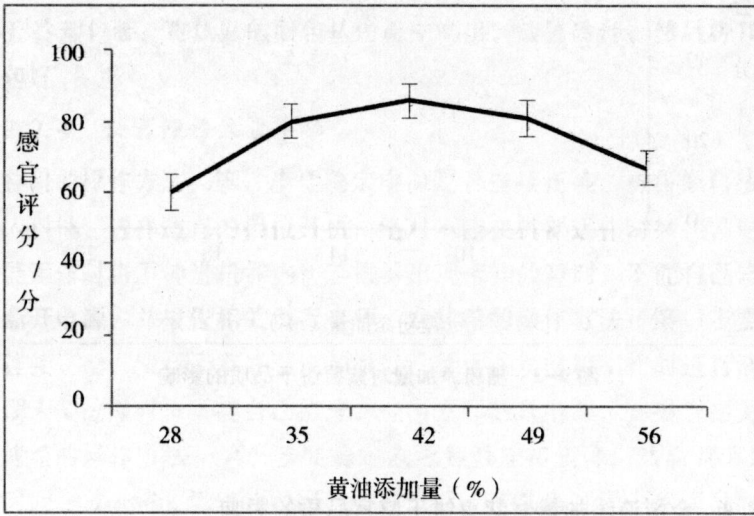

图 9-2　黄油添加量对紫薯饼干品质的影响

9.3.3　糖粉添加量对紫薯饼干感官品质的影响

如图 9-3 所示，当白砂糖添加量为 10% 时紫薯饼干的评分最高。对于饼干来说，糖不仅能赋予其甜味，另一个重要作用是阻止面团中面筋的形成。糖在溶解时需要水，溶解后使水的渗透压增大，阻碍面筋形成，减少面筋吸水量，从而降低面团的弹性，糖的黏性还能使制品组织黏结更加紧密，能防止饼干破碎。试验时糖粉添加量少于 10% 时，饼干不够甜，面粉味浓；糖粉添加量大于 10% 时，不仅越来越甜得发腻，而且由于糖的反水化作用严重阻碍了面筋的形成，面团成形较难，口感变得硬脆。另外，由于焦糖化反应和美拉德反应过度，饼干的色泽也明显开始发黄发褐。对于普通的酥性饼干来说，要利用糖的上色作用赋予其诱人的金黄色泽，但是在应该呈现紫薯色的紫薯饼干中会掩盖其代表性的紫色，降低商品价值。最后，糖的吸湿性和持水性特点还会使饼干这类酥性食品在存放时吸湿返潮造成质地变软。综合考量，选取糖粉添加量 6%、10%、14% 进行正交试验。

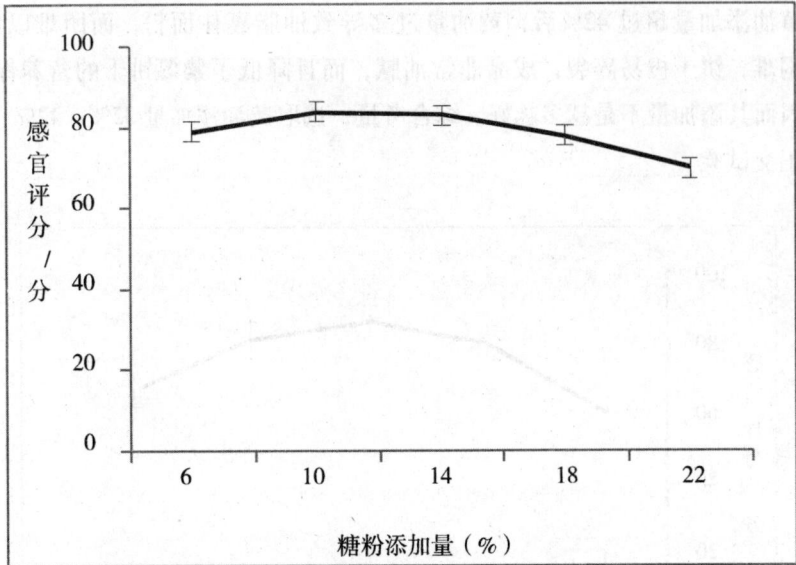

图 9-3　糖粉添加量对紫薯饼干品质的影响

9.3.4　全蛋液添加量对紫薯饼干感官品质的影响

如图 9-4 所示，当全蛋液添加量为 18% 时紫薯饼干的评分最高。鸡蛋是焙烤食品的常用原料，鸡蛋在打发中也会充入空气，烤制时受热产生气体，让饼干内部具有酥松感。蛋黄中含有的卵磷脂是一种天然的乳化剂，有助于原料的结合，使面团柔软光滑，更容易制作，使烘烤的产品更加细腻柔软，并增加鸡蛋的香味。全蛋液添加量大于 18% 后，在焙烤时蛋制品所含的蛋白质容易和糖发生美拉德和焦糖化反应，使紫薯饼干产生了棕黄色，盖住了紫色，降低色泽评分。综合考量，选取全蛋液添加量 14%、18%、22% 进行正交试验。

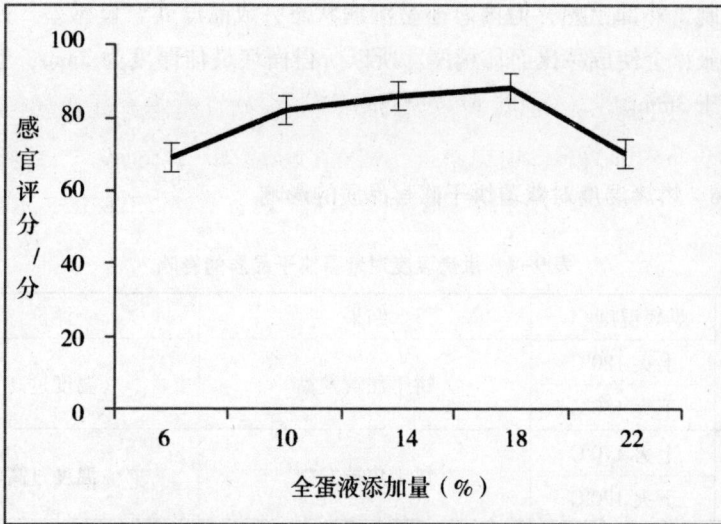

图 9-4 全蛋液添加量对紫薯饼干品质的影响

9.3.5 面坯厚度对紫薯饼干感官品质的影响

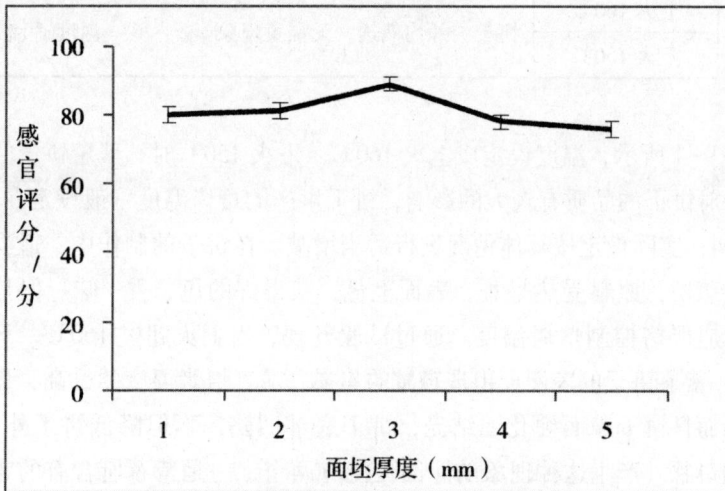

图 9-5 面坯厚度对紫薯饼干品质的影响

　　如图 9-5 所示，当面坯厚度为 3mm 时，紫薯饼干的评分最高。饼干厚度对口感也有一定影响。实验发现，当饼干厚度小于 3mm 时，饼干易碎裂，且极易因烘烤过度而发糊。随着厚度的增加，饼干逐渐成形，口感逐渐酥松。超过 3mm 后感官评分逐渐下降，饼干出现干燥又黏牙的情况。厚度达到 5mm 时，饼干不易烤制，外部已熟，但内芯还呈湿润状态，成品厚实，口感差。另外油脂等受热膨胀，会使成品比面坯稍厚。所以所得面坯最佳厚度为 3mm，但出品饼干厚度大于 3mm。

9.3.6 烘烤温度对紫薯饼干感官品质的影响

表 9-4　烘烤温度对紫薯饼干品质的影响

实验号	烘烤温度/℃	结果	评价
1	上火 180℃ 下火 180℃	饼干焦黄发糊	温度过高
2	上火 170℃ 下火 170℃	饼干焦黄发糊	温度过高
3	上火 170℃ 下火 160℃	底部焦黄现象严重	温度过高
4	上火 170℃ 下火 150℃	部分烤干，饼干内部湿润且软	上火温度较高
5	上火 160℃ 下火 150℃	饼干内外均熟透，无焦黄现象	温度适宜

如表 9-4 所示，温度设定成上火 160℃、下火 150℃时，紫薯饼干的品质最好。焙烤对饼干的品质有较大的影响，饼干生产的焙烤温度一般设定在 170℃～180℃之间，实际设定按具体情况进行适当增减。在饼干的制作中，适当的高温能使饼干蓬松，原料受热呈香，表面上色，获得好的色、香、味。但是制作紫薯饼干时应严格控制焙烤温度。通过试验发现，当上火超过 160℃、下火超过160℃时，紫薯饼干的表面会出现轻微的焦褐，随着焙烤温度的升高，焦黄色越来越重，而且饼干表面硬化，结壳，饼干底部凹陷，不但降低饼干外观品质，甚至影响口感。产生这种现象的原因可能有两个，一是紫薯所含有的花色苷发生降解，产生褐色物质；二是发生了美拉德反应。但是温度过低也无法获得令人满意的产品。当焙烤温度较低时，饼坯产气量过少，膨胀启发度不够，致使饼干不够酥松，且原料容易分解乳化不完全，产香少，香气淡，口感也不佳。综合考虑，确定上火温度 160℃、底火 150℃。

9.3.7 烘烤时间对紫薯饼干感官品质的影响

表 9-5　烘烤时间对紫薯饼干品质的影响

实验号	烘烤时间/min	结果	评价
1	6	未熟，饼干软且湿润	时间不够
2	7	未熟，饼干内部湿润	时间不够
3	8	饼干内外均熟透，无焦黄现象	时间适宜
4	9	饼干表面及底部微黄	时间稍长
5	10	饼干焦黄现象严重	时间过长

如表 9-5 所示，焙烤时间为 8min 时，紫薯饼干的品质最好。烤制时间过短，产品没有熟透，没有达到食用的基本要求，且由于含水量较高，色泽过深不自然。随着烘烤时间增加，饼干香味愈发浓郁，达到最佳焙烤时间 8 min 时，紫薯饼干熟透，呈现适宜的紫色。而烤制时间超过 8min 后，饼干开始焦黄、焦糊。综合考量，确定 8min 为最佳烘烤时间。

9.3.8 正交试验结果分析

表 9-6　紫薯饼干正交试验 $L_9(3^4)$ 感官评价结果

实验号	A 紫薯粉	B 黄油	C 糖粉	D 全蛋液	感官得分
1	1	1	1	1	86.8
2	1	2	2	2	71.4
3	1	3	3	3	86.6
4	2	1	2	3	82.8
5	2	2	3	3	85.8
6	2	3	1	1	74.2
7	3	1	3	2	90.2
8	3	2	1	3	72.4
9	3	3	2	1	86.4
k1	81.6	86.6	77.8	86.3	—
k2	80.9	76.5	80.2	78.6	—
k3	83.0	82.4	87.5	80.6	—

实验号	A 紫薯粉	B 黄油	C 糖粉	D 全蛋液	感官得分
R	2.1	10.1	9.7	7.7	—
主次顺序	B>C>D>A				
最优水平	A3	B1	C3	D1	—
最优组合	A3B1C3D1				

根据表9-6可知，4个因素中，黄油含量对饼干品质的影响最大，其次是糖粉、全蛋液，影响最小的是紫薯粉含量。最佳配方为A3B1C3D1，即紫薯粉添加量8%、黄油添加量35%、糖粉添加量14%、全蛋液添加量14%。

9.3.9　质构仪测试结果分析

表9-7　紫薯饼干质构仪测试结果

实验号	硬度/g	咀嚼性/mJ
1	388.96	2.76
2	516.76	4.34
3	333.23	0.93
4	307.46	1.60
5	269.41	0.92
6	500.60	3.20
7	406.11	3.65
8	523.41	3.97
9	358.36	2.56

硬度值是指紫薯饼干在第一次受到力的作用时出现的最高峰值。硬度值越高，表示紫甘薯饼干越硬，所以一般来说，硬度值应越低越好。由表9-7可知，2、8号饼干硬度最大，结合感官评价结果，这两组饼干的评分低，不够酥松。5号饼干硬度最小，但感官评分不是最高的，可能是硬度太低，质地过于疏松而易碎，影响食用。咀嚼性是咀嚼固体样品时需要做的功，因此咀嚼性越小表示越容易被嚼碎。结合感官评价结果，7号饼干感官评价分最高，其硬度在400g左右，咀嚼性在3.6mJ左右，可以说明用方案7，即A3B1C3D2，制作出的紫薯饼干有着最受人们喜爱的口感。

9.3.10 实验验证

因为正交试验得到的理论最优配方数据与感官评分所得结果不同，所以要对 2 种方案进行 3 次平行验证实验。结果表明，感官测定所得配方 A3B1C3D2 制作出的紫薯饼干得分更高，其颜色自然，甜度适宜，口感酥脆，感官得分为 87.2 分。

9.4 结论与展望

9.4.1 结 论

经过多次试验确定紫薯饼干的最佳制作工艺步骤为：将软化后的黄油打发至体积膨胀且稍微发白，然后加入混合均匀的鸡蛋液和糖粉，再筛入紫薯粉与低筋粉的混合粉，这样面团容易揉制，不宜水油分离，最后用模具按压出形状后烤制。利用单因素、正交试验及感官评定、质构测定确定紫薯饼干的最优配方为紫薯粉添加量 8%、黄油添加量 35%、糖粉添加量 14%、全蛋液添加量 18%。紫薯饼干不需要美拉德的上色作用，所以对烤制时间及温度要求较高。本研究采用曲奇饼干模具按压成直径约 1.5cm、厚约 0.3cm 的圆形饼坯，在此条件下，最佳工艺为：烘烤温度上火 160℃、下火 150℃，烘烤时间 8min。这样制出的饼干呈自然的紫薯色，甜度适宜，口感酥松。在黄油饼干中加入紫薯粉，丰富了饼干的种类，同时为紫薯粉在烘烤食品中的应用提供参考依据，以便日后向紫薯饼干的现代工业生产提供理论层面参考。

9.4.2 展 望

9.4.2.1 提升营养价值

现代社会人们越来越注重饮食健康和膳食平衡，人们在追求饼干美味可口的同时，也开始关注它们的营养成分。营养成分丰富的功能性饼干的研发将持续成为饼干行业的热点。

9.4.2.2 延长贮藏期

饼干在运输和储存的过程中最明显的变化就是会因为受潮而导致脆度降低，引起其含水量变化的主要因素是环境温度和湿度。饼干在转运及贮藏过程中最明显的变化是由于湿度导致的酥脆性降低。分析紫薯饼干在贮藏过程中的变化，将有利于探究最适宜贮藏湿度、温度、包装条件来延缓其品质变化或将其品质控制在一定的可接受变化范围内。

参考文献

[1] 贾瑜. 韧性饼干力学特性及质地评价的研究 [D]. 镇江：江苏大学，2010.

[2] 何胜生. 紫甘薯的功能性质及产品开发研究 [J]. 安徽农业科学，2013，41（3）：1288-1290.

[3] 张莹丽，田鹏翔，李伟民. 紫薯魔芋酥性饼干的研制 [J]. 粮食与油脂，2021，34（10）：109-112.

[4] 贾湃湃，连倩，甘生智，等. 青稞红枣饼干的工艺优化及质构特性分析 [J]. 食品工业，2021（10）：42.

[5] 韩冰霜. 紫甘薯全粉对面团特性与饼干品质影响研究 [D]. 合肥：安徽农业大学，2020.

[6] 宋桂荣. 硬脆棒状饼干的生产工艺研究 [D]. 上海：华东理工大学，2011.

[7] 梁美凤. 甘薯全粉的工艺学特性及其用于制作饼干的技术研究 [D]. 长沙：湖南农业大学，2009.

[8] 揭小玲. 紫薯全粉品质特性及紫薯饼干加工技术研究 [D]. 福州：福建农林大学，2013.

[9] 顾晶晶. 紫薯全粉馒头与湿面条研制及品质特性分析 [D]. 沈阳：沈阳师范大学，2021.

[10] 张梦潇. 紫薯鲜湿面研制及其品质特性研究 [D]. 长沙：中南林业大学，2021.

[11] 白建，薛建娥. 响应面法优化紫薯黑米饼干的工艺研究 [J]. 粮食与油脂，2021，34（7）：128-131.

[12] 张珍林，韦传宝，黄雅琴. 秋葵饼干的研制及其质构特性的研究 [J]. 粮食与饲料工业，2018，373（5）：25-27，33.

[13] 曹丽萍，马秀花，肖明，等. 青稞枸杞酥性饼干的配方及质构特性 [J]. 食品工业，2020，41（5）：121-125.

[14] 修伟业，马永强，张文英，等. 紫薯饼干配方的研究 [J]. 哈尔滨

商业大学学报（自然科学版），2019, 35（4）：447-450.

[15] 翟立公，胡旭红，王战伟，等. 模糊数学感官评价法优化紫薯黑麦饼干加工工艺 [J]. 现代食品，2019,（13）：65-71.

[16] 李燮昕，王鑫，刘世洪，等. 豆渣酥性饼干和韧性饼干的研制及其质构特性比较 [J]. 粮食与油脂，2021, 34（8）：78-84.

[17] 孙玉清，田文静，朱建晨. 紫薯曲奇饼干品质和加工工艺研究 [J]. 中国食物与营养，2019, 25（12）：29-33.

[18] 吴海霞，马国刚. 紫薯糯米酒酿制工艺优化及其品质分析 [J]. 农产品加工，2021, 538（20）：49-53.

[19] YOSHIHARU S, RIICHIRO O. Antioxidant Activity and Optimal Manufacturing Conditions of Purple Sweet Potato Lactic Acid Bacteria Drink [J]. *Food Science and Technology Research*, 2007, 10（4）：113-117.

第 10 章

紫薯酸奶的配方与工艺优化研究

10.1 引 言

近几年，我国的乳制品工业得到了快速的发展，发酵奶的品种和产量也得到了极大的提高；紫薯由于其富含丰富的花青素、膳食纤维、微量元素等特点，被广泛添加到各种食用产品中。本研究在酸奶基本配方基础上，以紫薯粉、纯牛奶为主要原料，经两种菌种发酵制成的酸奶产品，呈现出紫薯特有的色泽和风味。

10.2 实验部分

10.2.1 实验主要试剂及仪器

10.2.1.1 主要试剂

表 10-1 主要试剂

试剂名称	厂家	规格
圣益田园紫薯粉	孙圣食品有限公司	500g/袋
百钻精制细砂糖	安琪酵母旗舰店	400g/袋
牛奶	伊利纯牛奶	250mL/瓶
安琪酸奶发酵剂（2菌型）	湖北宜昌安琪酵母股份有限公司	1g/袋

10.2.1.2 实验仪器

表 10-2 仪器设备

仪器名称	型号	备注
电子天平	GT204	上海佑科仪器仪表有限公司
单门冻藏醒发箱	SAIN-MATE	食品科技学院
工作台带电磁炉	—	食品科技学院
冷藏箱	BOMEITE	食品科技学院
电子分析天平	BSA224S	食品科技学院
质构仪	TA-XT plus	英国马尔文仪器有限公司
高压均质机	GYB60-303	上海东华高压均质机厂

10.2.2 实验方法

10.2.2.1 紫薯粉与紫薯浆的对比选择

通过实验研究，主要从口感、组织状态、色泽、工艺流程四个方面进行对比分析，如下表 10-3 所示。第一，从口感上来看，适量紫薯粉与牛奶混合搅拌，制作出来的产品口感细腻滑爽，酸甜适中，后味余香，无不良滋味。而使用紫薯浆制备的产品口感较差，有颗粒感及沉淀物，紫薯泥与水配比产生紫薯浆，从而影响口感，后味较淡；第二，从组织状态上来看，紫薯粉制作的产品，质地良好，颜色均匀一致，无分层现象。使用紫薯浆制作出的产品组织细腻，质地均匀，表层有乳清析出，影响口感。第三，从色泽上来看，紫薯粉经过初加工市售，具有一定市场认可度且色泽均匀一致呈淡紫色，而紫薯浆通过添加一定量的水进行配比，使得产品色泽分布不均匀且颜色较浅，易产生沉淀物，出现分层现象；第四，从工艺流程上来看，使用紫薯粉作为原料，操作过程简易方便，产品质量较高，而使用紫薯浆作为原料，工艺流程较复杂且产品质量较低。

综上所述，使用紫薯粉制作出的产品质量优于紫薯浆，通过感官评价员总体测评打分，也可得出紫薯粉感官评价整体高于紫薯浆的结论。故选择紫薯粉作为紫薯酸奶原料配方。

表 10-3 紫薯粉与紫薯浆对比分析

类别	紫薯粉	紫薯浆
口感	口感细腻滑爽，后味余香	有颗粒感及沉淀物，后味较淡
组织状态	结构均匀，无乳清及沉淀物，无分层	结构均匀，有乳清及沉淀物，有分层
色泽	颜色均匀一致，且呈适中的淡紫色	颜色均匀一致，颜色较浅
工艺流程	操作过程简易方便，产品质量较高	工艺流程较复杂，且产品质量较低

10.2.2.2 工艺流程

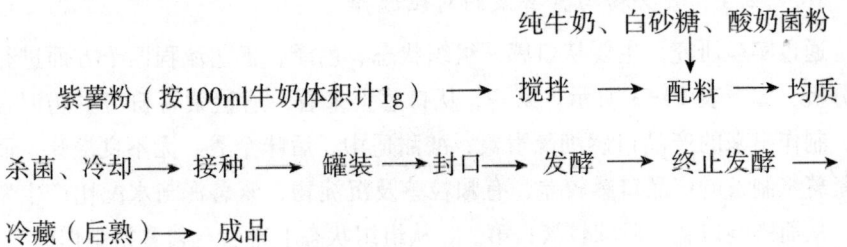

紫薯粉（按100ml牛奶体积计1g）⟶ 搅拌 ⟶ 配料 ⟶ 均质

（配料上方标注：纯牛奶、白砂糖、酸奶菌粉）

杀菌、冷却⟶ 接种 ⟶ 罐装 ⟶ 封口⟶ 发酵 ⟶ 终止发酵 ⟶

冷藏（后熟）⟶ 成品

图 10-1 工艺流程图

10.2.2.3 操作要点

（1）紫薯粉的称取

利用电子分析天平，按 100mL 纯牛奶体积，称取一定量即 1g 紫薯粉与牛奶充分搅拌均匀。

（2）配料混合

将 100mL 纯牛奶水浴加热，与 1g 紫薯粉充分搅拌均匀，添加 8g 细白砂糖。

（3）均质杀菌

①原料配比后将料液（100mL 纯牛奶＋1g 紫薯粉＋8g 细白砂糖）冷却至 60~65℃进行均质，充分保证紫薯粉、牛奶、白砂糖搅拌均匀，均质压力约为 20MPa 即可。

②使用高温杀菌法。将配比后的料液进行加热，加热温度控制在 85℃左右，

加热时间约 3min，使之充分加热均匀。

③灭菌后冷却至室温即可。

（4）接种

①待紫薯牛奶充分冷却至室温后，用电子天平称取 0.7g 安琪酸奶发酵剂菌粉放于其中，用玻璃棒充分搅拌均匀。

②搅拌均匀后，倒置在专用玻璃罐中封盖，密封放置，记录好编号。

（5）发酵后熟

①将密封完成的紫薯酸奶，按照编号顺序依次放入发酵箱，设定发酵温度为 42℃，发酵时间为 6h 即可。

②将发酵完全的紫薯酸奶依次取出，进行后熟。设置冷藏箱温度为 4℃，时间控制为 12~24h 后备用。

10.2.3　单因素实验设计

首先在固定紫薯粉添加量为 1g、紫薯奶比例为（1∶100mL）和白砂糖添加量（按 100mL 紫薯奶体积计）8g 的条件下，分别选取菌种添加量 0.08g、0.14g、0.2g、0.26g、0.32g，发酵温度 40℃、42℃、44℃、46℃、48℃，发酵时间 4h、5h、6h、7h、8h，按照图 10-1 工艺流程图提取工艺[7]，探究菌种添加量、发酵温度、发酵时间对紫薯酸奶发酵工艺的影响。

再分别选取紫薯粉 0.6g、0.8g、1g、1.2g、1.4g，紫薯奶（紫薯粉和纯牛奶的混合体）比例 80mL、90mL、100mL、110mL、120mL，蔗糖添加量（按 100mL 紫薯奶体积计）5g、6g、7g、8g、9g，按照图 10-1 工艺流程，探究紫薯粉添加量、紫薯奶比例以及统一白砂糖蔗糖添加量对紫薯酸奶原料配比的影响。

10.2.4　紫薯酸奶发酵条件正交试验

建立 3 因素 3 水平发酵工艺因素水平表，进行紫薯酸奶发酵条件优化实验。发酵工艺正交试验因素水平见表 10-4。

表 10-4　发酵条件正交试验因素水平

水平	因素		
	菌种添加量（A）/g	发酵时间（B）/h	发酵温度（C）/℃
1	0.14	8	41
2	0.2	6	42
3	0.26	10	43

10.2.5　紫薯酸奶原料配比正交试验

在发酵条件正交试验因素水平的基础上，可以固定菌种添加量、发酵时间，以及发酵温度的条件，进行紫薯酸奶原料配比优化试验。原料配比正交试验因素水平设计见表10-5。

表 10-5　原料配比正交试验因素水平

水平	因素		
	紫薯粉添加量（D）/g	紫薯奶比例（E）/mL	蔗糖添加量（F）/g
1	1.2	90	6
2	1	100	8
3	1.4	110	7

10.2.6　紫薯酸奶感官评价标准

感官评定标准：依次邀请10名（其中：教师2、男生4、女生4）感官评价员，按照下表10-6紫薯酸奶的定量描述分析试验进行评分。统一在南三207感官实验室，饭后2h对紫薯酸奶的口感、组织状态、色泽、气味按编号进行感官用表打分，最后取得平均值作为感官评分结果。酸奶感官评分标准见表10-6。

表 10-6　紫薯酸奶的定量描述分析实验（感官评价员用表）

姓名：　　　学号：　　　性别：女□ 男□　　　天气：　　　气温：

项目	评分标准	分值	342	519	648	351
口感 （30分）	无不良滋味，酸甜适度，后味余香	21~30				
	过酸或过甜，有轻微的异味，口感细腻	11~20				
	有不良滋味，且过酸或过甜，口感粗糙	0~10				
组织状态 （30分）	结构细腻，口感爽滑细嫩	21~30				
	结构细腻，口感较为爽滑细嫩	11~20				
	有较多乳清析出，有明显分层	0~10				

项目	评分标准	分值	342	519	648	351
色泽 (20分)	均匀一致且适中的淡紫色	15~20				
	紫色适中，但分布不均匀	8~14				
	淡紫色或深紫色，且分布不均匀	0~8				
气味 (20分)	具有浓郁的紫薯酸奶发酵香气，无任何异味	15~20				
	奶香味和紫薯香味均不明显，无任何异味	8~14				
	有刺激性气味或其他异味	0~8				

10.2.7　质构特性的测定

参照 Kaur[14]等的方法。将发酵完成的紫薯酸奶放置于食品级专用玻璃罐（容积 100mL，直径为 50mm，高为 30mm）中，在 42℃下恒温培养 6h，取出至 4℃冷藏并后熟 12h，再采用 TA-XT Plus 型质构仪对紫薯酸奶进行质构特性的测定与分析。

测定参数为：在室温下采用 TPA 模式测定紫薯酸奶的硬度（g）、稠度（g.s）、黏聚性（g）、黏性指数（g.s）。具体参数设置如下：探头，A/BE-d35；测前速度，1.00mm/s；测试速度，1.0mm/s；测后速度，0mm/s；下压距离，75mm；应变程度，30%。重复三次取平均值。

10.2.7.1　数据处理

统计学分析应用 SPSS 软件和 Excel 软件对实验数据进行分析处理，应用 Origin 软件进行作图。

10.3　实验结果与讨论

10.3.1　发酵工艺的研究——单因素实验

10.3.1.1　菌种添加量对紫薯酸奶感官品质的影响

从图 10-2 可以看出，不同菌种添加量的多少对紫薯酸奶的组织状态、口感及风味都有不同程度的影响，呈现出先低到高再低的趋势。当菌种添加量为 0.08g、0.32g 时，感官评分的分数均较低，添加量过低或者过多时，对紫薯酸奶内部组织结构和凝固状态产生一定的影响，口感较差，且有乳清析出，风味欠佳；当菌种添加量为 0.14g 时 感官评分最高，达到 89 分，不仅有发酵的奶香味而且还具有紫薯特有的香气，无乳清析出，产品口感酸甜适中；当菌种添加量为 0.2g、0.26g 时，其他条件不变的情况下，菌种添加量过多，使得产品酸味过重，口感欠佳，感官评分偏低。故选择菌种添加量为 0.14g 为最佳。

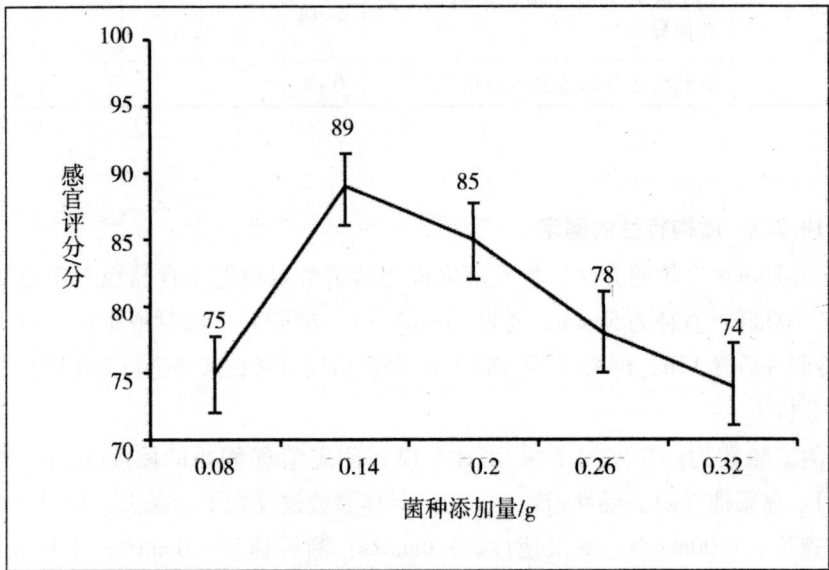

图 10-2 菌种添加量对紫薯酸奶感官品质的影响

10.3.1.2 发酵时间对紫薯酸奶感官品质的影响

从图 10-3 可以看出，不同发酵时间对产品的感官影响显著，呈现出两边低中间高的趋势。研究发现：在 6 h 发酵条件下，紫薯酸奶的感官评分为 90 分。此时紫薯酸奶菌种发酵完全，内部组织结构和酸奶凝固状态均较好呈现，且没有乳清析出，酸甜适度，口感佳，色泽均匀呈淡紫色，无分层现象，具有发酵奶香味；当发酵时间<6h 时，发酵时间较短，导致菌种发酵不完全，酸奶产生的乳酸菌数量较少，表面及其内部凝固状态较差，产品未凝固成形，酸味不足，口感风味欠佳，感官评分偏低；当发酵时间>6h 时，发酵时间过长，乳酸菌发酵过量，从而使菌种老化，酸甜不协调，质地不均匀黏性较高，底部易产生分层，风味口感不协调，感官评分较低。

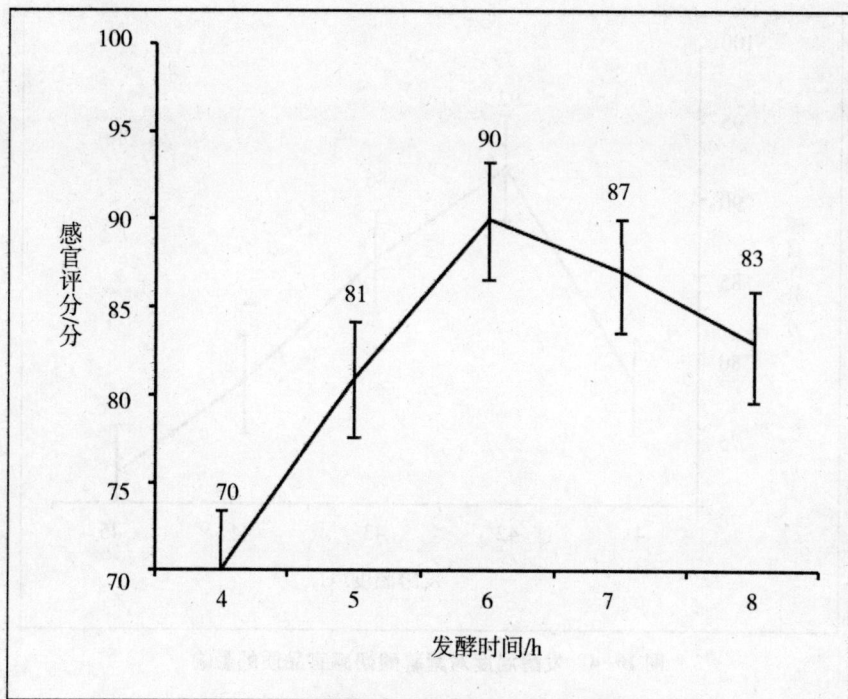

图10-3 发酵时间对紫薯酸奶感官品质的影响

10.3.1.3 发酵温度对紫薯酸奶感官品质的影响

由图10-4可知，感官评分随着发酵温度逐渐增加呈现先高后低的趋势。当发酵温度>42℃时，感官评分呈下降趋势，感官评分偏低。此时，发酵温度过高，在其他条件保持不变的情况下，紫薯酸奶发酵完全，易产生酸败，产品口感酸味较重，酸甜不协调，口感欠佳；当发酵温度＝42℃时，感官评分最佳，此时紫薯酸奶口感顺滑，质地均匀，具有紫薯的香气和发酵奶香味；当发酵温度<42℃时，发酵温度偏低，其他不变的情况下，发酵时间6h，紫薯酸奶发酵不完全，凝固状态不均匀，部分酸奶出现未成形现象，且有乳清析出，口感不佳，其感官评分偏低。故选择发酵温度为42℃。

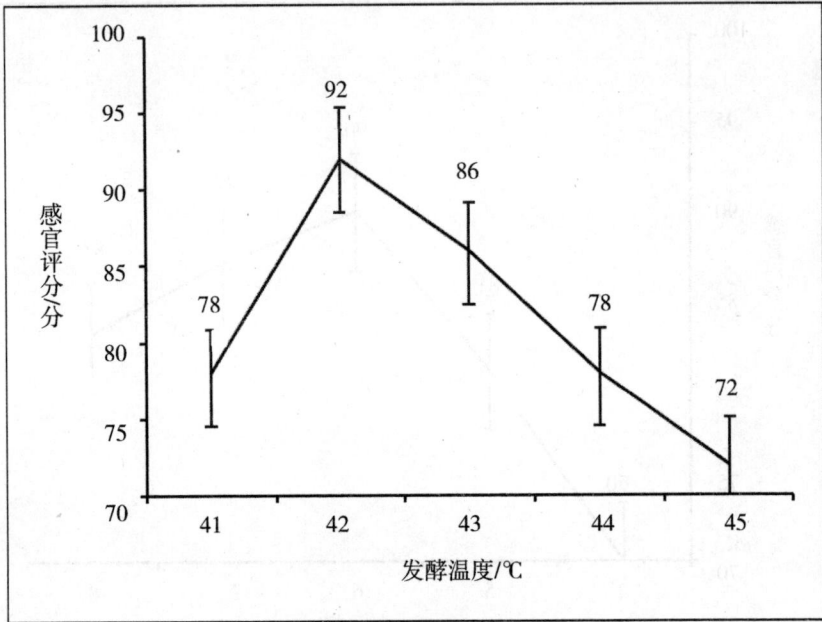

图 10-4　发酵温度对紫薯酸奶感官品质的影响

10.3.2　发酵工艺正交试验

在单因素试验结果基础上，进行紫薯酸奶发酵工艺 L9（33）正交优化试验，以感官评分记录为标准，结果见表 10-7。

表 10-7　发酵工艺 L9（33）正交试验结果

试验号	因素			口感	组织状态	色泽	气味	综合指标分
	A	B	C					
1	1	1	1	20.8	24.2	13.2	13.8	72.0
2	1	2	2	22.2	23.4	14.4	14.0	74.0
3	1	3	3	20.4	20.2	15.4	15.8	71.8
4	2	1	2	21.6	20.4	16.6	15.2	73.8
5	2	2	3	26.0	25.8	16.4	16.0	84.2
6	2	3	1	23.8	23.6	16.2	15.0	78.6
7	3	1	3	20.0	23.6	16.2	15.4	80.2
8	3	2	1	22.4	23.6	15.0	15.8	77.0
9	3	3	2	22.4	24.6	14.6	16.2	77.8

试验号	因素			口感	组织状态	色泽	气味	综合指标分
	A	B	C					
K1	72.3	75.3	76	—	—	—	—	—
K2	79.0	78.3	75.3	—	—	—	—	—
K3	78.3	75.6	78.7	—	—	—	—	—
R	6.7	3	3.4					

从表 10-7 可以看出，在发酵过程中，由极差分析数据可以得出菌种添加量、发酵温度、发酵时间对发酵工艺先后顺序的影响：A>C>B。根据 K 值可知 A2B2C3 为最佳组合，即当菌种添加量 0.20 g，发酵时间 6.0 h，发酵温度 42℃的条件下，紫薯酸奶产品质量较好，紫薯与牛奶搭配均匀，色泽呈现出均匀一致的淡紫色，无分层现象产生，同时具有紫薯酸奶发酵奶香味，酸甜适度，内部组织结构细腻，凝固状态良好，没有乳清析出，产品感官评分为 89 分，优于其他正交试验组评分结果。所以，在紫薯酸奶菌种添加量为 0.20g 时，其他条件不变的情况下，发酵工艺处于最佳配方。

在菌种添加量确定的基础上进行原料配比试验，从而确定紫薯酸奶原料配比最佳工艺配方。

10.3.3　紫薯酸奶原料配比试验——单因素实验

10.3.3.1　紫薯粉添加量对紫薯酸奶感官品质的影响

从图 10-5 可以看出，紫薯粉添加量的多少对产品感官影响显著，呈现出两边低中间高的发展趋势。当紫薯粉添加量<1%时，产品色泽不均匀且颜色较浅呈浅紫色，无明显紫薯香气，酸味过重，风味不协调，没有乳清析出，无分层现象，感官评分偏低；当紫薯粉添加量大于 1%时，产品颜色较深呈深紫色，具有浓郁紫薯香气，酸味被掩盖，内部结构良好，无不良风味，感官评分适中，影响不大；当紫薯粉添加量为 1%时，口感风味为最佳，此时紫薯酸奶呈现出较好的状态，紫薯粉添加量适中，无气泡产生，无分层及沉淀物。故紫薯粉添加量为 1%时为最佳。

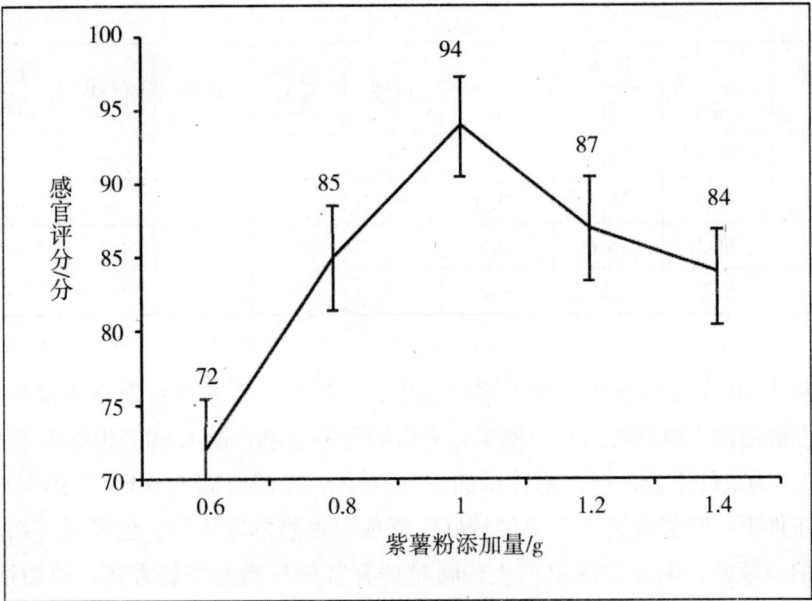

图 10-5　紫薯粉对紫薯酸奶感官品质的影响

10.3.3.2　紫薯奶比例对紫薯酸奶感官品质的影响

从图 10-6 可以看出，不同紫薯奶比例对感官评分影响显著，呈现出两边低中间高的趋势。紫薯粉与纯牛奶的配比对产品风味有着显著的影响。结果表明：当紫薯粉添加量为 1g，纯牛奶 100mL 时，二者混合搅拌，所制得的紫薯酸奶产品风味较好，产品内部组织结构和凝固状态、黏稠性均较好呈现，口感顺滑，发酵完全，无分层及气泡产生；当紫薯奶比例>1：100mL 时，牛奶添加量较少，酸奶发酵过量，黏稠度较大，口味欠佳；当紫薯奶比例<1：100mL 时，牛奶添加量过多，其他因素不变的情况下，发酵不完全，酸奶质地较稀，紫薯和酸奶香气不浓郁。因此，选择紫薯粉与复原奶配比为 1：100mL 为最佳。

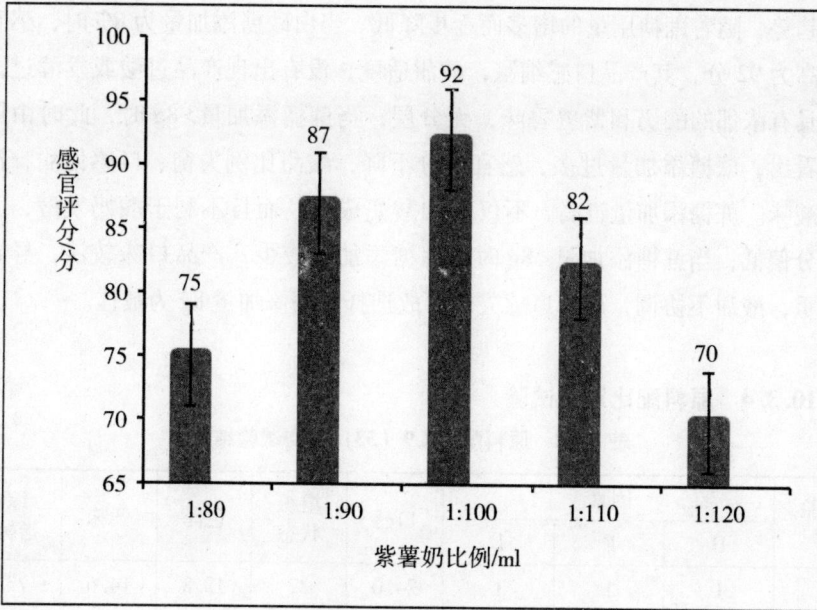

图10-6　紫薯粉对紫薯酸奶感官品质的影响

10.3.3.3　蔗糖添加量对紫薯酸奶感官品质的影响

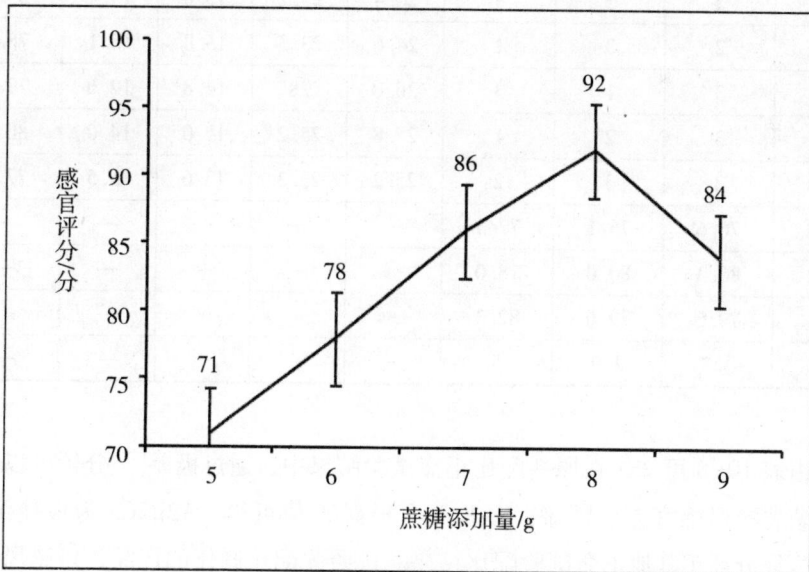

图10-7　蔗糖添加量对紫薯酸奶感官品质的影响

如图10-7所示，不同蔗糖添加量对产品感官影响显著，呈现出先低后高再低的趋势，随着蔗糖用量的增多而逐步降低。当白砂糖添加量为8%时，感官评分最高为92分，其产品口感细腻，酸甜适度，没有出现产品过酸或发酵过重现象，具有浓郁的酸奶和紫薯香味，无分层；当蔗糖添加量>8g时，此时由图表可以看出，蔗糖添加量过多，感官评分下降，酸甜比例失衡、口感偏甜，没有明显酸味。蔗糖添加量过高，不仅增加酸奶成本，而且不利于酸奶发酵，其感官评分偏低；当蔗糖添加量<8g时，蔗糖添加量较少，产品口味较淡，导致酸味过重，酸甜不协调，产品口感欠佳。故选择蔗糖添加量8g为最佳。

10.3.4　原料配比正交试验

表10-8　原料配比 L9（33）正交试验结果

试验号	因素			口感	组织状态	色泽	气味	综合指标分
	D	E	F					
1	1	1	1	24.0	22	12.8	14.6	73.4
2	1	2	2	25.2	26.5	13.4	12.3	77.4
3	1	3	3	25.0	27.4	15.0	15.0	82.4
4	2	1	2	24.8	22.1	15.4	17.1	77.4
5	2	2	3	26.4	27.2	16.0	13.4	83.0
6	2	3	1	24.6	23.3	15.8	15.1	78.8
7	3	1	3	26.0	28	14.8	12.6	79.5
8	3	2	1	25.8	25.2	15.0	14.0	80.0
9	3	3	2	25.2	23.3	13.6	15.5	77.6
K1	76.6	76.1	77.3	—	—	—	—	—
K2	80.3	80.0	78.0	—	—	—	—	—
K3	79.6	79.6	82.3	—	—	—	—	—
R	3.7	3.9	5					

由表10-8可知，在原料配比正交试验结果中，通过极差[19]分析可以得出影响紫薯酸奶感官先后顺序：F>E>D。根据K值可得，A2B2C3为最佳组合，其感官评分高于其他正交试验配比结果。按照此配比制作的产品，口感风味最佳，色泽均匀、无分层及沉淀物，内部组织结构细腻，酸甜适中。产品感官评分为87分，高于表中其他配比评分。因此，紫薯酸奶产品最佳配方为蔗糖添加量8g、紫薯奶比例1∶100mL、紫薯粉添加量1g。

表 10-9 原料配比正交试验结果对质构特性的影响

试验号	质构特性			
	硬度	稠度	黏聚性	黏性
1	55.31±2.49a	1300.67±42.37a	−38.16±1.41d	−87.12±3.71d
2	40.50±0.99b	994.36±22.77b	−20.08±0.87bc	−24.60±2.27a
3	41.26±1.03b	1021.36±25.43b	−20.89±0.77bc	−28.89±8.88ab
4	40.80±0.76b	1001.74±18.33b	−19.85±1.43bc	−19.28±3.75a
5	41.44±0.99b	1021.39±20.44b	−20.28±0.62bc	−23.65±0.49a
6	41.03±0.88b	995.94±18.39b	−20.05±0.82bc	−43.49±2.79c
7	37.14±0.80c	939.11±19.73c	−17.41±0.46a	−37.16±1.72bc
8	39.68±0.83b	994.28±20.60b	−19.27±0.38ab	−37.25±5.93bc
9	42.12±1.06b	1032.98±16.84b	−21.37±1.23c	−28.72±9.03ab

由上表 10-9 可知,根据原料配比正交试验所制得的 9 组产品,经质构测定在硬度、稠度、黏聚性、黏性 4 个指标均无显著性差异 (p>0.05)。当原料配比为试验号 1 时,其感官评分最低,此时的质构特性与其他组存在一定差异。由此可得,硬度、稠度与成品感官评分呈负相关;黏聚性和黏性与成品感官评分呈正相关。当原料配比为试验号 5 时,其感官评分最高,此时的质构特性与其他组相比较,呈现出适中水平。此时的产品口感最佳,内部组织结构良好,色泽相较于其他组有较大改善,紫薯气味适中,更易被食用者接受。最终测得的质构特性与原料配比正交试验结果一致。

本文在酸奶配方基础上,通过单因素及正交试验,研究了紫薯酸奶的基础配方和工艺优化。结果表明:紫薯酸奶的最优试验条件组合,即当菌种添加量为 0.2g,发酵时间为 6 h,发酵温度为 42 ℃固定不变的情况下,紫薯粉添加量1g,紫薯奶比例为 1:100mL,蔗糖添加量 8 g(均以 100mL 纯牛奶添加量为准),制得的紫薯酸奶产品质地、口感、风味最佳。三次所得感官评分结果为85.3、83.6、87.1 分,平均为 85.3 分,与正交试验结果基本一致。

10.4 结论与展望

10.4.1 结 论

本研究通过实验，探究紫薯酸奶的最优配方及其工艺优化。当菌种添加量为 0.20g，发酵温度 42 ℃，发酵时间 6 h 不变的情况下，紫薯酸奶原料配比为紫薯粉添加量 1g、紫薯奶的比例为 1∶100mL、白砂糖添加量 8 g、（均以 100 mL 紫薯奶计）。在此工艺上，生产的紫薯酸奶，其口感顺滑，酸甜适度，质地均匀，黏稠度适中，无乳清析出，无沉淀物产生，呈现均匀一致的淡紫色。本实验以紫薯制作酸奶，产品营养丰富，具有广阔的市场前景[13][15][16]。

10.4.2 展 望

酸奶以其良好的风味以及较高的营养价值，赢得了消费者的广泛青睐，酸奶行业也取得了快速发展[17]。为满足广大消费者的需要，酸奶的口味和种类不断更新，也使酸奶具有了更高的营养价值[18]。

紫薯酸奶将紫薯粉与纯牛奶混合发酵而产生的。本文通过单因素及正交试验对紫薯酸奶进行感官评价和质构分析，探究其最佳配方和工艺优化。但本研究也存在着一定的不足：一是在实验操作过程中，应做到更加规范严谨；二是未与市售紫薯酸奶进行质构特性对比分析；三是对紫薯酸奶的研究不够深入，对于紫薯酸奶流变特性以及理化指标缺少分析讨论。希望以上不足在后续研究中能得到弥补，使紫薯酸奶成为一种集良好风味与较好保健功效于一身的产品。

参考文献

[1] 周紫洁，杜传来，翟立公，等.模糊数学感官评价法优化紫薯酸奶加工工艺 [J].保鲜与加工，2021，21（10）：87-94.

[2] 余凡，葛亚龙，杨恒拓，等.紫薯的营养保健功能及其应用前景 [J].杭州化工，2013，43（3）：15-18.

[3] 孟文俊，王增池，王焕香.紫薯保健功能分析及其应用前景 [J].现代农村科技，2019，580（12）：106-107.

[4] 王学建.紫薯 kefir 的研制 [D].广州：华南理工大学，2012.

[5] 赵丛丛.新型紫薯酸奶的研制 [J].安徽农业科学，2014，42（23）：

7990-7992.

　　[6] 李瑞. 紫甘薯乳酸发酵液中紫甘薯与乳酸菌相互作用及工艺优化 [D]. 临汾：山西师范大学, 2020.

　　[7] 束俊霞, 刘庆庆, 焦婷婷. 紫薯凝固型酸奶的加工工艺研究 [J]. 粮食加工, 2020, 45 (05)：52-54.

　　[8] 汪波, 许华, 陈超, 等. 冷藏与冷冻贮藏条件下酸奶质量比较研究 [J]. 安徽农业科学, 2011, 39 (34)：21329-21330, 21332.

　　[9] 胡玢. 紫薯益生菌酸奶的研制 [D]. 邯郸：河北工程大学, 2017.

　　[10] 周艳平. 大豆酸奶产品品质的影响因素及制备工艺研究 [D]. 无锡：江南大学, 2018.

　　[11] 马文艺. 豌豆酸奶制备工艺及产品品质影响因素研究 [D]. 无锡：江南大学, 2021.

　　[12] 师文添. 紫薯酸奶的研制 [J]. 食品工业科技, 2014, 35 (6)：273-276.

　　[13] 杨春杰, 李楠. 基于模糊综合评价法的紫薯酸奶制作工艺优化研究 [J]. 现代食品, 2017 (8)：72-77.

　　[14] 马文艺. 豌豆酸奶制备工艺及产品品质影响因素研究 [D]. 无锡：江南大学, 2021.

　　[15] 徐艳, 史田田. 紫薯葛根酸奶发酵工艺优化及其抗氧化性研究 [J]. 中国酿造, 2018, 37 (06)：188-192.

　　[16] 曹亚丽, 周红丽. 紫薯酸奶发酵工艺优化研究 [J]. 食品与机械, 2010, 26 (2)：151-154.

　　[17] 孙宁. 紫甘薯酸奶挥发性风味成分及花青素稳定性研究 [D]. 烟台：烟台大学, 2014.

　　[18] 李思宁. 紫薯酸奶发酵工艺研究 [J]. 食品与发酵科技, 2011, 47 (4)：101-103.

　　[19] 蒋丽, 王雪莹. 紫薯酸奶发酵工艺研究 [J]. 饮料工业, 2011, 14 (8)：24-26.

　　[20] YU X F, MA M H, YANG F, et al. Effects of deformation rate and degree of compression on texture profile analysis of hard-boiled egg [J]. *Journal of Food Science*, 2010, 31 (21)：147-151.

　　[21] ODAKE K, TERAHARA N, SAITO N, et al. Chemical structures of two anthocyanins from purple sweet potato [J]. *Phytochem*, 1991, 31 (6)：2127-2130

第四篇

04

分子互作对紫薯产品
品质影响研究

第 11 章

紫薯全粉对面团特性的影响研究

11.1　引　言

　　面团是将面粉加水经过机械搅拌或手工揉搓后形成具有粘弹性的物质。面粉加水搅拌后，面筋蛋白形成三维网状结构，以支撑面团组织，面筋蛋白大部分由麦谷蛋白和麦醇溶蛋白组成，含大量的谷氨酰胺和羟基氨基酸，所以分子间氢键极易形成，使面筋具有强吸水力和内聚黏合性，而且面筋中所含的非极性氨基酸，有利于蛋白质分子和脂类的疏水相互作用，使之聚集，且这些蛋白质中含有大量的—SH 基，形成二硫键，在面团中，他们紧密连接在一起，使其具有弹性。面粉中的淀粉占比较高，经过适宜的环境温度糊化、稳定，在上述两方面的共同作用下，形成了面团的组织结构。

　　何兆位等研究了紫薯粉在添加 5%至 20%的情况下，对面团流变、糊化特性的影响，指出了面包面团流变特性和糊化特性会随着紫薯粉的加入而降低，阐明了抑制淀粉糊化和膨胀及面包面团的筋力减弱是随着紫薯粉的加入而产生的不良影响，并且叙述了此情况对面包制作的不利作用，但会增大面团的吸水率、减弱面团的回生值，且对面包贮藏特性的提升是极为有利的。何兆位等还根据检测得到的实验数据对面包品质进行了详细的预测及建议，但并未制作出相关成品进行检测；陈芳芳等研究了紫薯粉在低筋面团和高筋面团中的粉质特性与拉伸特性，叙述低筋粉面团和高筋粉面团在形成过程中，其两种特性变化趋势和成因，并制作混合低筋粉成品，对成品质构、吸水性进行测定，印证面团质构与成品质构的关联性，但其实验中紫薯粉比例最高只有 10%，且各组中，没有具体说明特性的指标有无明显变化。

　　在有关紫薯产品的研究过程中，实验人员多是对产品最优配方和工艺的研究，没有足够重视面食加工与产品质量相关的面粉原料等性质。

因面包面团的物理特性与烘焙密切相关，而面团烘焙特性决定了面包成品品质，所以本研究着重研究了不同比例下紫薯面团的相关特性，探索紫薯全粉对面包面团品质的作用。就混入不同比例紫薯全粉的面包面团其质构特性、流变特性、发酵程度、面包感官、面包比容及质构等多个相关内容开展实验，研究不同比例的紫薯全粉对面包面团物理特性、烘焙特性的影响及联系，并获得紫薯全粉最佳添加量。旨在为紫薯面包等相关产品生产提供参考。

11.2　实验材料与工艺

11.2.1　实验原料与设备

11.2.1.1　实验原料

表 11-1　实验所用材料

名称	规格	购买地址	厂家名称
紫薯全粉	450g/罐	网购	联富食品有限公司
面包粉	1.5kg/袋		豫粮集团濮阳面粉食品有限公司
多美鲜黄油	454g/块		上海高夫食品有限公司
小米	500g/袋		安徽燕之坊食品有限公司
玉棠白砂糖	200g/袋		东方先导糖酒有限公司
安琪酵母	100g/袋		安琪酵母（宜昌）股份有限公司
食用盐	250g/袋	武汉市薛峰中百超市	中盐长江盐化有限公司

11.2.1.2　实验设备

表 11-2　实验所用设备

仪器名称	型号	厂家名称
物性分析仪	TA. XT plus	英国 SMS 公司
高速旋转流变仪	Kinexus lab+	英国 Malvern 仪器公司
Kitchen 搅拌机	SK5SS	凯膳怡贸易责任有限公司
发酵箱	SCVE-P	广州三麦机械设备责任有限公司
热风循环烤箱	SCVE-5C	广州三麦机械设备有限公司

续表

仪器名称	型号	厂家名称
不锈钢标准筛	50目	上虞市道墟张兴纱筛厂
数字电子秤	i2000	永康市洪涛电子有限公司

11.2.1.3　数据分析

利用 Excel 2010 对紫薯面包面团质构特性（结果表示为平均值 ± 标准差）和流变学特性数据进行处理，以及对发酵体积、比容和感官评价进行数据分析，并利用 SPSS 16.0 软件进行单因素方差分析。

11.2.2　实验工艺

11.2.2.1　基本配方

表 11-3　紫薯面包配方

添加量（%）	面包粉（g）	紫薯全粉（g）	酵母（g）	黄油（g）	白砂糖（g）	鸡蛋（g）	水（g）	盐（g）
0%	300	0	3	30	60	30	150	1.8
5%	285	15	3	30	60	30	150	1.8
10%	270	30	3	30	60	30	150	1.8
15%	255	45	3	30	60	30	150	1.8
20%	240	60	3	30	60	30	150	1.8
25%	225	75	3	30	60	30	150	1.8
30%	210	90	3	30	60	30	150	1.8

11.2.2.2　工艺流程

原料配备、混合→加鸡蛋、水揉至成团→加入黄油揉搓均匀→室温下松弛→切块搓圆、整形→装盘→醒发→烘焙→室温下冷却→检测。

11.2.2.3　紫薯面包制作要点

（1）原料配备：将所需要的原料用数字电子秤进行准确称重，用器皿装起来，投料时须对原料进行检验核对，紫薯粉、面包粉等原料需要过筛，称量精准，按照配方严格制作。

（2）调制面团：将面粉、酵母、白砂糖和紫薯粉等原料依次投入搅拌机内，选取揉面搅拌头，开动搅拌机第 2 挡慢速搅拌，加入蛋液后缓慢注入糖水，4 挡中速搅拌 20min 左右，至七分劲，加入食用盐，再搅打 5min 左右，至九分劲，加入黄油，快速搅打至面团能拉成均匀且薄的半透明膜状，即面筋完全成形。

（3）成形：从搅拌机中拿出制作好的面团，整形，然后静置 5min，用保鲜膜覆盖，分割成 50g 的剂子，揉成圆团；放入温度 37℃ 至 40℃、湿度 75% 至80% 的发酵箱内，发酵 30min 左右至原来的 2 倍大；然后从发酵箱中取出，用手揉捏排气，然后搓圆；再次放入之前设定好的发酵箱内，发酵 80min。

（4）烘焙：将发好的面团放入烤箱中，170℃，8min。

（5）将烤好的面包从烤箱中端出，放置室温下静置 2 小时使其冷却。

11.2.3　实验内容

11.2.3.1　紫薯面团质构特性测定

TPA：通过更换不同探头，模拟具体人体口腔咀嚼食物时的机械运动，然后通过计算机绘制出质构特征的曲线，可得到与人体感官相关的质构特性数据。

将揉好的面团制成 2cm×2cm×2cm 的正方体，采用质构仪全质构分析（TPA）测定，选用 P/36R 探头，前速度、中速度、后速度均为 2mm/s；压缩比例：50%；触发力：5g。重复测定 5 次，取平均值。全质构分析曲线上可得到检测产品的 7 种特性数值，根据面团质构特性，选取质构指标为硬度、弹性、胶着性、咀嚼性、回复性、黏聚性。

11.2.3.2　紫薯面团流变特性测定

取适当的面团放置于载物台上，选择不锈钢平行板直径为 25mm 的探头进行流变测试，底座与平行板之间的夹缝为 1mm，将面团压缩静置 5min 后，使残余的压力松弛，并刮掉平行板四周被挤压的面团，之后根据电脑提示盖上盖子，以防面团在测试过程中干燥，而影响流变实验，同时启动程序开始测定[1]。分别对样品进行应力测试［TOOLKIT V001-1　Amplitude Sweep - Determine Linear Viscoelastic Region（LVR）］和频率扫描（TOOLKIT V002-1　Frequency Sweep - Viscoelastic Spectrum）流变学实验。应力测试参数设定为频率：1Hz；应力范围：0.01% ~ 10%，确定面团的线性黏弹区，将应变扫描所得的结果图以应变（%）为横坐标，弹性模量（G′）或粘性模量（G″）为纵坐标，可以确定面团结构开始发生改变的应变临界点（LVR）[1]。

频率扫描可以在面团结构不被破坏的条件下测定其稳定性及内部分子间作用力类型和强度。因此，频率扫描需要在面团的线性黏弹区内进行。频率扫描测试参数为温度：25℃；应力：0.1%；频率变化范围：0.1~10Hz，实验重复3次，取平均值。研究弹性（储能）模量（G'）、粘性（损耗）模量（G''）和损耗角正切值（$\tan\delta = G''/G'$）随频率的变化。

11.2.3.3 紫薯面团发酵程度测定

采用直接观测面团在量筒中的高度来测量面团发酵过程中不断升高的体积，量筒的刻度即面团的体积。按照11.2.2.3的方法制作紫薯面团，选取三个规格均为250mL且带有刻度的透明玻璃量筒，称取20g的面团放入其中，用搅拌棒整理面团，使面团紧密贴布在量筒底端，然后放置于醒发箱中，醒发箱的参数设置，温度：37℃至40℃；湿度：75%至80%；发酵时间：150min，每隔15min进行1次面团体积的测量。面团中酵母菌在发酵箱内增殖时产生CO_2，使面团体积持续涨大，因而面团在量筒内不断爬升，150min后可得到发酵面团的总体积，最后测定数据为量筒3次记录的平均值。

11.2.3.4 紫薯面包的感官评价

感官评价法是利用人的感官感知对食物的接受性进行评定，且食品感官评价体系趋近完整，已经发展成一门较为成熟的学科了。并且在产品开发、品质控制和研究等方面有着广泛应用。

感官评价表参考国标 GB/T 20981—2007 面包，制定紫薯面包的感官评分标准。紫薯面包感官评定：参加评定人员由8名食品相关专业的同学组成，分别从色泽、口感、气味、组织结构、外观形态进行评分，总分100分，其中色泽15分，面包口感30分，面包香味20分，面包质地结构20分，面包外观形态15分[1]。

表 11-4 紫薯面包感官评价表

项目	评分标准	得分（分）
色泽	外皮琥珀色，内部淡紫色。	10~15
	外皮深棕色或淡琥珀色，内部淡紫色。	5~9
	外皮颜色较淡或者过焦。	1~8
口感	有弹性且柔软，口溶性好，甜味适中。	20~30
	较有弹性，较柔软，口溶性好。	10~19
	较硬，口溶性较差。	1~9

项目	评分标准	得分（分）
气味	紫薯香味和奶香味浓郁。	15~20
	气味较香，无明显异味。	10~14
	香味淡或有异味。	1~9
组织结构	内部结构纹理清晰，气孔适中	15~20
	内部结构纹理较清晰，气孔偏大	10~14
	内部结构纹理不清晰，气孔紧密	1~9
外观形态	形状规则适中，对称性好。	10~15
	形状较规则，对称性较好。	5~9
	形状不规则，对称性不好	1~8

11.2.3.5 紫薯面包的比容

按照 11.2.2.3 的方法制作完成 7 组紫薯面包，在室温环境下静置 2 小时，测定方法参照 GB/T 20981-2007 面包标准，采用小米置换法测定。

第一步称重；第二步测量面包体积：玻璃烧杯选取容量适宜的，整个烧杯用小米填充，直至铺满，然后将小米倒出，将紫薯面包完全置放于容器内，再将烧杯内填满小米。在加入小米的过程中需摇实填满，用量筒测量余下小米体积，即为面包体积。

按下列公式计算紫薯面包比容：

$$面包比容（mL/g）= \frac{面包体积（mL）}{面包质量（g）}$$

11.2.3.6 紫薯面包质构特性测定

将揉好的面团制成高度为 2cm、直径为 5cm 的圆柱体，采用质构仪中的 TPA 模式测定，选用 P/36R 探头，前速度、中速度：2mm/s，后速度：5mm/s；压缩率：50%；引发类型：自动；触发力：5g。重复测定 5 次，取平均值。全质构分析曲线上可得到检测产品的 7 种特性数值，根据面包的质构特性，选取同样的 6 个特性作为面包的质构指标。

11.3 实验结果与分析

11.3.1 紫薯全粉对面团质构特性的影响分析

表 11-5 紫薯粉对面包面团的影响（x±s）

紫薯全粉质量占比（%）	硬度	弹性	黏聚性	胶着性	咀嚼性	回复性
0	146.141 ± 15.639	0.385 ± 0.0322	0.395 ± 0.017	57.811 ± 7.653	121.38 ± 29.236	0.074 ± 0.006
5	176.987 ± 7.883	0.449 ± 0.123	0.491 ± 0.081	87.101 ± 16.336	156.215 ± 37.057	0.071 ± 0.004
10	241.811 ± 21.403	0.449 ± 0.032	0.457 ± 0.028	110.768 ± 14.741	156.215 ± 37.237	0.067 ± 0.008
15	224.221 ± 10.51	0.406 ± 0.157	0.390 ± 0.083	88.203 ± 23.104	170.922 ± 31.128	0.059 ± 0.008
20	261.733 ± 22.93	0.36 ±0.043	0.388 ± 0.024	101.965 ± 8.492	229.135 ± 16.747	0.059 ± 0.006
25	233.991 ± 17.483	0.401 ± 0.06	0.401 ± 0.035	89.429 ± 12.983	185.738 ± 16.71	0.056 ± 0.004
30	318.314 ± 5.847	0.349 ± 0.023	0.377 ± 0.014	119.904 ± 3.785	232.911 ± 21.719	0.052 ± 0.002

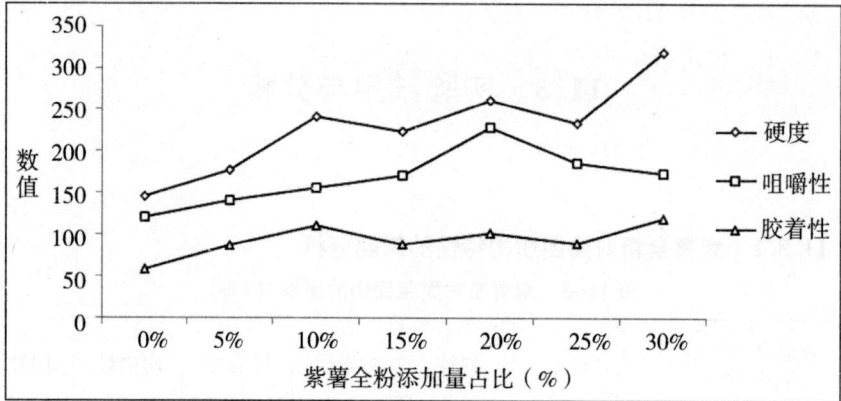

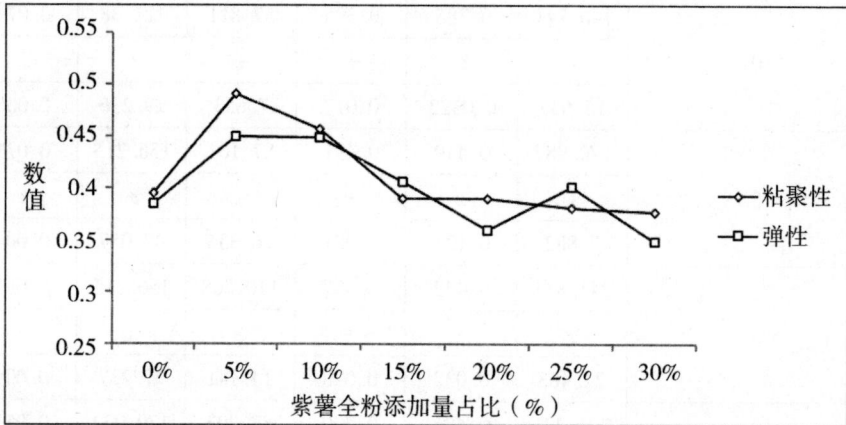

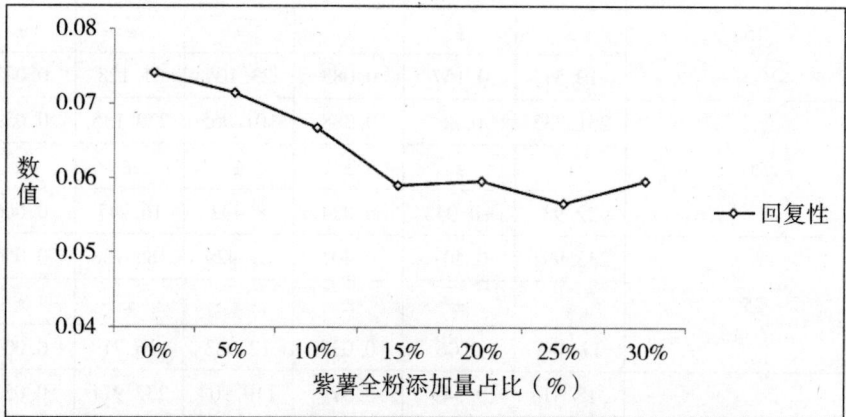

图 11-1，图 11-2，图 11-3   紫薯全粉对面包面团各质构特性影响

　　紫薯全粉的比例依次为 0%、5%、10%、15%、20%、25%、30%，且随着混合粉中紫薯全粉比例的增加，面团硬度呈现波浪形上升状态，差异极为显著（P<0.05）。这可能是因为紫薯全粉本身在加水后，形成凝胶状态，没有网络结构，面包粉中的面筋蛋白会随紫薯全粉的加入而减少，从而导致面筋蛋白致密的网络结构被逐渐弱化，紫薯全粉颗粒添补在面团结构中时，面团暄腾度减弱，面团硬度增加。随紫薯全粉比例逐渐变大，面包面团弹性趋势为上下波动且无较大的改变，规律不明显，弹性无显著差异（P>0.05）。紫薯全粉比例在 5%~10% 时，黏聚性差异明显（P<0.05），同时黏聚性达到最大，这是因为加入紫薯全粉后，造成面筋的形成受到了障碍，黏聚性和咀嚼性随紫薯全粉的添加量增长，黏聚性为下降的波浪状趋势，咀嚼性为上升的波浪状趋势，同硬度的变化趋势相似，差异性明显（P<0.05）。咀嚼性是评价面团质量优劣的关键指标，咀嚼性越小，面团的柔软度越高，紫薯全粉不断加入妨碍了面团面筋形成，导致面筋网络结构难以成形，造成面团筋力减弱、面筋延展性下降、面团内部气室缩小，硬度变高，咀嚼性随之变高。随着紫薯全粉比例增加，面团回复性变化趋势不断下降，是由于紫薯全粉增加到一定量时，其吸水量比同等质量的面粉吸水量高，阻碍了面粉的吸水量，且紫薯全粉之间无法形成网状结构，当紫薯全粉布散到面团中时，既阻碍面筋的形成又减弱面筋的筋力，影响面团的回弹性，其差异也尤为明显（P<0.05）。

表 11-6　面包面团质构与紫薯全粉添加量的相关性

质构参数	相关系数
硬度	0.896 *
弹性	−0.671
黏聚性	−0.597 *
胶着性	0.699 *
咀嚼性	0.709 *
回复性	−0.902 *

注：*表示相关性存在明显差异

　　从表 11-6 中可以看出，面团的质构特性与不同比例的紫薯全粉之间关联尤为显著。面包面团的硬度、胶着性、咀嚼性与紫薯全粉之间为正相关，相关性极为明显（P<0.05）。面团的弹性、黏聚性和回复性与紫薯全粉之间相关系数均为负值，相关性极为明显（P<0.05）。面团的弹性与不同比例紫薯全粉之间无明显关系（P>0.05）。

11.3.2　紫薯全粉对面团流变特性的影响分析

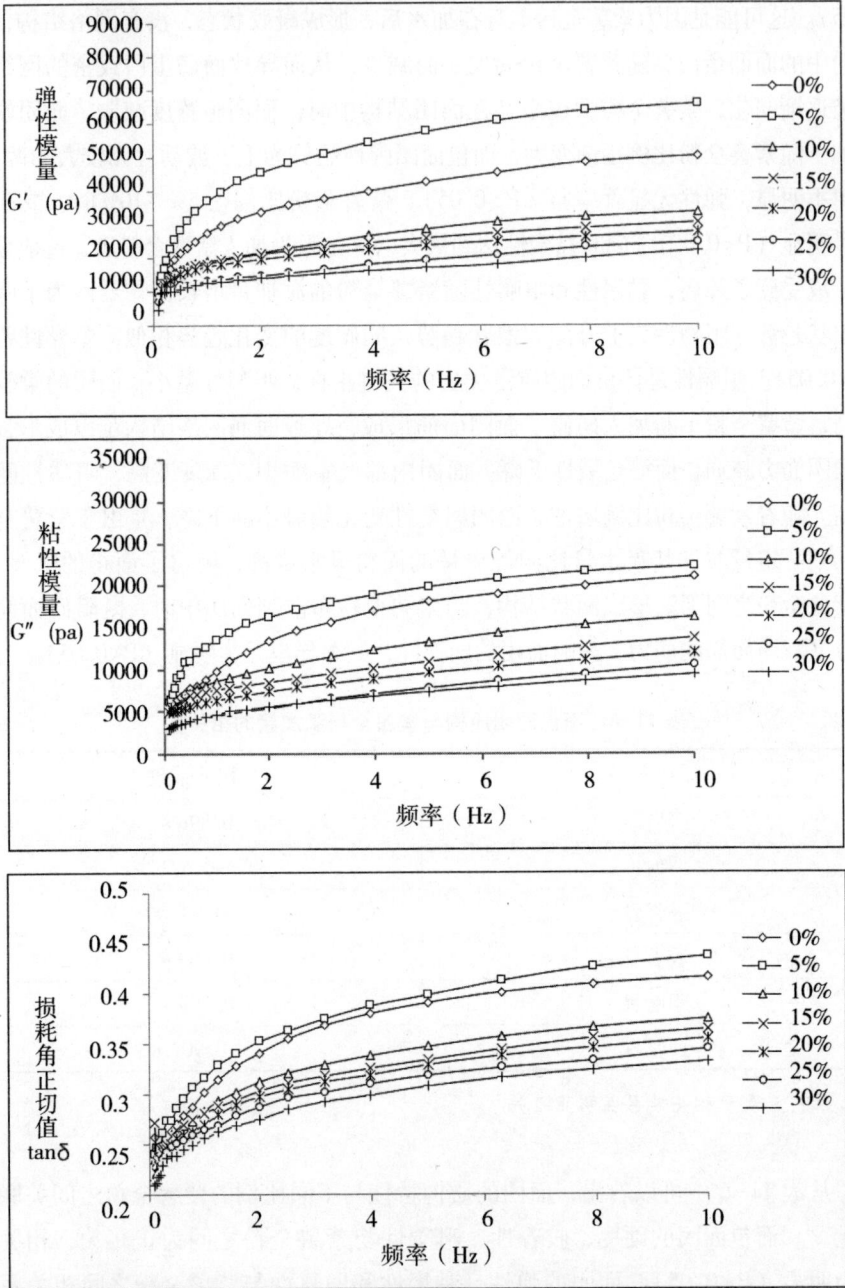

图 11-4，图 11-5，图 11-6　紫薯全粉对面包面团流变特性的影响

　　图 11-4 和图 11-5 是 7 种不同比例混合的紫薯面包面团在不同扫描频率下，流变学特性测定结果。G′表示储能模量即弹性模量，代表面团的弹性；G″表示损耗模量即粘性模量，代表面团的黏性；由图 11-4、图 11-5 可知随流变仪扫描频率不断加大，面团的 G′值始终大于 G″值，表明所有面团的弹性大于黏性。由图 11-4、图 11-5 可得到，当流变仪的频率不断增大时，紫薯面包面团弹性模量与粘性模量也在不停地变大。由图 11-4、图 11-5 可得到，面团的弹性模量都大于粘性模量，这表明紫薯面包面团有着较高的弹性。并且由图 11-6 可知，随紫薯全粉比例变大，紫薯面团的粘弹性有着明显的改变。与添加了 0%紫薯全粉对照组相比，加入紫薯全粉后，其弹性模量 G′和粘性模量 G″均不断上升。当紫薯全粉比例在 5%时，与 0%的对照组相比较，面团的 G′和 G″是本次实验的最大值。这可能是因为紫薯全粉本身有较强的吸水性，在少量添加时，增大了面团对水的吸附力，增进了面筋蛋白与水的交联，促进面筋蛋白形成致密的网状结构，增强了面团黏弹性。当紫薯全粉比例在 10%及以上时，其 G′和 G″都小于 0%的对照组，这可能是由于紫薯全粉过多的加入削弱了面筋筋力，导致面团粘弹性依次递减。tanδ＝G″/G′损耗角正切值，是面团的黏性和弹性的比例值。由图 11-6 可以看出，紫薯面团其 tanδ 均是小于 1 的，说明面团的弹性占主导地位，具有类似固体的性质。面团的 tanδ 随频率的不断升高呈逐渐增大的趋势，表明在较低频率扫描范围内（频率小于 10 Hz）混合面团体系具有稳定性[1]。

11.3.3　紫薯全粉对面团发酵程度的影响分析

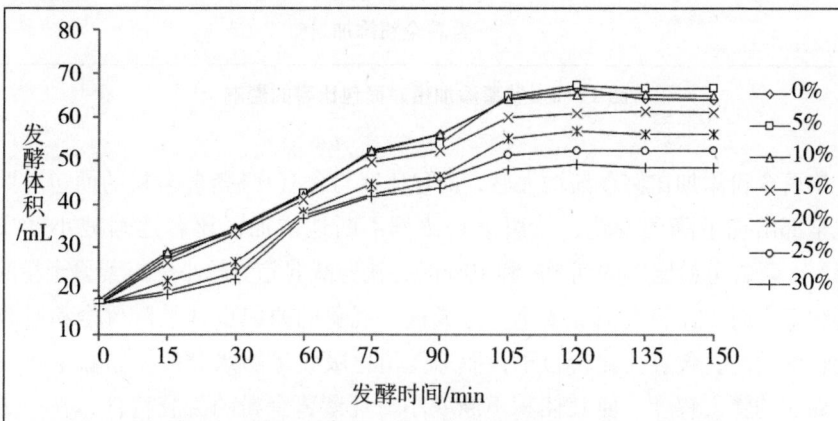

图 11-7　紫薯全粉添加量对面包面团发酵体积的影响

由图 11-7 可得到，随着发酵时间的不断推移，面团发酵的程度呈现逐渐增大的趋向，且随着紫薯全粉的比例变大，面团体积是随之变小的，说明面团发酵的程度受到紫薯全粉比例不同的影响较为明显。当紫薯全粉比例为 5%、10% 和 15% 时，面包面团膨大度的趋向类似。造成这种情况的原因可能是当紫薯全粉的比例较小时，其吸水特性帮助面团固定水分，促进面包粉中的面筋蛋白与水分子的交联作用，有助于面筋筋力维持二氧化碳。面包面团发酵的体积在紫薯全粉比例达到 20% 及更高时受到明显影响。也许是因为紫薯全粉过多加入面包面团当中，削弱了面团在发酵过程中的面筋筋力，抑制面团的发酵，其次紫薯全粉的吸水性较强，淀粉粒子被完全包围住时，酵母菌得不到足够让其生长繁殖的营养物质，降低了碳水化合物的发酵量，使面团膨胀能力不够，发酵体积持续下降。

11.3.4　紫薯全粉对面包成品的感官影响

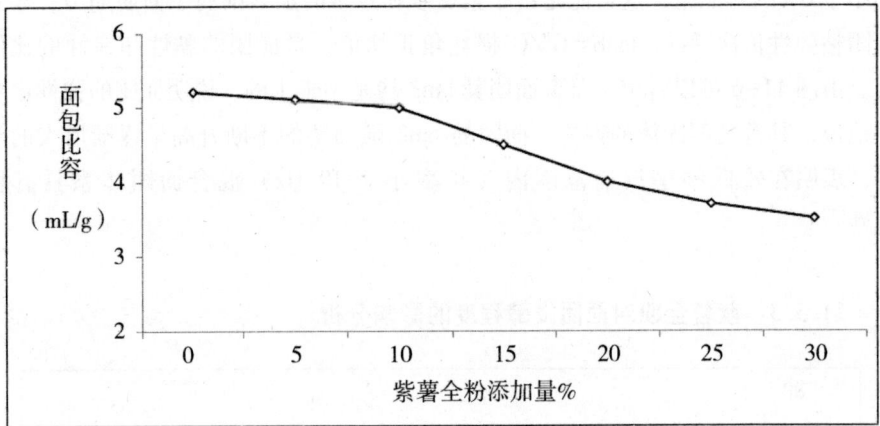

图 11-8　紫薯添加量对面包比容的影响

紫薯全粉添加比例逐渐增大后，面包比容与含有 0% 紫薯全粉的面包对照组相比全部出现下降的变化，紫薯全粉比例不断地增加而比容逐渐减小（$P < 0.05$）。紫薯全粉比例达到 5% 和 10% 时，比容减弱趋势较小，但紫薯全粉的比例持续变大时，比容大幅度变小。造成这一现象的原因也许是紫薯全粉吸收水分的程度较高，包容住淀粉粒子，而未能消化吸收足够水分的淀粉粒子进一步减弱面团的膨大程度，使其体积不断变小。且紫薯全粉的凝胶特性，在一定程度上能够帮助面团筋力巩固，相反会造成的是偏高的筋力使面团内部网络结构形态缺损，减缓其发酵速度或导致起发时间过长、发酵不充足而造成面包面团

膨大程度过小，内部网状构造减弱。

从图 11-9 可以看出，少量添加紫薯全粉时，面包颜色较浅、观感较差，不容易引起人的食欲，但面包色泽随紫薯全粉比例变大，数值开始增大，颜色会呈现出紫薯全粉令人愉悦的紫色。在紫薯全粉比例达到 15% 及更高时，紫薯面包的色泽开始加深，过于深沉的紫色会抑制人的食欲。

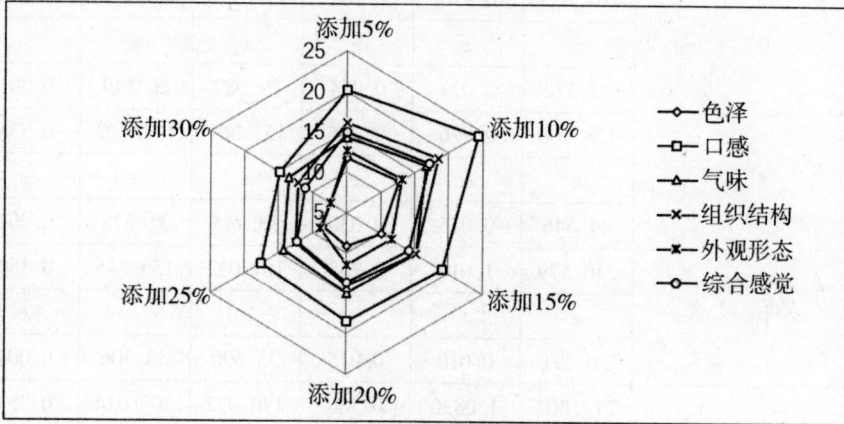

图 11-9　紫薯面包感官评价结果

面包的组织结构和外观形态随着紫薯全粉添加量的增加而持续下降。此情况与表 11-8 中面包比容的结论相似。该现象是由于麦谷蛋白和麦醇溶蛋白的作用，其在揉制过程中与水交融形成性质牢固的网状构造，并在醒发过程中捕获二氧化碳，面团因此具有粘弹性，且维持二氧化碳的效果，而上述的两种蛋白质在紫薯全粉中均不存在，因此不具有这种功能特性。面包面团随紫薯全粉比例的变大，面筋蛋白质的比例逐渐变小，维持二氧化碳的功效逐步衰减，导致面包暄腾度变小，出现表皮凹陷、内部坍塌等情况。尽管有此种状况的出现，随紫薯全粉比例的变大（除 30% 的添加量）紫薯面包的外观形态还是能够让评价者接受的。面包香味随紫薯全粉比例变大受到的影响不明显。紫薯香味在紫薯全粉比例较小时，香味清淡；随紫薯全粉比例达到 15% 及更大后，紫薯气味过于强烈，奶香味基本被盖过，但嗅觉上闻不出明显区别，所有紫薯面包成品的香味评价者都能够接受。面包的口感（松软度）随紫薯全粉比例的变大整体出现减弱的变化趋向，出现变硬、粗糙、吞咽困难等弊端。此情况是紫薯全粉强吸水性的原因，紫薯全粉本身的吸水性远远高于面粉[14]。且面粉中的水分含量高于紫薯全粉本身的含水量，使得原材料中含有的总水分进一步降低。从图 11-9 综合感觉（各感官选项的均值）得分评定，紫薯全粉添加量比例为 10% 时最佳。

11.3.5 紫薯全粉对面包质构特性的影响分析

表 11-7 紫薯全粉对面包的影响（x±s）

紫薯全粉质量分数（%）	硬度	弹性	黏聚性	胶着性	咀嚼性	回复性
0	164.353 ± 42.372	0.970 ± 0.027	0.768 ± 0.024	175.548 ± 29.089	121.380 ± 26.149	0.3566 ± 0.005
5	178.706 ± 44.546	0.976 ± 0.015	0.795 ± 0.030	151.369 ± 33.145	137.702 ± 31.378	0.356 ± 0.007
10	210.579 ± 50.291	1.013 ± 0.010	0.768 ± 0.015	161.042 ± 35.690	156.215 ± 33.306	0.350 ± 0.004
15	217.804 ± 38.112	1.0836 ± 0.007	0.786 ± 0.009	170.922 ± 27.842	209.014 ± 26.747	0.353 ± 0.008
20	306.105 ± 22.263	0.977 ± 0.009	0.767 ± 0.006	234.647 ± 17.070	229.135 ± 14.979	0.334 ± 0.007
25	315.973 ± 19.999	0.983 ± 0.014	0.788 ± 0.003	205.738 ± 14.946	182.437 ± 13.063	0.323 ± 0.009
30	330.786 ± 27.099	0.931 ± 0.008	0.780 ± 0.010	210.052 ± 20.807	232.911 ± 19.426	0.302 ± 0.024

从图 11-10 中可得出，随着紫薯全粉比例变大，面包硬度也随之变高。这是因为面包面团在其发酵过程中，面包粉中较高含量的面筋蛋白能够形成一种三维网状的构造，但紫薯全粉不存在此种面筋蛋白质，因此不可以构成与之相同的内部形状。当面粉比例变小，紫薯全粉比例变大时，会减弱面团网络结

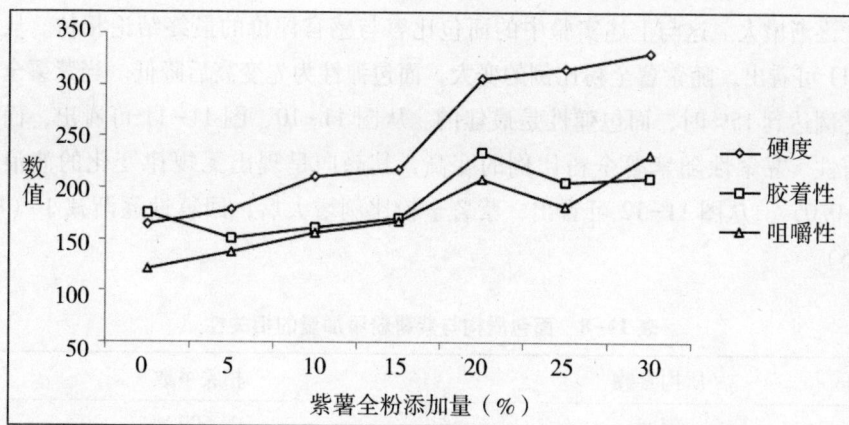

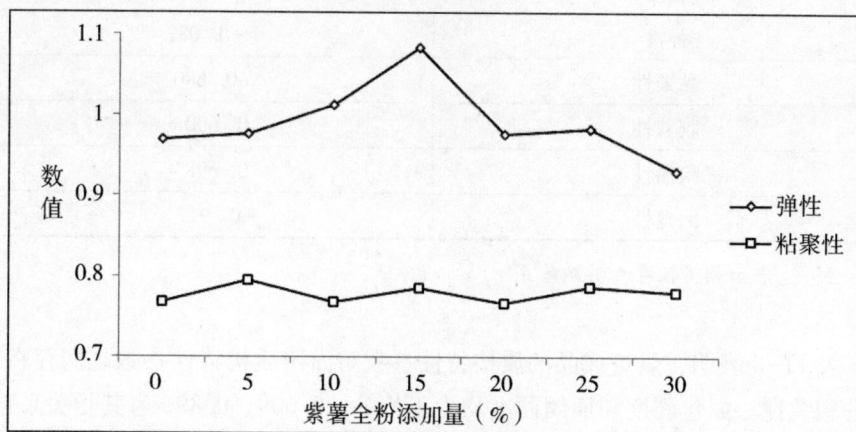

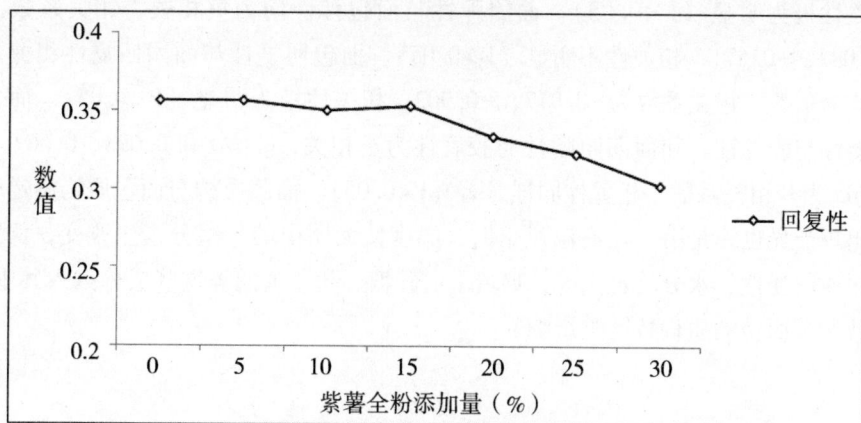

图 11-10，图 11-11，图 11-12　紫薯全粉对面包质构特性影响

构的稳固性，从而减弱面团发酵的特性，与此同时，揉制面团后，面包面团的
网络结构布满了加入的黄油、盐、白砂糖等物质，造成面包暄腾度一步步降低，

硬度逐渐增大。这与上述实验中的面包比容与感官评价的最终结论相仿。从图11-11可看出，随紫薯全粉比例的变大，面包弹性为先变高后降低。当紫薯全粉的比例达到15%时，面包弹性是最佳的。从图11-10、图11-11可看出，面包胶着性、黏聚性随紫薯全粉比例的变高，其趋向呈现出无规律变化的波浪状（P>0.05）。从图11-12可看出，紫薯全粉比例增大后，回复性逐渐减小（P<0.05）。

表11-8 面包质构与紫薯粉添加量的相关性

质构参数	相关系数
硬度	0.609 *
弹性	-0.082
黏聚性	0.680
胶着性	0.690 *
咀嚼性	0.698 *
回复性	-0.917 *

注：*表示相关性存在明显差异

表11-8表明，烘焙成品的质构特性参数与面团质构特性参数之间存在较强的相关性。面包硬度和面团硬度均为正相关，0.609、0.896为其相关系数，相关性极为明显（P<0.05）。面团弹性与面包弹性均为负相关，相关系数为-0.082、-0.671，相关性不明显（P>0.05）。面包回复性与面团回复性相关系数均为负数，相关系数为-0.917、-0.902，相关性极为明显（P<0.05）。面包咀嚼性与胶着性，和面团咀嚼性与胶着性为正相关，0.690和0.698、0.669和0.709为其相关系数，相关性同样显著（P<0.05）。面团质构与面包质构测定结果出现差异也许是由于在高温烘焙时，温度使面团中的各组分产生改变，例如蛋白质的变性、水分的丧失等，鸡蛋、白砂糖、盐、黄油等这些成分融入其中，导致紫薯面包的质构特性被影响。

11.4　结论与展望

11.4.1　结　论

本实验研究了面包面团中加入紫薯全粉对其质构特性和流变学特性以及对烘焙的面包成品品质的影响，实验结论如下：

（1）面包面团当中混入紫薯全粉时，对其质构特性有极为明显的影响（P<0.05）。随着紫薯全粉比例从5%增加到30%，混合面包粉面团的硬度和咀嚼性的趋向均上升，两者差异性均极为明显（P<0.05）。紫薯面包面团的弹性随紫薯全粉加入比例的变大出现了波浪状的变化现象，但紫薯全粉对面包面团弹性的影响没有出现比较显著的差异（P>0.05）。紫薯全粉对面包面团的胶着性、咀嚼性的影响随紫薯全粉比例的增大呈逐渐增大趋势，差异极为明显（P<0.05）。总体而言，将紫薯全粉添加到紫薯面包面团当中，对其质构特性有着明显影响，且两者之间显现出良好的相关性。紫薯全粉不同添加量对面包面团硬度、咀嚼性的影响显示出正相关，两者相关性极其显著（P<0.05）。面包面团的黏聚性、回复性与紫薯全粉比例的不同显现出十分显著的正相关（P<0.05）。

（2）面团的弹性模量值与粘性模量变化趋势大致相同，弹性模量值与粘性模量值随着紫薯全粉比例增大有明显改变。且 tanδ 在本实验中的值，始终是小于1的，弹性模量始终大于粘性模量，说明在紫薯面团中，弹性始终占主导地位，当紫薯全粉添加量为5%时，面团的弹性模量增加，且面包面团弹性模量与粘性模量的大小始终均为 5%>0%>10%>15%>20%>25%>30%，说明紫薯全粉少量加入时，可提高面团的流变学特性，但紫薯全粉添加量逐渐增多时，与0%的对照组相比较，无论是弹性模量，还是粘性模量，均会受到较明显的影响，使紫薯面团的流变学特性逐渐降低，进一步削弱面包面团的品质。

（3）随着紫薯全粉比例增加，当其为5%时，面团发酵的体积到达最大值，之后依次递减，其制作的成品紫薯面包的比容也呈下降趋势。随着紫薯全粉比例的增加，紫薯面包颜色鲜艳度增高，呈现出能提高人之食欲的深紫色，口感逐渐变硬，口溶感减弱，组织结构变得紧实，面包特有的气孔逐渐变小，外观形态也逐渐变小，蓬松度减弱，其紫薯香味更加浓厚，但奶香味逐渐被紫薯香味覆盖，不够突出。从综合性上看，紫薯全粉添加量在10%时，感官评价最好。

（4）紫薯面包的硬度、咀嚼性均趋向增大，弹性的变化为增大后减小，没有明显差异性，随着紫薯全粉比例的增多，面团黏聚性、回复性的趋势都下降，胶着性则呈现波浪状的浮动趋势，无明显差异性。面包质构与面团质构存在着较为明显的关联。紫薯面包硬度与面团硬度、面包咀嚼性与面团咀嚼性之间都具有极为显著的正相关。面包黏聚性与面团黏聚性之间呈负相关，面包回复性与面团回复性之间也是负相关，两者的差异性显著。

11.4.2 展　望

原本在实验计划中会采用粉质仪测定混合面粉团的吸水量，使本实验更加严谨，但因缺少实验设备，无法进行测定，因此最后将实验以甜面团配方为基础，改变混合粉的加入，其他因素不变来制作面包面团，从而减少误差的产生。

面团特性与面团烘焙成品品质的关系密切，所以可以通过面团特性预测烘焙成品品质的好坏。如测定面团的质构特性，即弹性、胶着性、回复性等，还有面团的发酵程度、面团流变学特性。因此，在未来的实验研究中，可创建一套完整的混合面团性质与其成品品质评价体系。

紫薯全粉营养丰富，非常符合当代人对食物所需食疗和保健的愿望，其在食品行业中的发展可期。紫薯面包在烤制的过程中，会损失掉一部分活性营养物质，在后续的研究中，可加入各种有助于面包烘焙的改良剂与保护剂，降低紫薯面包中营养物质的流失水平，以及在烘焙时对紫薯面包各种营养素的影响。

参考文献

[1] 修伟业，张文英，肖科飞. 紫薯的功能特性及应用探究 [J]. 中外企业家，2018 (23)：139-140.

[2] 李明福，徐宁生，陈恩波，等. 海拔差异对紫色甘薯品种的影响 [J]. 中国农学通报，2011，27 (15)：206-211.

[3] 余凡，葛亚龙，杨恒拓，等. 紫薯的营养保健功能及其应用前景 [J]. 杭州化工，2013，43 (03)：15-18.

[4] KIM H. W., KIM J. B., CHO S. M., et al. Anthocyanin changes in the Korean purple-fleshed sweet potato, Shinzami, as affected by steaming and baking [J]. *Food Chemistry*, 2012, 130 (4)：966-972.

[5] 王冬梅，王建玲，孙妮娜，等. 紫甘薯的营养成分及开发利用研究 [J]. 安徽农业科学，2014，42 (20)：6762-6763.

[6] 王海燕，莫治鹏，惠爱玲，等. 紫薯全粉加工工艺优化 [J]. 农产品加工，2018 (19)：36-39，44.

［7］刘阳．紫薯全粉变温压差膨化干燥法制备及其粉质特性研究［D］．长沙：湖南农业大学，2016.

［8］陈芳芳．紫薯粉对面团烘焙特性的影响及其机理［D］．上海：华东理工大学，2014.

［9］何兆位，刘雄，赵天天，等．紫薯粉对面包粉流变学及糊化特性的影响［J］．食品与机械，2017，33（08）：6-9，30.

［10］陈芳芳，于文滔，刘少伟，等．紫薯粉对面团粉质特性和质构特性的影响［J］．食品工业，2014，35（05）：170-174.

［11］赵天天，赵丹，马小涵，等．菊糖对面团流变学特性及面包品质的影响［J］．食品与发酵工业，2017，43（07）：115-121.

［12］张笃芹．高静压处理淀粉对谷朊蛋白和HPMC面团流变学特性影响的研究［D］．北京：中国农业科学院，2018.

［13］中华人民共和国卫生部．国家面包标准：GB/T 20981—2007［S］．北京：中国标准出版社，2007：1-5.

［14］徐静，杨键．紫薯泥吐司面包制作工艺［J］．宜春学院学报，2016，38（03）：82-87.

［15］LIU X L, MU T H, SUN H N, et al. Influence of potato flour on dough rheological properties and quality of steamed bread［J］. *Journal of Integrative Agriculture*, 2016, 15（11）：2666-2676.

［16］张凤健，任妍妍，张天语，等．不同改良剂对高马铃薯全粉含量面团流变学特性的影响［J］．食品工业科技，2019，40（11）：23-27.

［17］金伟，时东杰，王红梅，等．马铃薯全粉面包加工工艺的研究［J］．中国食品添加剂，2019，30（01）：126-134.

第12章

基于分子互作紫薯全粉添加量对紫薯产品品质的影响

12.1　引　言

孙玉清、刘小飞等人采用感官实验、单因素实验和正交试验，利用图表进行结果分析，得出纯紫薯蛋糕的最佳配方。陈芳芳研究了紫薯全粉的添加对烘焙产品品质的影响及机理，其中对紫薯蛋糕进行了具体分析，通过实验结果得出：随着紫薯全粉代替了部分低筋面粉后，蛋糕的紫薯香味更浓郁，且呈现出漂亮的紫色，但随着用量的不断增加，蛋糕的口感变得不够松软，硬度增大，蛋糕的比容也逐渐减小。通过综合诸多因素，分析了解到紫薯粉添加对紫薯蛋糕的影响。在田春美[10]的研究中，在戚风蛋糕原有配方基础上，利用加入紫薯泥减少面粉用量的方法，优化其他用料的添加量，通过多个实验进行测定，并分析得出紫薯泥与面粉的最佳比例，同时也制作出颜色漂亮、口感较佳的紫薯戚风蛋糕来。

相比而言，陈芳芳的研究，更符合本研究对产品设计的需求。在这次实验中将采用在蛋糕的基础配方上，通过观察添加不同添加量的紫薯全粉对紫薯面包质构特性（硬度、黏性、弹性、内聚力、胶黏性、耐嚼性、回复性）、感官特性（颜色、气味、暄腾性）、吸水性和比容的影响，并分析其原因。不仅仅只通过实验来得出最佳添加量，而且还会分析紫薯全粉对产品品质的影响机理。

陈芳芳研究了紫甘薯粉对面包面团粉质特性和拉伸特性的影响，经加水搅拌后，低筋粉面团和高筋粉面团形成过程中，从仪器数据分析得出的图表中，叙述其两种特性变化趋势和成因，并制作混合低筋粉成品，对成品质构、吸水性进行测定，印证面团质构与成品质构的关联性，但其实验中紫薯粉比例最高只有10%，各组别中，没有具体说明特性的指标有无明显变化。在徐虹[11]和李燮昕[12]的研究中，写出了详细的面包制作流程，探究了面包配方中添加量的不同对面包品质的影响，其中就包括紫薯全粉添加量对面包品质的影响。同样通过试验来优化配方，采用最佳配方及紫薯全粉代替部分面粉所做出来的紫薯面包，相对于传统面包来说，口感更佳，色泽更佳，更健康营养。在邵童[13]的研究中，通过加入紫薯全粉制作紫薯面包，同时改变其他用料的量，并通过感官实验分析制作出一个味道较好的面包时所需加入原料的量；在高振贤、郭家宝、刘彦军等人[14]的研究中，利用添加不同紫薯全粉这一变量，测定了紫薯全粉的添加对小麦粉、面团和面包的影响，通过质构分析结果，得出制作紫薯面包时紫薯粉的最佳添加量。

同样，这些只是通过实验得出的最佳添加量，并没有对其作用机理做出详细分析，而是通过研究不同添加量的紫薯全粉对紫薯蛋糕质构特性、感官特性、吸水性和比容的影响，来分析其原因。

在李宁宁、韦璐、范春颖等人的研究中，制作紫薯馒头，利用原料的不同添加量做单因素实验，将做好的馒头切块进行质构测定，再结合正交试验的推理，分析不同添加量的原料对紫薯馒头品质的影响，得出紫薯粉最佳投入量及其他原料的最佳使用量。在李颖、张萌、郭丽萍等人[16]的研究中，在基本配方的基础上，采用正交试验确定紫薯馒头最佳配方。在柯晓静、胡阿丽、杨磊等人的研究中，在制作紫薯馒头的过程中，分析酵母粉添加量和发酵时间对紫薯馒头的影响，同时发现紫薯全粉的添加量会影响到面团粉质特性和拉伸特性，最终通过感官直观反映出紫薯全粉添加量对紫薯馒头口感的影响，并利用数据分析得出结果，得出蒸制馒头时所需注意的温度、发酵时间及最佳比例。

同紫薯面包与紫薯蛋糕一样，其他紫薯产品都是通过单因素与正交试验得出最佳紫薯全粉添加量。本实验重点研究不同紫薯全粉添加量这个因素对紫薯产品的影响，分析其作用机理，明确紫薯全粉添加量对紫薯产品品质的影响。

12.2　实验材料与工艺

12.2.1　实验材料

12.2.1.1　实验原料

紫薯粉：康美来天然食品有限公司。

面包粉：郑州金恒实业有限公司。

蛋糕粉：新乡良润全谷物食品有限公司。

小麦粉：深圳市创益食品有限公司。

酵母：安琪酵母有限公司。

黄油：墨谷实业有限公司。

纯牛奶：内蒙古蒙牛股份有限公司。

白砂糖、鸡蛋、色拉油、盐、柠檬均为一般市场销售。

12.2.1.2　实验仪器

电烤箱：九阳股份有限公司

打蛋器：中山市灿欣电器制品有限公司。

电子秤：展艺厨房电子秤。

质构仪（TPA）：英国 Stable Micro System 公司。

12.2.2　实验流程

12.2.2.1　基本配方

表 12-1　紫薯蛋糕的基本配方

添加量（%）	低筋面粉（g）	紫薯全粉（g）	鸡蛋（g）	细砂糖（g）	色拉油（g）	牛奶（g）	柠檬汁（g）
0	50	0	160	60	35	40	0.2
15	42.5	7.5	160	60	35	40	0.2
30	35	15	160	60	35	40	0.2
45	27.5	22.5	160	60	35	40	0.2
60	20	30	160	60	35	40	0.2

表 12-2　紫薯面包的基本配方

添加量（%）	面包粉（g）	紫薯全粉（g）	酵母（g）	黄油（g）	白砂糖（g）	鸡蛋（g）	水（g）	盐（g）
0	100	0	2	8	15	10	45	1
5	95	5	2	8	15	10	45	1
10	90	10	2	8	15	10	45	1
15	85	15	2	8	15	10	45	1
20	80	20	2	8	15	10	45	1

表 12-3　紫薯馒头的基本配方

添加量（%）	面粉（g）	紫薯全粉（g）	酵母（g）	水（g）	白砂糖（g）
0	100	0	1	60	3
10	90	10	1	60	3
20	80	20	1	60	3
30	70	30	1	60	3
40	60	40	1	60	3

12.2.2.2　操作流程

制作紫薯蛋糕：准备原料→调制面糊倒入烤盘→烘烤→冷却。

（1）原料准备：所有原料按照配方用电子数字秤进行称重，所用的粉类全部过筛，鸡蛋提前放冰箱冷藏。

（2）蛋黄糊的调制：将蛋黄与纯牛奶混合搅拌均匀。

（3）蛋白糊的调制：先将蛋清低速搅打→高速搅打→中速搅打至提起打蛋头有一个呈三角形的尖尖→低速搅打几分钟→完成。

（4）调制面糊：1/3 蛋白霜，橡皮刮刀翻拌均匀。

轻轻搅拌均匀→完成面糊调制。

（5）烘焙：采用硅油纸将烤盘铺好，将盘中的面糊直接倒入烤盘中，用刮板将表面刮平，送进烤箱，在温度 160℃ 的条件下烘烤 30~40min。

制作紫薯面包：准备原料→调制面团→室温下静置 5min→分割整形→发酵→排气整形→醒发→烘烤→冷却。

（1）原料配备：将所需要的原料用电子数字秤进行准确称重，用器皿装起来，投料时对原料进行检验核对，称量精准，按照配方严格制作。

（2）调制面团：将粉类物质、酵母、盐等原料混合均匀，加入蛋液后缓慢加入糖水，面团揉光滑后加入软化好的黄油，再次揉面至面团能拉成均匀且薄的半透明膜状。

（3）成形：将制作好的面团静置 5min，用保鲜膜覆盖，再分割成等量的小剂子，整形；然后放置发酵至两倍大；用手揉捏排气，然后搓圆；再次醒发 40min。

（4）烘烤：将醒好的面团放入预热好的烤箱，温度 170℃，烘烤 10min。

（5）冷却：将烤好的面包从烤箱中端出，室温下放置使其冷却。

制作紫薯馒头：面粉和紫薯全粉按比例混合均匀+酵母与糖水活化混匀→和面成型→35℃醒发→蒸熟。

（1）原辅配备：将所需要的原料用电子数字秤进行准确称重，用器皿装起来。

（2）和面成型：酵母与白砂糖用温水提前化开，缓慢倒入混合均匀的粉类物质中，将面团揉至表面光滑。

（3）醒发：将成型的面团放在 40℃ 的环境下醒发 30min。面团醒发至两倍大。

（4）蒸熟成品：醒发好的面团上锅蒸熟，大火蒸至上汽后 10min。

12.2.3 实验内容

12.2.3.1 质构特性测定

TPA：通过更换不同探头，模拟具体人体口腔咀嚼食物时的机械运动，通过计算机绘制出质构特征曲线，可得到与人体感官相关的质构特性数据。

测紫薯蛋糕：

采用质构仪（TPA），探头为 P/36R。测试为前、中、后，三个速率分别为 1mm/s、2mm/s、1mm/s；压缩率为 25%；引发类型为自动；触发力为 5g。重复测定 5 次，取平均值。

测紫薯面包：

采用质构仪（TPA），探头为 P/36R。测试为前、中、后，三个速度分别为 2mm/s、2mm/s、5mm/s；压缩率为 50%；引发类型为自动；触发力为 5g。重复测定 5 次，取平均值。

测紫薯馒头：

操作类型为 TPA，探头为 P/36R。测试为前、中、后，三个速率分别为 2.0mm/s、1.0mm/s、1.0mm/s；压缩率为 45%，引发类型为自动；触发力为 5g。重复测定 5 次，取平均值。

12.2.3.2 感官评价

感官评价法是利用人的感官对食物的接受性进行评定，且食品感官评价体系趋近完整，已经发展成一门较为成熟的学科了，其在产品开发、品质控制和研究等方面有着广泛应用。

表 12-4 紫薯蛋糕感官评分标准

指标	评分标准	分数
色泽 (20)	有光泽,面部呈紫色,无焦糊	15~20 分
	面部呈淡紫色,光泽度较好	8~14 分
	表面着色较浅或者过焦	1~7 分
组织形态 (20)	蜂窝状的剖面,气孔分布较均匀,无块状颗粒物	15~20 分
	气孔略大、稍粗糙、不均匀,无块状颗粒物	8~14 分
	气孔大,内部组织不均匀,有块状颗粒物	1~7 分
外观形状 (20)	表面平整,无塌陷,无收缩	15~20 分
	表面有较少斑点,稍有变形	8~14 分
	表面粗糙,有变形现象	1~7 分
口感风味 (20)	柔软细腻,甜味适中,口溶性好	15~20 分
	较甜或较淡,口溶性较好	8~14 分
	偏硬,口溶性不好	1~7 分
气味 (20)	浓郁紫薯香味	15~20 分
	气味较香,无明显异味	8~14 分
	香味淡,有异味	1~7 分

表 12-5 紫薯面包感官评分标准

指标	评分标准	分数
外观形态 (20)	体积适中,外形完整,无破损、凹凸,表面光滑	15~20 分
	无破损,外形较为饱满,表面较光滑	8~14 分
	有破损、裂痕,表面粗糙	1~7 分
色泽 (20)	外皮琥珀色,瓤心紫色	15~20 分
	外皮呈淡琥珀色,瓤心淡紫色	8~14 分
	外皮颜色较淡或者过焦糊	1~7 分
气味 (20)	奶香与紫薯风味浓郁	15~20 分
	气味较香,无明显异味	8~14 分
	香味淡或有异味	1~7 分
质地 (20)	质地松软有弹性	15~20 分
	质地较松软,较有弹性	8~14 分
	口感粗糙,质地不够松软,无弹性	1~7 分

指标	评分标准	分数
内部组织（20）	内部结构纹理清晰，气孔组织均匀	15~20 分
	组织较均匀，气孔偏大	8~14 分
	内部结构纹理不清晰，气孔紧密	1~7 分

表 12-6　紫薯馒头感官评分标准

指标	评分标准	分数
色泽（25）	呈现漂亮的紫色	20~25 分
	呈现淡紫色	10~19 分
	呈现昏暗的深紫色	5~9 分
组织结构（30）	很多气孔且分布均匀，结构细致	25~30 分
	较多气孔但分布不均匀，结构不光滑	15~24 分
	气孔较少，结构死板	10~14 分
质地（30）	松软有弹性，形态饱满立体	25~30 分
	口感较松软，没有嚼性，形态扁平	15~24 分
	死板，泡度差，韧性强，口感较硬难咀嚼	10~14 分
香气（15）	香气和紫薯风味浓郁	10~15 分
	无异味，紫薯味不浓，香气一般	5~9 分
	无异味，紫薯味很淡或几乎无紫薯香味	1~4 分

12.2.3.3　比容

采用小米置换法测紫薯面包的比容。

第一步称重，第二步测量面包体积。选取容量适宜的玻璃烧杯，用小米填满。倒出小米后，将紫薯面包完全置放于容器内，再将烧杯内填满小米，在加入小米的过程中需摇实填满，用量筒测量余下的小米体积，即为面包体积。按下列公式计算紫薯面包比容：

面包比容（mL/g）= 面包体积（mL）/面包质量（g）

蛋糕和馒头的比容同样采用小米置换法得出。

12.3 实验结果与分析

12.3.1 紫薯全粉对紫薯产品的感官影响

12.3.1.1 紫薯全粉对蛋糕的感官影响

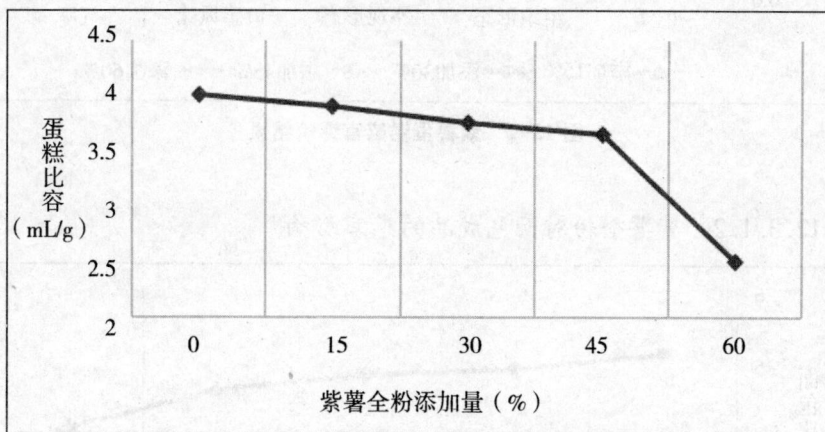

图 12-1 紫薯添加量对蛋糕比容的影响

紫薯蛋糕的比容随紫薯全粉含量的增加呈下降的趋势，当紫薯全粉的添加量小于45%时，紫薯蛋糕的比容并没有下降得很明显。从图12-1可看出当紫薯全粉的添加量在30%~45%时，紫薯蛋糕的比容下降得最缓慢，一旦紫薯全粉添加量超过45%后，紫薯蛋糕比容急速下降，主要是因为紫薯全粉中不含面筋性蛋白质，一旦其加入的量过多，面团就失去了保持气体的能力。

由图12-2可以看出，紫薯蛋糕的各个指标得分随着紫薯全粉不断添加出现先提高到最大值后降低的现象，在紫薯全粉添加量为45%时出现最高点。随紫薯粉添加量的增加，紫薯蛋糕得分先提高后降低，这说明，并不是紫薯全粉添加越多越好。紫薯粉添加过少，蛋糕失去了紫薯香味，烤制后的蛋糕表面粗糙，粘牙，色泽呈蓝紫色，得分较低。当紫薯全粉添加量为45%时，紫薯蛋糕表面光滑，没有坑坑洼洼现象，紫薯蛋糕内部是漂亮诱人的紫色，气孔分布也很均匀，口感和滋味较好。另外本实验的气味是根据紫薯味来评分的，所以紫薯粉添加量越多紫薯味道越浓郁，且没有出现因紫薯味太过浓郁而影响食欲或是其他的不适。

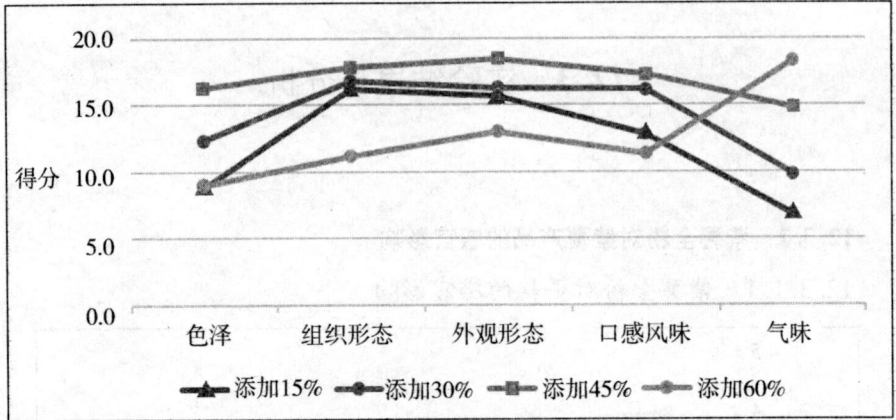

图 12-2 紫薯蛋糕感官评价结果

12.3.1.2 紫薯全粉对面包成品的感官影响

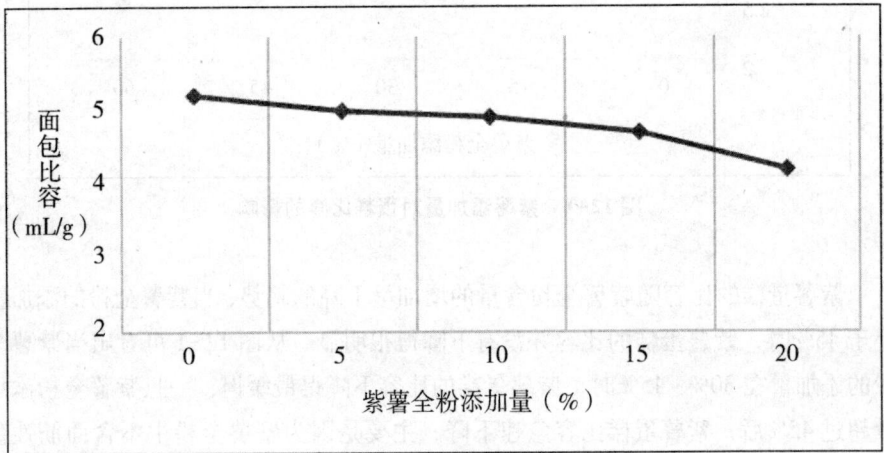

图 12-3 紫薯添加量对面包比容的影响

　　紫薯全粉添加比例逐渐增大后，面包比容与含有0%紫薯全粉的面包对照组相比，全部出现下降的变化。当紫薯全粉含量在5%和10%时，面包比容下降较缓慢，但超过10%后，面包比容下降幅度增大。造成这一现象的原因可能是紫薯全粉的强吸水性包容住淀粉粒子，而未能吸收足够水分的淀粉粒子，进一步减弱面团膨胀度，使其体积也不断减小。且紫薯全粉同时又具有凝胶特性，在一定程度上能够增强面团筋力，但相反的是过强的面粉筋力又会使面筋网络结构的形成得不到完全的舒展，从而导致面团醒发不充分，发酵速度变慢，因而进一步造成面包面团体积过小，内部网状结构性质减弱。

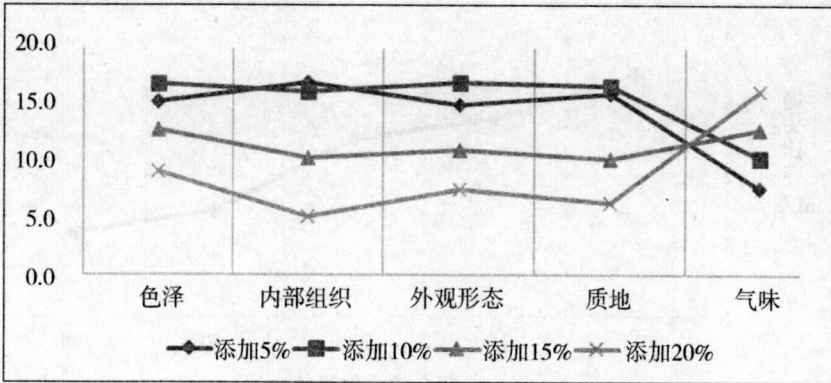

图 12-4　紫薯面包感官评价

从图 12-4 可以看出，面包的各个指标得分先提高到最大值后降低，在紫薯全粉添加量为 10%时出现最高点。另外显著的一点是当紫薯全粉的添加量超过10%以后，紫薯面包的各个指标都呈现急速下降趋势。同紫薯蛋糕一样，紫薯粉过高的添加量并没有带来不愉快的气味，也就是说紫薯面包的香气均能被接受。

面包的组织结构和外观形态随着紫薯全粉添加量的增加而持续下降。该现象与比容测定的结果相似。这是因为紫薯全粉不含有面筋蛋白，而我们知道面筋蛋白具有弹性、韧性、膨胀性等一些特点，正是由于面筋蛋白的这些特性，随着紫薯全粉添加量增大，紫薯面包表皮变得不饱满光滑，外观不好看，紫薯面包的口感（松软度）呈现出下降的趋势，出现质地不松软、粗糙、没有弹性等问题。这是因为紫薯全粉的吸水能力较强，且紫薯全粉本身的含水量小于面粉，进而使得原材料的总水分含量减小，通过分析得出，当紫薯全粉添加量在10%时为最佳添加量。

12.3.1.3　紫薯全粉对馒头成品的感官影响

紫薯全粉添加比例逐渐增大后，面包比容与含有 0%的紫薯全粉面包对照组相比全部出现下降的变化。当紫薯全粉含量在 10%和 20%时，面包比容下降较缓慢，但超过 20%后，面包比容大幅下降。馒头的发酵主要利用酵母和糖在发酵过程中所产生的气体，使面筋形成网络组织，从而使馒头结构疏松多孔，体积大而暄腾，组织柔软富有弹性；而加入了紫薯全粉后，随着紫薯全粉的用量逐渐增大，对面筋蛋白有了稀释作用，从而使得馒头的结构变得坚硬且没有弹性，馒头的体积变小，口感变差。

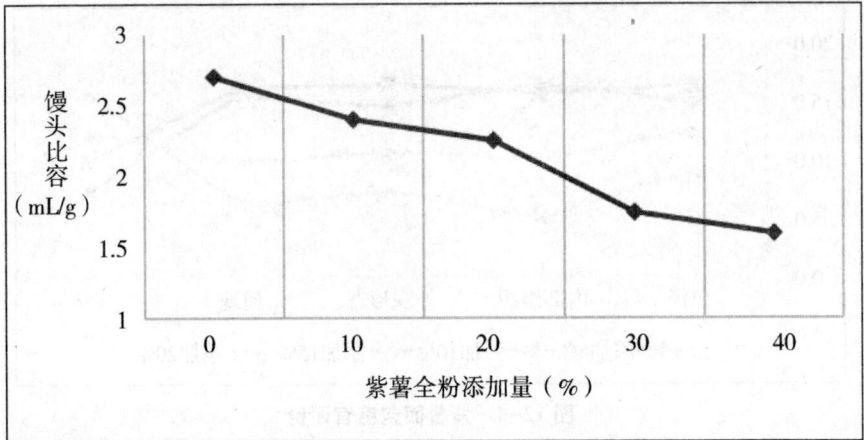

图 12-5　紫薯添加量对馒头比容的影响

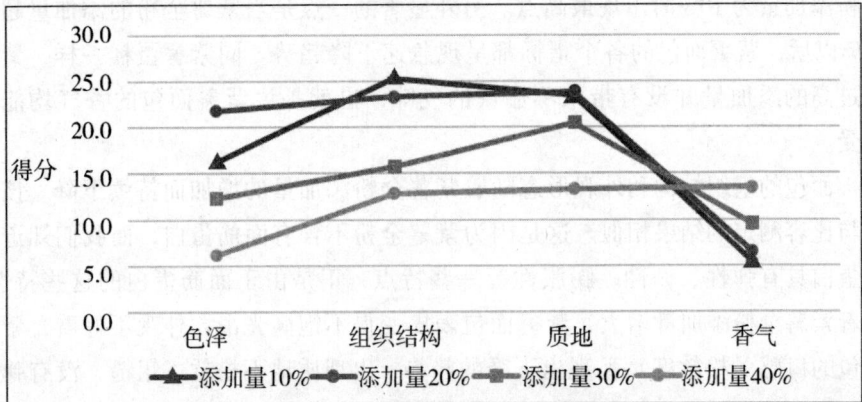

图 12-6　紫薯馒头感官评价结果

由图 12-6 可以看出，紫薯全粉添加量为 10%~20% 时所制成的紫薯馒头感官评分最高，其形态饱满，颜色呈紫色，剖开气孔较均匀，口感香甜有弹性；添加紫薯全粉量超过 20% 后，紫薯馒头的颜色不太好看，呈紫黑色，虽然紫薯的香气更浓郁，但质地较硬，结构粗糙，死板且口感较差。与馒头比容一样，由于紫薯全粉没有面筋蛋白，紫薯全粉添加量的增多，对原有的面筋蛋白起到了稀释作用，从而使馒头的结构变得坚硬且没有弹性，馒头的体积变小，口感较差，因此，确定添加 10%~20% 的紫薯全粉制作的紫薯馒头感官品质较好。

12.3.2　紫薯全粉对紫薯产品质构特性的影响分析

12.3.2.1　紫薯全粉对蛋糕质构特性的影响分析

表 12-7　紫薯粉对蛋糕的影响

紫薯全粉质量分数（%）	硬度	弹性	黏聚性	胶着性	咀嚼性	回复性
0	2026.483 ± 25.132	0.530 ± 0.013	0.328 ± 0.003	664.127 ± 23.112	351.790 ± 5.016	0.081 ± 0.003
15	2320.245 ± 17.547	0.666 ± 0.021	0.380 ± 0.011	881.288 ± 16.533	586.798 ± 11.906	0.089 ± 0.004
30	2675.119 ± 22.767	0.450 ± 0.017	0.248 ± 0.006	663.566 ± 7.998	298.933 ± 13.562	0.071 ± 0.005
45	2942.153 ± 15.954	0.498 ± 0.034	0.269 ± 0.010	741.352 ± 45.856	477.642 ± 4.267	0.068 ± 0.003
60	3817.022 ± 28.645	0.440 ± 0.007	0.297 ± 0.025	1182.034 ± 21.878	735.237 ± 17.004	0.069 ± 0.002

　　从表 12-7 中可得出，随着紫薯全粉添加量的增多，蛋糕的硬度逐渐增大。由于紫薯全粉不含有麸质物质，所以当向蛋糕中加入部分紫薯全粉后，稀释了原有的面筋蛋白，进而干扰了最佳网络结构的形成，且这种稀释改变了蛋糕的结构，降低了蛋糕面团保持气体的能力，蓬松度下降，所以蛋糕的硬度逐渐增大。这与本实验感官评价的结果和比容测定的结果相一致。弹性随着紫薯全粉的增多呈现出先增大后减小的趋势，当紫薯全粉的比例为 15% 时，面包弹性最好。回复性随紫薯全粉添加量的增多呈现减小的趋势。

12.3.2.2　紫薯全粉对面包质构特性的影响分析

表 12-8　紫薯粉对面包的影响

紫薯全粉质量分数（%）	硬度	弹性	黏聚性	胶着性	咀嚼性	回复性
0	164.353 ± 42.372	0.970 ± 0.027	0.768 ± 0.024	125.548 ± 29.089	121.380 ± 26.149	0.3566 ± 0.005
5	178.706 ± 44.546	0.976 ± 0.015	0.795 ± 0.030	141.369 ± 33.145	137.702 ± 31.378	0.356 ± 0.007
10	210.579 ± 50.291	0.972 ± 0.010	0.768 ± 0.015	161.042 ± 35.690	156.215 ± 33.306	0.350 ± 0.004
15	217.804 ± 38.112	0.984 ± 0.007	0.786 ± 0.009	170.922 ± 27.842	168.014 ± 26.747	0.353 ± 0.008
20	306.105 ± 22.263	0.977 ± 0.009	0.767 ± 0.006	234.647 ± 17.070	229.135 ± 14.979	0.334 ± 0.007

从表 12-8 中可得出，随着紫薯全粉添加量的增多，面包的硬度逐渐增大。这是因为在面团发酵的过程中，面粉含有的麸质物质也就是面筋蛋白，可以形成一种网络状结构，但紫薯全粉中不含麸质，所以就不能形成相同的网络结构，当紫薯全粉加入面团中时，减弱了面团的网络结构，影响面团发酵，与此同时，揉制面团时，加入的白砂糖、黄油等物质也同时填充在面团的网络结构当中，所以面包暄腾性一步步变差，硬度逐渐增大。这与本实验的感官评价结果和比容测定结果相一致。弹性随着紫薯全粉添加量的增多呈现出先增大后减小的趋势，当紫薯全粉添加量的比例为 15% 时，面包弹性最好。回复性随紫薯全粉添加量的增多呈现减小的趋势。

12.3.2.3 紫薯全粉对馒头质构特性的影响分析

表 12-9 紫薯粉对馒头的影响

紫薯全粉质量分数（%）	硬度	弹性	黏聚性	咀嚼性	回复性
0	2973.01 ± 349.18	0.94 ± 0.010	0.76 ± 0.011	2119.66 ± 223.54	0.32 ± 0.007
10	3447.87 ± 411.97	0.94 ± 0.008	0.76 ± 0.009	2466.32 ± 257.02	0.41 ± 0.008
20	4166.75 ± 451.65	0.94 ± 0.017	0.75 ± 0.015	2933.94 ± 271.93	0.41 ± 0.013
30	6360.66 ± 495.23	0.95 ± 0.043	0.72 ± 0.01	4401.68 ± 319.66	0.38 ± 0.005
40	13881.32 ± 575.19	0.92 ± 0.01	0.72 ± 0.013	9197.94 ± 481.88	0.39 ± 0.008

从表 12-9 中可得出，随着紫薯全粉添加量的增多，馒头的硬度逐渐增大。同面包的原理一样，由于小麦粉含麸质，也就是所谓的面筋蛋白，可以在面团发酵的过程中形成网络结构，但由于紫薯全粉中不含麸质物质，当投入部分紫薯全粉到面团中时，减弱了面团的网络结构，影响了面团的发酵，与此同时，揉制面团时，加入的白砂糖、酵母等物质也同时填充在面团的网络结构当中，所以馒头的蓬松度减小，硬度逐渐增大。正好也与本实验的感官评价结果和比容测定结果相一致。弹性随着紫薯全粉添加量的增多呈现出先增大后减小的趋势。当紫薯全粉的比例为 30% 时，馒头弹性最好。回复性随紫薯全粉添加量的增多而逐渐减小。

12.4　结论与展望

12.4.1　结　论

本实验是将紫薯全粉应用到紫薯产品中，我们将紫薯全粉分别运用到蛋糕、面包、馒头这三种产品中，通过添加不同量的紫薯全粉，制作出紫薯产品，然后通过感官、质构、比容等实验对紫薯全粉对产品品质影响的机理进行分析研究，从而拓宽紫薯全粉的运用，开发紫薯产品市场。现有实验结论如下：

（1）紫薯全粉的添加对蛋糕的特性有着显著的影响，通过感官、比容、质构等三个实验的测定，我们得出：当紫薯全粉添加量超过45%后，紫薯蛋糕出现气孔大、有块状颗粒物、色泽过深、口感较甜等现象；而当紫薯全粉添加量较少时，紫薯蛋糕又会出现色泽过淡、蓬松度不够、紧实、口溶性不好等现象。通过质构分析得到，随着紫薯全粉的添加，蛋糕的硬度逐渐增大，其中通过试验测得硬度与蛋糕品质是负相关关系。所以综合来看，并不是紫薯粉添加量越多紫薯产品的品质就越好，紫薯全粉加入的量过多或者过少都会影响紫薯产品品质，经实验得出紫薯蛋糕较好的添加量是在45%左右。

（2）紫薯全粉对面包的质构有显著的影响。随着紫薯全粉比例的增加，紫薯面包的硬度、咀嚼性呈现增大的趋势，弹性先增大后减小（没有太大差异），口感逐渐变硬，组织结构变得紧实，蓬松度降低，外观形态逐渐变小，比容也呈现下降趋势。从综合性上来看，紫薯全粉添加量在5%~10%时，感官评价最好。

（3）紫薯全粉应用在馒头当中，对馒头的品质也有着显著的影响。随着紫薯全粉用量的逐渐增多，对面筋蛋白有了稀释作用，馒头的结构变得坚硬且没有弹性，馒头的体积变小，色泽呈现紫黑色，口感不佳，馒头的内聚力和回复性呈现先增大后减小的趋势，其硬度和咀嚼性呈现先减小后增大的趋势。因此，综合来看，当添加10%~20%的紫薯全粉时，制作出的紫薯馒头口感较佳，受到人们的好评。

12.4.2　展　望

随着生活水平不断提高，人们逐渐更加重视健康和营养，紫薯全粉营养丰富，非常符合当代人对食物所需的食疗和保健的愿望，在食品行业中发展可期。

我们通过实验探究，最终发现紫薯全粉添加量的多少直接影响紫薯产品的品质，只有当紫薯全粉添加的比例适中时，紫薯产品无论是在外观上还是在口感上都呈现出最佳。

但本研究还有待深入，我们通过对三种紫薯产品进行质构、感官、比容的研究，分析得到紫薯全粉的添加量对紫薯产品的影响有一定的规律性，并分析了其成因。紫薯全粉复合物的结构、特性对面团结构、特性的影响，以及面团的结构、特性对紫薯产品的特性影响，这三者关联的机制研究，是后续深入研究的方向，也具有积极意义，同时也为紫薯新产品的开发提供理论支持。

参考文献

[1] 孙金辉，王微，董楠. 紫薯花色苷的研究进展 [J]. 粮食与饲料工业，2011 (11)：38-40.

[2] 王海燕，莫治鹏，惠爱玲，等. 紫薯全粉加工工艺优化 [J]. 农产品加工，2018 (19)：36-39，44.

[3] 陈芳芳. 紫薯粉对面团烘焙特性的影响及其机理 [D]. 上海：华东理工大学，2014.

[4] 曹诚，申梦娜，寇福兵，等. 紫薯产品的开发研究进展 [J]. 粮食与饲料工业，2019 (01)：32-35.

[5] 王冬梅，王建玲，孙妮娜，等. 紫甘薯的营养成分及开发利用研究 [J]. 安徽农业科学，2014，42 (20)：6762-6763.

[6] 揭小玲. 紫薯全粉品质特性及紫薯饼干加工技术研究 [D]. 福州：福建农林大学，2013.

[7] 邓资靖. 紫薯全粉加工工艺研究 [D]. 重庆：西南大学，2012.

[8] 曾萍旺，刘彤，刘长琦，等. 紫薯燕麦巧克力生产工艺的探索与研究 [J]. 山东化工，2018，47 (02)：40-41，47.

[9] 孙玉清，刘小飞，贾红亮等. 纯紫薯蛋糕配方及加工工艺研究 [J]. 农产品加工，2017 (08)：16-18，22.

[10] 田春美. 紫薯戚风蛋糕的工艺条件研究 [J]. 食品研究与开发，2015，36 (22)：61-63.

[11] 徐虹，高思思，王思宇，等. 紫薯面包配方和工艺研究 [J]. 食品科学技术学报，2014，32 (06)：54-58.

[12] 李燮昕，张淼. 紫薯全粉甜面包的研制 [J]. 食品工业，2013，34 (04)：109-110.

[13] 邵童. 紫薯面包的工艺研究 [J]. 食品安全导刊, 2019 (15)：140-142.

[14] 郭家宝, 刘彦军, 高振贤, 等. 添加紫薯粉对强筋小麦粉品质特性及面包加工品质的影响 [J]. 粮食与饲料工业, 2019 (04)：14-17.

[15] 李宁宁, 韦璐, 李志, 等. 紫薯全粉馒头的研制 [J]. 农业科技与装备, 2018 (05)：45-47.

[16] 李颖, 张萌, 郭丽萍, 等. 紫薯粉对面团流变学特性及馒头品质的影响 [J]. 粮油食品科技, 2013, 21 (06)：46-50.

[17] 柯晓静, 胡阿丽, 杨磊, 等. 紫薯馒头的加工工艺优化 [J]. 天津农业科学, 2019, 25 (04)：86-90.

[18] LIU X, MU T, SUN H, et al. Influence of potato flour on dough rheological properties and quality of steamed bread [J]. *Journal of Integrative Agriculture*, 2016, 15 (11)：2666-2676.

[19] ZHU F, SUN J. Physicochemical and sensory properties of steamed bread fortified with purple sweet potato flour [J]. *Food Bioscience*, 2019, 30：100411.

[20] 赵天天, 赵丹, 马小涵, 等. 菊糖对面团流变学特性及面包品质的影响 [J]. 食品与发酵工业, 2017, 43 (07)：115-121.

[21] 赵晶, 郝金伟, 时东杰, 等. 马铃薯全粉面包加工工艺的研究 [J]. 中国食品添加剂, 2019, 30 (01)：126-134.

第 13 章

紫薯粉/小麦粉分子互作对面包品质的影响

13.1 引 言

紫薯的产期较短，而且新鲜紫薯不易长时间保存，为了打破季节限制，制备紫薯粉很有必要。紫薯粉的制备过程大致包括洗净、去皮、粉碎、干燥等，最终将新鲜紫薯制成干燥的紫薯粉。紫薯粉具有完整的紫薯细胞结构，经过复水处理后，紫薯粉可恢复鲜薯时的色泽风味，且紫薯全粉利用率高，基本无浪费。其制作工艺流程如图 13-1。

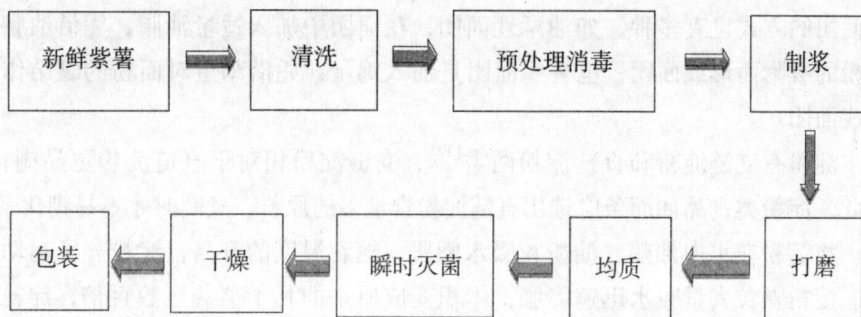

图 13-1 紫薯粉生产工艺流程图

制作紫薯全粉首先经过原料处理，挑选出品质好的紫薯，洗净、去皮后经过消毒处理，工业一般采用臭氧消毒，因为臭氧可以有效分解农药残留，且不会破坏紫薯品质。利用粉碎机与打磨机对紫薯进行制浆和打磨，然后采用均质机通过高压使紫薯浆均质，接下来用高温灭菌法进行瞬时灭菌，灭菌完成后可采用高速离心喷雾干燥机干燥处理，必须一次性使紫薯浆干燥至紫薯粉。干燥是制作紫薯粉最重要的一步，干燥操作不当，会破坏紫薯中所含的营养物质，导致紫薯粉风味口感变差，营养价值降低。随着干燥过程的进行，紫薯浆表面的水分蒸发，局部硬化结块，里边的干燥以及后续的粉化难以操作，因此选择合适的干燥方法至关重要，目前主要的干燥方法有热风干燥、真空冷冻干燥和挤压膨化干燥等方法。

面团是将小麦面粉与一定比例的水混合，再经过搅拌、揉捏等处理，使面粉完全水化，形成面筋，搅拌过程中摩擦产热，致使面团温度上升，面筋得到扩展，同时，空气进入面团，氧化面筋蛋白质内的硫氢键，形成双硫键，最终形成一种内聚性和黏弹性皆强的三维网状空间结构。

面团一般被认为是由于蛋白质溶胀作用，淀粉糊化作用、吸附作用和黏结作用四种原理形成的。蛋白质是一种表面含有许多亲水基团的高分子胶体化合物，因此亲水性能好。在所有食品蛋白质中，只有面筋蛋白可以形成黏弹性面团。小麦面粉面筋蛋白含量很高，是唯一能够与水混合形成高内聚性和黏弹性面团的谷物粉。面筋蛋白主要包括麦谷蛋白和麦醇溶蛋白。麦谷蛋白和麦醇溶蛋白的共同作用是不仅延展性强，还具有很好的黏性，因此，面团具有良好的黏弹性。制作面团时麦醇溶蛋白和麦谷蛋白吸水膨胀，膨胀的蛋白质颗粒相互连接，再经过揉搓形成面筋网络，同时面粉中的糖类及其他物质均匀分布在网络之中，再加上水的作用，黏结其他成分，形成面团；由于面团的用途不同，制作面团的方式也有多种，如油酥性面团，在面团中加入适量油脂，凭借油脂对面粉的吸附而形成面团；也有些面团是加入鸡蛋，凭借鸡蛋对面粉的黏结作用制成面团。

淀粉有支链淀粉和直链淀粉两类[12]，支链淀粉相对于直链淀粉更易糊化。因此，淀粉类食品如面条应选用直链淀粉含量多的原料，煮制时才不易糊化。

将淀粉在水中加热，淀粉粒吸水膨胀，随着温度的升高，淀粉分子运动加剧，淀粉颗粒大量吸水迅速膨胀，体积变成原来的几十倍甚至数百倍，淀粉粒变成半透明状态的黏稠胶体糊状，这种现象叫作淀粉糊化。淀粉糊化的主要原因是淀粉粒中氢键的断裂，水分子大量进入，从而破坏淀粉的原有结构，从有序变成无序状态。支链淀粉和直链淀粉的结构不同，其糊化难易程度也不同，支链淀粉颗粒较大，容易打乱，因此更容易糊化。

产品中加入紫薯粉既增加了产品的营养价值又可带来独特的风味口感，满足不同人群的营养需求和风味嗜好，同时为紫薯产品的开发研究提供新的方法与思路，具有一定的社会价值。紫薯粉和小麦粉在不同比例、不同搅拌时间、不同水量情况下分子互作，对面包品质产生影响。本课题从感官、质构、结构的角度去研究，利用感官、TPA 和 DSC 等方法，一方面研究产品中紫薯粉和小麦粉的最佳比例，另一方面探明分子互作对产品品质影响的机理。紫薯复合产品可以满足人们的不同需求，具有很强的现实意义；从制作的实践中探寻微观结构层面，分析紫薯淀粉与小麦蛋白的相互作用，并分析对产品的品质的影响，具有很强的理论意义。

13.2 实验部分

13.2.1 实验内容

1. 不同比例紫薯粉和小麦粉混合糊化特性：以一定比例的紫薯粉替换小麦粉制作混合粉，用差示扫描量热仪（DSC）测定混合粉，得出起始糊化温度（To）、终止糊化温度（Tc）、糊化峰值（Tp）和糊化热焓值（$\Delta Hgel$）等热力学参数。

2. 紫薯粉添加量对紫薯面包特性的影响：以 0%、6%、8%、10%、12%的紫薯粉替换小麦粉，以搅拌时间 20min、加水量为 45%的条件下制作紫薯面包，先用感官评价法对紫薯面包做感官评定，然后再选择用探头型号为 SMSP/R36 的质构仪对面包的硬度、黏性、弹性、内聚性等质构参数进行测定。

3. 不同加水量对紫薯面包特性的影响：以 10%的紫薯粉代替小麦粉，制得混合粉，搅拌时间 20min，按加水量 40%、45%、50%、55%的条件制得紫薯面包，用探头型号为 SMSP/R36 的质构仪对面包的硬度、黏性、弹性、内聚性等质构参数进行测定。

4. 不同搅拌时间对紫薯面包特性的影响：以 10%的紫薯粉代替小麦粉，制得混合粉，按 15min、20min、25min、30min 的搅拌时间，加水量 50%的条件制得紫薯面包，用探头型号为 SMSP/R36 的质构仪对面包的硬度、黏性、弹性、内聚性等质构参数进行测定。

5. 查阅相关文献，分析 DSC 及 TPA 测试得出的数据结果，为后续结论做支持。

13.2.2 实验材料

13.2.2.1 实验原料

表 13-1 实验原料

原料	品牌或来源
高筋面粉	香港金像牌高筋面粉
紫薯粉	安徽宅福艺紫薯粉
酵母	安琪高活性干酵母
盐	云鹤精制碘盐
黄油	安佳黄油
水	实训室用水
白砂糖	本地超市购买
鸡蛋	本地超市购买

13.2.2.2 实验仪器和设备

表 13-2 实验仪器和设备

名称	品牌	备注
电子秤	松上厨房秤	精确至 0.01g
多用途粉筛	—	400×20 目
搅拌机	美国 Kitchen Aid 5K5SS 搅拌机	—
发酵箱、烤箱	广州三麦机械设备有限公司	—
TA-TX. Plus 物性分析仪	英国 Stable Micro Systems	—
差示扫描量热仪	费尔伯恩精密仪器（上海）有限公司	—

13.2.3 实验项目及方法

13.2.3.1 基本配方

高筋面粉 200g、水 90g、鸡蛋 40g、白砂糖 40g、黄油 20g、酵母 2g、盐 1.5g

13.2.3.2 紫薯面包制作工艺

面包的生产制作方法有多种，根据发酵方法分为快速发酵法、一次发酵法、二次发酵法[17]，这里主要介绍一次发酵法过程：

（1）原料预处理：将原料准备齐全，粉状原料需要过筛，过筛后按照配方用电子天平准确称量，特别注意量少的材料，称量好后分别用器皿装好。

（2）面团搅拌：将白砂糖、酵母分别溶解在称量好的水中，紫薯粉与小麦粉混合均匀，一起加入搅拌机中2挡慢速搅拌，加入鸡蛋液，4挡中速搅拌20min，加入盐，继续搅拌5min，面筋开始扩展，加入黄油，6挡快速搅拌，至面筋完全扩展即可。

（3）面团发酵：在发酵箱中保持温度在27~28℃，相对湿度为75%，发酵2~3h，发酵至原来面团的两倍大。

（4）面团整形：将已经发酵好的面团分割称量、滚圆、中间醒发、成型、装盘，分割的面团质量要相同或相差无几，经过滚圆后形成薄膜，方便后续操作，中间醒发使面团重新产生气体，方便整形。

（5）最后醒发：面团经过整形后，内部气体被排出，导致面筋不再柔软，这样烤制的面包会很坚硬，因此，最后醒发十分有必要。醒发温度一般在35~39℃，湿度在75%~80%最佳，醒发时间约一个小时，成品达到醒发前的一倍左右，醒发完成的面团用手指轻轻按压，表面出现明显指印且指印不弹起也不下陷。

（6）面包烘烤：将醒发好的面团放入提前预热好的烤箱中，上火190℃，下火185℃烤8min左右即可。

（7）冷却包装：面包出炉后在室温下放置冷却，冷却后面包变得柔软细腻，有弹性。冷却后的面包应立即包装，防止污染，包装材料除了必须符合食品卫生要求外，还需注意选择不透气的封闭性能好的包装材料。

13.2.3.3　差示扫描量热仪测定

差示扫描量热仪测定是一种测量样品内部热变化温度与热流关系的热分析法。由程序控制，将样品放入小坩埚中，与参比物对比，测量其温度差，差示扫描量热仪以吸热或者放热的速率为纵坐标，以温度或时间为横坐标，可记录到一条表示多种热力学参数如比热容、转变热、结晶速率等的曲线。

本实验将紫薯粉与小麦粉以一定比例混合，加入适量水，以空坩埚为参照，测定紫薯粉不同添加量对小麦粉糊化温度的影响，从而探究紫薯粉与小麦粉分子相互作用的机理。先以1g小麦粉、2g水混合成糊状（混合粉：水=1:2），制得样品，取样品5mg~10mg放入样品皿中，注意制样平铺在样品皿底部，样品皿加盖封闭，校正后以空白样品皿作为参照，用镊子将样品与参照样品平整地放入炉体中，注意左边放样品，右边放参照样品，盖上盖子，设定参数升温速率为 10℃/min，温度范围 20~100℃。再分别将紫薯粉以 6%、8%、10%、12%、14%的比例替代小麦粉，分别制得 1g 混合粉，加入 2g 水制得样品，按照上边步骤继续测量，得到 DSC 曲线，记录起始糊化温度、终止糊化温度、峰值温度、糊化焓值等热力学参数。糊化温度范围为终止糊化温度减去起始糊化温度。每个样品平行测三次，取平均值。

13.2.3.4　感官评价分析

感官评价是检测人员对样品通过视、嗅、触、味和听来感知从而做出特征反应的一种科学测量法，评价依据一般有外观、色泽、气味、组织状态和滋味等感官指标。感官检验利用人的感官来进行，个人嗜好不同，体验也不同，结果存在很大的主观性，这种检验主要是发现样品的相对受欢迎程度，这是用仪器不能测定的。感官评定需要根据产品设计要求制定感官评分标准表，请经过培训的专业人员对照感官评分表对样品进行打分评价，计算平均分作为感官评分值，分值越高，表示其受欢迎程度越高。

本实验首先以基本配方小麦粉 200g、水 90g、白糖 40g、黄油 20g、鸡蛋 40g、酵母 2g、盐 1.5g 制作全麦圆面包，然后再分别以 12g、16g、20g、24g 的紫薯粉替代同量的部分小麦粉，混合均匀，按照软面包的制作工艺制作紫薯面包。将做好的紫薯面包随机编号，邀请 7 名食品科技学院的同学做感官体验，并予以评价，用感官评价的方法探寻比较受欢迎的紫薯面包。表 13-3 为根据国标 GB/T20981-2007 中软式面包的评价标准，结合紫薯面包特点适当调整制定的紫薯面包感官评分标准。

表 13-3　紫薯面包感官评价表

项目	评分标准	评价	得分
外观形态（20）	体积适中，外形完整，无破损、凹凸，表面光滑，底面平整	好	16~20
	无破损，外形较为饱满，表面较光滑，底面稍平整	一般	11~15
	有破损，裂痕，表面粗糙，底面不平整	差	0~10

项目	评分标准	评价	得分
色泽 (20)	表面色泽均匀一致，无烤焦烤糊现象	好	16~20
	表面颜色较不均一，光泽度稍差	一般	11~15
	光泽度差，表面烤焦或未成熟	差	0~10
质地 (20)	质地松软有弹性	好	16~20
	质地较松软，较有弹性	一般	11~15
	质地不够松软，无弹性	差	0~10
口感 (20)	具有面包香味和紫薯风味，香味浓郁，口感松软有嚼劲	好	16~20
	面包香味较为浓郁，略带紫薯风味	一般	11~15
	面包无香味，口感粗糙	差	0~10
内部组织 (20)	内部组织均匀，气孔分布均匀，纹理清晰	好	16~20
	组织较均匀，切面有断裂	一般	11~15
	组织不均一，有明显的大气孔，局部过硬	差	0~10

13.2.3.5 全质构分析

全质构分析（TPA）是压缩两次样品，进行测定食品的质构特性，并得到一定参数数据，然后以此对食品质地做出评价。质构仪操作简单，而且测量的数据自动保存于设备中，方便分析，最主要的是质构仪能完全模仿人体咀嚼，进行两次压缩，因此，全质构测试又称作二次咀嚼实验。质构仪测定结果与感官评价结果有很高的相关性，质构仪测定易于操作，结果直接以数值或图表状态呈现，误差较小，重现性好，适用于测定确定的要素，得到比较客观的数据。质构仪能对样品的胶黏性、硬度、弹性、咀嚼性、回复性、内聚性等指标进行测定，得到双峰形图形，根据二次压缩产生的峰可得到多个指标参数。

本实验先以基本配方小麦粉 200g、水 90g、白糖 40g、黄油 20g、鸡蛋 40g、酵母 2g、盐 1.5g 制作全麦圆面包；再分别以 6%、8%、10%、12% 的紫薯粉，与 94%、92%、90%、88% 的小麦粉混匀，搅拌时间 20min 制作紫薯面包；然后再将 20g 紫薯粉、180g 小麦粉混匀，加水量分别为 80g、90g、100g、110g，搅拌 20min，制作紫薯面包；最后控制紫薯粉占 10% 的替换量和 50% 的加水量不变，改变搅拌时间，分别搅拌 15min、20min、25min、30min 制作紫薯面包。将制作的面包冷却到室温后用密封袋包装，包装放置 12h 后进行质构分析，探究紫薯粉添加量对面包特性的影响，以及加水量的变化和搅拌时间等对紫薯面包品质的影响，深入探讨紫薯粉、小麦粉分子相互作用的机理。

13.3 实验结果与分析

13.3.1 DSC 测试结果

DSC 测试淀粉可得到一条以放热的速率为纵坐标，以温度为横坐标的曲线。根据曲线可以看出随着温度的增加，在一定温度范围内有一个向下的峰。出现该峰的原因就是淀粉的糊化范围，通过分析此处峰，可以得到淀粉的起始及终止糊化温度，以及淀粉糊化的热焓值。

紫薯粉与小麦粉混合 DSC 测定结果见表 13-4，结果得出，高筋小麦粉起始糊化温度、终止糊化温度、峰值温度、糊化焓值分别为 59.4℃、66.7℃、63.5℃、-1.122J/g。加入紫薯粉后，热力学参数都有所变化，起始糊化温度、终止糊化温度、峰值温度都随着紫薯粉的替换量增多而逐渐升高，糊化焓值随着紫薯粉的替换量增多而逐渐增大，糊化温度范围随着紫薯粉替换量增多而逐渐减小。

表 13-4 紫薯粉与小麦粉混合物测定结果

紫薯粉含量（%）	起始糊化温度（℃）To	终止糊化温度（℃）Tc	糊化温度范围（℃）R	峰值温度（℃）Tp	糊化焓值（J/g）
0	59.4	66.7	7.3	63.5	-1.122
6	60.3	67.3	7.0	64.1	-1.198
8	60.5	67.4	6.9	64.2	-1.241
10	60.8	67.6	6.8	64.4	-1.259
12	61.2	67.8	6.6	64.6	-1.288
14	61.4	67.9	6.5	64.7	-1.342

淀粉由晶体状转化为凝胶状，是因为淀粉颗粒受温度的影响，导致转化的温度叫作糊化温度，由于淀粉种类不同、淀粉颗粒大小不同，各淀粉糊化温度也不同[17]。用紫薯粉替换部分小麦粉后，糊化温度升高，可能是因为紫薯粉中

富含许多营养素，如纤维素、蛋白质以及矿物质等，这些物质的存在对水分活度有很大的影响，水分活度被降低，淀粉糊化进行慢，糊化温度升高。也可能是紫薯粉中水分含量低于小麦粉，吸水度高，紫薯粉的加入，形成了与小麦粉吸水的竞争状态，小麦粉与水的结合度变低，进而影响糊化。热焓值是一个与样品分子物理变化和化学变化都有关的热力学参数，热焓值越大，表明淀粉越容易糊化。紫薯粉加入后，紫薯粉中淀粉分子与小麦淀粉分子相互作用，热焓值升高，紫薯粉中直链淀粉含量较少[18-19]，比小麦粉容易糊化，因此，随着紫薯粉替代小麦粉的比例增加，其混合粉糊化焓值变大。

13.3.2　感官评价分析

感官评价法可以发现人群的偏爱性，在食品上，不同人偏爱不同的口味，可以根据感官调查，得到多数人口味的趋向，探索原料最佳配比。在不改变基本配方的前提下添加紫薯粉替换小麦粉，得到紫薯面包感官评价结果如表 13-5 所示。

表 13-5　紫薯面包感官评价表

紫薯粉添加量/g	外观形态/分	色泽/分	质地/分	口感/分	内部组织/分	综合评分/分
12	15	15	16	15	15	76
16	16	15	15	16	16	77
20	18	18	16	17	17	87
24	16	14	12	14	12	65

根据表 13-5，可以明显看出当紫薯粉添加量为 20g（占混合粉比例 10%）时，面包评分最高，因为紫薯粉含量为 10% 制作出的面包颜色最鲜艳诱人、气孔均匀、口感细腻、内部组织蓬松度良好，其次评价较高的是紫薯粉添加量为 16g 时制作的面包，评分最差的是添加 24g 紫薯粉制作的面包。也就是说，增加紫薯粉过多会影响面包品质，使其口味适宜度下滑。可能是因为紫薯粉粉质较干，当添加到一定的量后，再加会影响面包的组织、质地，从而影响口感[20]。同时，紫薯粉太多，紫薯面包颜色也呈现深紫色或紫黑色，影响进食欲望。分别以系列 1、系列 2、系列 3 和系列 4 代表紫薯粉添加量 12g、16g、20g、24g 得出图 13-2。

- - - 系列1 —— 系列2 - · - 系列3 ······ 系列4

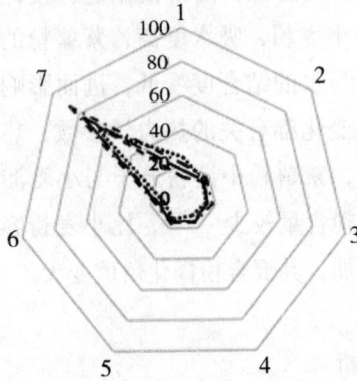

图 13-2　不同紫薯粉添加量面包的感官评价

从图 13-2 中明显看出，系列 3 结果更加显著，表明当紫薯粉替换比为 10%时，紫薯面包受欢迎程度最显著。

13.3.3　TPA 测试结果分析

13.3.3.1　紫薯粉添加量对面包品质的影响

分别以 6%、8%、10%、12%的紫薯粉替换小麦粉混匀，经过原料预处理、揉制面团、发酵、整形、醒发、烘烤和冷却包装等工艺制作面包。根据感官实验得出，紫薯粉最佳添加比例为 10%，再使用仪器设备对面包进行理化分析，得出相应的物理性质，探究紫薯粉与小麦粉分子相互作用对面包品质的影响。分析结果见表 13-6、13-7。

表 13-6　紫薯粉添加量对面包品质影响的质构分析

紫薯粉量（%）	硬度	黏性	弹性	内聚性	胶黏性	咀嚼性	回复性
0	7174.71± 1445.73	-4.97.61 ±3.95	0.77± 0.03	0.45± 0.11	7602.49± 305.76	5910.72± 2718.60	0.14± 0.04
6	6762.92± 2671.80	-1.59 ±1.32	0.74± 0.04	0.39± 0.03	3061.84± 886.35	2252.59± 692.84	0.12± 0.01

紫薯粉量（%）	硬度	黏性	弹性	内聚性	胶黏性	咀嚼性	回复性
8	7741.35±2121.80	-4.38±5.39	0.67±0.07	0.40±0.03	2648.57±827.26	1741.58±357.61	0.13±0.03
10	11236.37±3127.79	-1.41±0.98	0.72±0.05	0.39±0.01	4352.95±1400.12	3171.25±1138.50	0.13±0.05
12	23026.55±1315.15	-29.54±31.97	0.64±0.04	0.36±0.01	8201.28±589.66	5274.74±715.74	0.13±0.07

表 13-7　紫薯面包质构与紫薯粉添加量的相关性

质构参数	相关系数
硬度	0.835*
黏性	0.648
弹性	0.841**
内聚性	0.870**
胶黏性	0.153
咀嚼性	0.030
回复性	0.224

注：*，**分别表示相关性在0.05，0.01水平上有差异

随着紫薯粉替换量从6%增加到12%，面包硬度逐渐增大，且相关性高（p<0.05）；弹性、内聚性逐渐减小，且相关性高（p<0.01）；黏性呈曲线变化，回复性、胶黏性和咀嚼性逐渐增大。当紫薯面包中紫薯粉量为10%时，面包品质最好，再增加紫薯粉量，面包的咀嚼性、胶黏性、黏性和硬度急剧增大；回复性增大；弹性、内聚性减小。

由于紫薯粉的加入，紫薯淀粉分子与小麦蛋白相互作用，稀释了小麦粉的面筋蛋白[21]，使其难以形成面筋网络，降低了面包的蓬松度，导致面包硬度增大，内聚性减小；同时，紫薯粉中富含纤维素，纤维素吸水膨胀，又不溶于水，所以面包持水性增大，回复性逐渐增大；紫薯粉含支链淀粉较多，淀粉颗粒较大，内部组织结构相对疏松，溶解度较高，因此，紫薯面包黏性和胶黏性增大；加入紫薯粉后，淀粉大量吸水膨胀，填充于面筋网络中，阻碍面筋完全扩展，

从而使面包弹性减小，咀嚼性增大。

13.3.3.2　加水量对面包品质的影响

将 20g 紫薯粉、180g 小麦粉混合均匀，以基本配方为基础，分别添加 80g、90g、100g、110g 水揉制面团、发酵、整形、醒发、烘烤制作面包，对面包进行质构分析，探究加水量对面包品质的影响。分析结果见表 13-8、13-9。

表 13-8　加水量对紫薯面包品质影响的质构分析

加水量（g）	硬度	黏性	弹性	内聚性	胶黏性	咀嚼性	回复性
80	6754.17± 2050.10	−3.82± 2.28	0.71± 0.03	0.41± 0.01	2365.20± 369.06	1856.22± 559.73	0.12± 0.01
90	6421.12± 1813.83	−5.14± 1.06	0.70± 0.03	0.39± 0.03	2588.26± 667.33	1675.27± 199.90	0.11± 0.01
100	5716.08± 943.16	−4.19± 3.31	0.72± 0.04	0.42± 0.02	2185.83± 325.47	1566.29± 211.18	0.13± 0.01
110	5175.13± 913.10	−4.24± 3.65	0.71± 0.05	0.40± 0.03	2548.98± 561.43	1770.98± 344.68	0.12± 0.01

表 13-9　紫薯面包质构与加水量的相关性

质构参数	相关系数
硬度	0.992 * *
黏性	0.071
弹性	0.982 * *
内聚性	0
胶黏性	0.104
咀嚼性	0.377
回复性	0

注：*，* * 分别表示相关性在 0.05，0.01 水平上有差异

水是面包生产的重要原料，对面筋的形成、淀粉的糊化都起着至关重要的作用。由表 13-8 可见，加水量为 100g 时，面包软硬适中，组织内部细腻，弹性、内聚性、回复性达最高，胶黏性、咀嚼性最低。随着加水量的增多，紫薯面包硬度、弹性逐渐减小（$p < 0.01$），黏性、内聚性、胶黏性、咀嚼性及回复性

呈曲线变化。这是因为加水使所有原料融合，混合面粉吸水形成结合水，经过揉搓，分子互作，小麦粉蛋白形成面筋，面筋扩展充分后，得到的面包弹性、内聚性、回复性及软硬度等就会达到最佳。水起着良好的润滑作用，加适量水，面团会变得比较柔软，水分充足，面包内部组织也更加细腻。当然，也不是加水越多越好，加水过量，面包品质会受到破坏，因为过多的自由水会使面筋变得过于柔软，黏性过高，面包骨架难以稳定，成品蓬松度差，口感变差。由于面包中加入了紫薯粉，紫薯粉与小麦粉相互作用，吸水性发生变化，所以面包的黏性、内聚性、胶黏性、咀嚼性及回复性随加水量的增加而呈现非直线线性变化。

13.3.3.3 搅拌时间对紫薯面包品质的影响

在基本配方高筋面粉 200g、白糖 40g、黄油 20g、鸡蛋 40g、酵母 2g、盐 1.5g 的基础上，用 20g 紫薯粉替换相应量高筋面粉，加入 100g 水，改变面团搅拌时间，分别搅拌 15min、20min、25min、30min，制得混合粉面团，经过面包制作工艺制作紫薯面包。得出分析结果如表 13-10、13-11 所示。

表 13-10 搅拌时间对紫薯面包品质影响的质构分析

搅拌时间（min）	硬度	黏性	弹性	内聚性	胶黏性	咀嚼性	回复性
15	7193.38± 3628.39	−5.14± 1.06	0.67± 0.04	0.40± 0.03	2748.87± 1143.84	1889.94± 351.73	0.13± 0.01
20	6762.92± 2671.79	−4.58± 0.63	0.71± 0.10	0.39± 0.04	2588.26± 667.33	1856.22± 559.73	0.12± 0.01
25	6754.17± 2050.10	−4.56± 2.67	0.73± 0.03	0.42± 0.02	2250.03± 451.98	1791.76± 490.58	0.14± 0.01
30	6921.11± 1813.83	−5.19± 1.49	0.69± 0.01	0.41± 0.01	2002.59± 102.05	1671.45± 151.19	0.13± 0.02

表 13-11 紫薯面包质构与面团搅拌时间的相关性

质构参数	相关系数
硬度	0.948 *
黏性	0.049
弹性	0.328
内聚性	0.6
胶黏性	0.992 * *
咀嚼性	0.965 *
回复性	0.316

注：＊，＊＊分别表示相关性在 0.05，0.01 水平上有差异

　　随着搅拌时间的增加，紫薯面包的硬度、胶黏性、咀嚼性和黏性呈下降趋势（p<0.01），弹性呈上升趋势，回复性和内聚性呈曲线变化，无规则性。这是因为在搅拌过程中，面团内部分子发生相互作用，面筋蛋白逐渐形成面筋网络，而且搅拌时，面团有一定的阻力，会产生摩擦，从而使面团内部温度上升，面筋变得柔软且得到伸展。同时，空气随搅拌进入面团中，发生氧化反应，生成双硫键，面筋蛋白得以互相连接形成强韧的网状结构，内部其他物质完全填充，使面团软硬适中，面包组织内部良好，口感细腻，弹性好。由表 13-10 可看出，当面团搅拌时间超过 25min 时，面包的黏性、硬度增大，弹性、内聚性、回复性均减小，说明最佳搅拌时间为 25min。搅拌过度，面筋会发生断裂，面团持水性变差，面团变得黏手，不利于后续整形操作。同时，面团变得松塌，不能包裹住发酵产生的气体，导致面包变硬，内聚性、胶黏性变差，弹性减小，紫薯面包品质变差。搅拌不足，面筋得不到扩展，不能软化，表明无法成膜，包裹不住气体，做出的面包体积小，表皮和内部都很粗糙，口感极差。

13.4　结论与展望

13.4.1　结　论
本研究基本配方为高筋面粉 200g、水 90g、白砂糖 40g、鸡蛋 40g、黄油 20g、酵母 2g、盐 1.5g，以紫薯粉代替部分小麦粉，研制出组织结构细腻、质地

柔软有弹性、口感风味受大众喜爱、满足健康食品要求的紫薯面包。以感官评价的方式探究紫薯粉的最佳添加量，探究紫薯粉对面包品质的影响，通过改变加水量和搅拌时间等条件，探究紫薯粉与小麦粉分子互作对面包品质特性的影响。经过查阅相关文献，用差示扫描量热仪对紫薯和小麦混合粉进行测定，用质构仪对紫薯面包进行测定分析，以食品科学、食品化学技术理论为指导，阐释相应影响作用机理。得出如下结论：

（1）紫薯粉替换小麦粉的量增加，紫薯粉会与小麦粉竞争自由水，面团内部分子相互作用，导致混合面团的糊化温度（To）、终止糊化温度（Tc）、峰值温度（Tp）升高，因为紫薯粉直链淀粉含量少，容易糊化，所以糊化焓值会变大。

（2）通过感官评价发现，紫薯粉添加量为10%时，紫薯粉与小麦粉分子相互作用效果最好，制作的紫薯面包无论是色泽质地，还是口感风味都最受欢迎。这与任彦莲、陈芦根等人的研究结果一致。

（3）通过质构分析，紫薯粉替代量由6%增加至12%，紫薯粉对小麦粉面筋蛋白影响增大，紫薯面包硬度逐渐增大，达10%以后，由于紫薯粉量的增多，妨碍面筋网络形成，面包硬度大幅度增加。

（4）在面包制作过程中，加入紫薯粉后加水量增加，是因为紫薯粉容易糊化，吸水性强，并且面筋的形成，需要麦谷蛋白和麦醇溶蛋白与水结合，形成结合水，这两个原因导致加水量增加。

（5）搅拌对面筋的形成、紫薯粉与小麦粉的混合均匀起着重要作用，充分搅拌使面筋得到扩展，面筋蛋白形成一层薄膜，能有效保留发酵产生的气体。搅拌不足，面筋得不到伸展，做出的面包会比较硬，口感差，过度搅拌也会破坏面包品质，使其内部有较大的孔，组织粗糙。

13.4.2　展　望

紫薯粉营养价值高，添加到小麦粉中制作紫薯面包，增加面包的附加值。但是对紫薯粉与小麦粉分子互作层面的研究较少，本论文仅研究了加入紫薯粉后，经过改变加水量和搅拌时间，通过一定仪器测试以及查阅相关文献，探究紫薯粉与小麦粉分子之间的相互作用。接下来还可以从制作工艺如发酵，原辅料配比如黄油、糖等角度，探究紫薯面包更深层次分子相互作用的机理。相信未来会有更多研究者探究紫薯粉、小麦粉烘焙分子层面发生的变化，充分发掘紫薯的利用价值，为我国营养保健食品提供更多数据支持，满足人们健康饮食的需要。

参考文献

［1］杨巍，黄洁琼，陈英，等．紫薯的营养价值与产品开发［J］．农产品加工（学刊），2011，253（08）：41-43.

［2］楚良慧，宋帅，张红，等．紫薯的营养价值及其脱毒快繁技术研究进展［J］．安徽农学通报，2018，24（24）：34-35，42.

［3］VACLAVIK V，CHRISTIAN E，CAMPBELL T．Vegetables and Fruits［Z］，2021，89-119.

［4］王利群．紫薯的营养［J］．农产品市场周刊，2010，476（20）：22-23.

［5］张婷，陈小伟，张琪，等．紫薯功能性与其食品开发研究进展［J］．食品工业科技，2018，39（13）：315-319，324.

［6］孟文俊，王增池，王焕香．紫薯保健功能分析及其应用前景［J］．现代农村科技，2019，580（12）：106-107.

［7］ZHANG Y，NIU F，SUN J，et al．Purple Sweet Potato（ipomoea Batatas L.）Color Alleviates High-fat-diet-induced Obesity in Sd Rat By Mediating Leptin's Effect and Attenuating Oxidative Stress［J］．*Food Science and Biotechnology*，2015，24（4）：1523-1532.

［8］任彦莲，陈芦根．紫薯产品的开发研究进展［J］．农业科技通讯，2019，576（12）：9-11.

［9］张梦潇，周文化，莫华，等．不同品种紫薯粉面团品质特性［J］．食品工业科技，2021，42（02）：1-18.

［10］LIAO L，HUIHUI L，WU W．Processability and Physical-functional Properties of Purple Sweet Potato Powder as Influenced By Explosion Puffing Drying［J］．*Journal of Food Measurement and Characterization*，2020（15）：944-952.

［11］黎芳，滕文韬，刘野，等．3种功能性蛋白对淀粉：面筋重组面团流变学特性及馒头品质的影响［J］．中国食品学报，2020，20（03）：103-111.

［12］张影全，师振强，赵博，等．小麦粉面团形成过程水分状态及其比例变化［J］．农业工程学报，2020，36（15）：299-306.

［13］韩文芳，林亲录，赵思明，等．直链淀粉和支链淀粉分子结构研究进展［J］．食品科学，2020，41（13）：267-275.

［14］WEEGELS PL．The Future of Bread in View of Its Contribution to Nutrient Intake as a Starchy Staple Food［J］．*Plant Foods for Human Nutrition*，2019，74（1）：1-9.

[15] 郭家宝, 刘彦军, 高振贤, 等. 添加紫薯粉对强筋小麦粉品质特性及面包加工品质的影响 [J]. 粮食与饲料工业, 2019, 384 (04): 14-17.

[16] 卢元翠. 常用几种发酵方法对面包品质的影响 [J]. 科技与创新, 2020, 160 (16): 134-135.

[17] 屈展平, 任广跃, 张迎敏, 等. 马铃薯淀粉: 小麦蛋白共混体系的相互作用及对复合面条性质的影响 [J]. 食品与机械, 2020, 36 (01): 72-78.

[18] 昌超, 朱银洁, 谭小燕. 紫薯淀粉结构与理化性质研究 [J]. 食品安全质量检测学报, 2019, 10 (20): 6793-6796.

[19] 周海宇, 任瑞林, 包亚莉, 等. 紫薯淀粉结构与理化性质研究 [J]. 现代食品科技, 2016, 32 (02): 107-112.

[20] 揭小玲. 紫薯全粉品质特性及紫薯饼干加工技术研究 [D]. 福州: 福建农林大学, 2013.

[21] 陈芳芳, 于文滔, 刘少伟, 等. 紫薯粉对面团粉质特性和质构特性的影响 [J]. 食品工业, 2014, 35 (05): 170-174.

第 14 章

紫薯粉/小麦粉分子互作对面团结构及特性的影响

14.1 引　言

目前，国内外对于紫薯的研究主要集中在相关食品的开发和花青素提取等方面，其他方面涉及较少，而在紫薯面团的相关研究中，也更多偏向于优化产品配方和面团部分结构变化的研究，较少系统地探讨面团分子层面的变化即质构和特性的变化对于产品性质的影响。

在已有研究中，单珊等人的研究说明了在小麦粉与紫薯粉分子互作后共混物的各糊化特性指标会下降，同时还研究了面团稳定时间与紫薯粉添加量之间的联系；范会平等人[11]研究了添加紫薯粉后共混面团粉质、拉伸特性的变化，得出了添加紫薯粉后会降低面团流变学特性的结论；陈芳芳研究了在面粉中添加紫薯粉后对面团粉质特性的影响，同时还具体研究了形成面团的过程中各特性指标的变化；何兆位等人[13]研究了不同紫薯粉添加量对于面团流变学特性、糊化特性的影响，得出了添加紫薯粉后会导致面团的流变学特性和糊化特性下降的结论；仇干等人测定了不同配比下紫薯粉与小麦粉混合粉的颜色、化学组分、热特性和功能特性，得出了混合粉的营养价值均高于单纯的小麦粉的结论。这些结论表明了在小麦粉中添加一定的紫薯粉后可以改善面团的品质以及营养价值。

面团的品质特性会直接影响产品的质量，小麦粉与紫薯粉分子互作后，紫薯粉的各组分会与小麦粉发生相互作用，如面筋的相互作用影响到面筋蛋白的网络结构，共混物各组分的含量发生改变等，这些都会影响到紫薯粉/小麦粉共混面团的形成，还会影响到共混面团的品质特性，进而影响到最终产品的性质。

　　将水与面粉混合，通过揉捏等处理后，就可以形成面团。面团具有很强的内聚性和黏弹性，这是因为面粉中含有面筋蛋白。面筋蛋白主要由麦谷蛋白和麦醇溶蛋白组成，这两种蛋白在面粉中占据总蛋白质含量的80%以上；同时，面筋蛋白还是食品蛋白质中唯一可以形成黏弹性面团的蛋白质，所以面团的相关特性与它们有直接的关系。在所有的谷物粉中，小麦粉含有的面筋蛋白含量最高，所以形成面团的能力最强。面筋蛋白可以形成黏弹性面团的原理是这些蛋白质含有很多谷氨酸酰胺和羟基氨基酸，很容易形成分子间氢键；同时，它们还不易溶于水中，这就使得面筋蛋白网络具有很强的吸水能力和黏聚性质。另外，这些蛋白质所含有的—SH可以让这些蛋白质形成二硫键，从而使它们在面团中也可以紧密地连接在一起，让其具有韧性。当面粉被揉捏时，所含有的蛋白质分子会伸展开来，同时形成二硫键，这增强了疏水相互作用。另外，面筋蛋白也会转化成立体且有黏弹性的蛋白质网状结构，并且会截留淀粉粒和其他成分。

　　淀粉分子可以形成束状的胶束，减小彼此间的间隙，使得像水这样的小分子也难以渗透，因为这些淀粉分子含有许多羟基，羟基间缩合形成氢键，最后形成紧密的结构。在水中加热淀粉，淀粉分子会随着温度的升高而加剧震动，这种震动会让淀粉分子间的氢键产生断裂，而断裂产生的羟基可以与水分子结合形成氢键，这种结合会随着断裂程度的加深而变多，最后使得淀粉胶束渐渐消失。继续加热，胶束全部溶解，淀粉分子会变成单分子，同时淀粉单分子会和水分子以氢键结合，导致淀粉分子被水包围，最终形成具有黏性的糊状溶液。淀粉在水中加热至胶束消失的过程被称为糊化，而这个过程的本质就是淀粉的微观结构由有序变为了无序。

　　淀粉糊化总共可以分为三个阶段：第一阶段叫作可逆吸水阶段，在这个阶段里，淀粉吸水，通过氢键与水分子结合，但水分子只进入了淀粉的非结晶部分，并没有改变淀粉的内部结构，所以此时淀粉冷却干燥后还可以复原。第二阶段叫作不可逆吸水阶段，随着温度升高，淀粉分子间的氢键开始断裂，水分子开始与淀粉分子上的羟基结合，也就是水分子进入淀粉内部，淀粉的内部结构发生改变，随着淀粉粒大量吸水，淀粉粒的体积开始膨胀，同时胶束结构开始溶解，此阶段的吸水不可逆。第三阶段叫作淀粉粒解体阶段，淀粉粒的胶束结构彻底溶解，淀粉变为单分子被水分子包围，即淀粉溶于水中形成具有黏度的溶液。影响淀粉糊化的因素有很多，比如淀粉的结构和含量，直链淀粉较支链淀粉更难以糊化，且直链淀粉含量越高，其糊化温度越高；否则，反之。

通过人自身的感官对食物品质进行判断，这种判断可以得到食物的质构特性，但这种方法会受到人自身主观因素的影响，所以现在更多的是利用专门的仪器来检测质构，比如质构仪，而其原理就是通过模拟口腔咀嚼的运动模式并设定检测探头的参数，得到代表着感官属性的物理学参数，进而使感官分析更加科学客观。也正是因为这种方法的科学性和标准性，使得食品行业的工作者越来越多地使用质构分析法来测定食品质构。在相关的研究中，大多用质构分析法来研究小麦面团的品质。面团质构的属性主要取决于面团结构的物理特性，而这些物理特性和面团的形变与分解以及在力作用下的流动有关，而这些属性可以通过质构仪来测定。使用质构仪的 TPA 模式对面团进行检测，可以得到 TPA 质构特征曲线，对曲线进行分析，就可以得到与人的感官评价相关的质构特性参数，如硬度、黏性、弹性、咀嚼性等，这些参数代表着在食品评判中很重要的品质特性。

面团的质构特性参数包括硬度、黏性、弹性、内聚性、胶黏性、咀嚼性和回复性。硬度在人的感官上是指用牙来咬碎样品时所用到的力，而在质构分析里则是指让面团变形到一定程度时所需要的力，在特征曲线里指样品第一次被压缩时的最大峰力。弹性在质构分析里是指面团被挤压后恢复的高度与挤压前高度的比率，这也体现了面团在被挤压后，于一定时间内的恢复能力。回复性是指变形的面团在同样条件下恢复的程度。内聚性可以用来模拟面团内部的黏合力，也就是让面团聚拢的内聚力，体现了面团对外界破坏的抵抗能力和面团内部结构的紧密连接的程度。咀嚼性是指将固体样品咀嚼成稳定的可吞咽状态时所需要的能量，在质构分析里它的数值是胶黏性和弹性的乘积。胶黏性是指将半固体的样品分裂成稳定的可吞咽状态时所需的能量，在质构分析里它的数值是硬度和内聚性的乘积。

典型的 TPA 质构特征曲线如图 14-1 所示，根据图中的标志，可以算出被测食品的这些质构参数，从而作为探讨食品质构的特性的依据。

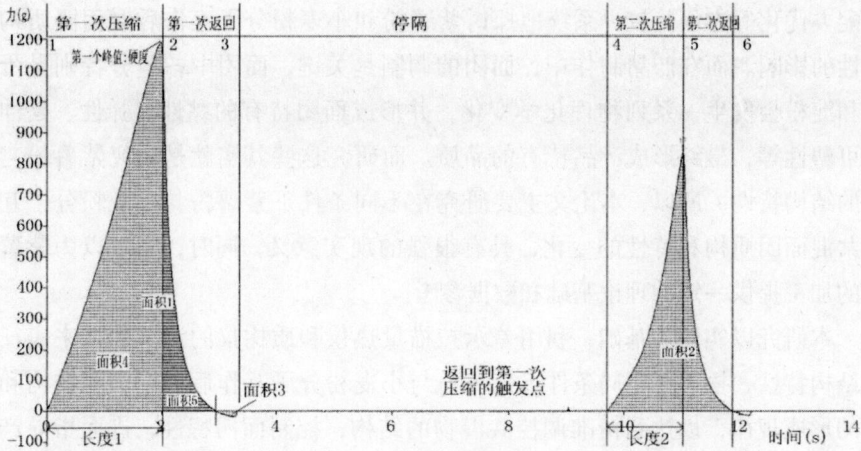

图 14-1　TPA 特征曲线

这些特性参数的定义如表 14-1 所示：

表 14-1　TPA 参数及其定义[17]

质构参数	定义
硬度	样品被第一次压缩时的最大峰值
黏性	从第一次压缩的曲线达到力量零点时，到第二次压缩曲线开始之间的曲线的负面积
弹性	第二次压缩中所检测到的样品恢复高度与第一次的压缩变形量的比值
内聚性	两次压缩所做的正功之比
胶黏性	硬度×内聚性
咀嚼性	胶黏性×弹性
回复性	形变目标之前面积与形变目标之后面积的比值

以紫薯粉/小麦粉共混面团为研究对象，在其他共混面团研究的基础上，利用质构仪 TPA 模式测不同比例、搅拌时间、添加水量条件下紫薯粉/小麦粉分子互作后共混面团的硬度、弹性、黏聚性等；利用差示扫描量热仪（DSC）测量紫薯粉/小麦粉分子互作后共混物的糊化特性。通过数据分析不同条件下紫薯粉/小麦粉分子互作后共混面团质构的变化以及糊化特性的变化，来探讨面团结构和特性的形成规律。

综上所述，目前国内外对于紫薯淀粉及其复合产品的研究集中于产品开发和配方优化等方面，较少系统地探讨紫薯粉和小麦粉分子互作后对面团质构和特性的影响。而在产品制作中，面团的调制是关键，面团中各组分特别是蛋白质和淀粉会发生一系列物理化学变化，并形成面团特有的黏性、弹性、延伸性和可塑性等，最终形成产品特有的品质。而研究这些其实就是研究紫薯粉复合物的结构特性，所以，本论文主要研究在不同条件下紫薯粉与小麦粉分子互作后共混面团质构和特性的变化，具有很强的现实意义，同时，还可以为紫薯制品的加工提供一定的理论基础和数据参考。

本研究以实验为基础，利用差示扫描量热仪和质构仪的测试数据来表征面团结构特性，探索在不同条件下紫薯粉与小麦粉分子互作后共混面团结构和特性的形成规律，以达到精准调控共混物的结构，控制面团特性，进而指导产品开发的目的。

14.2 实验材料与方法

14.2.1 实验材料

14.2.1.1 实验原料

表 14-2 实验材料

原料名称	厂家
紫薯粉	亳州宝丰生物科技有限公司
小麦粉	河北金沙河面业有限责任公司

14.2.1.2 实验仪器与设备

表 14-3 实验仪器与设备

仪器名称	备注
YP-30002 电子天平	上海佑科仪器仪表有限公司
搅拌机	美国 Kitchen Aid 5K5SS 搅拌机
TA-XT plus 质构仪	英国 Stable Micro Systems 有限公司
DSC204F1 差示扫描量热仪	德国耐驰仪器制造有限公司
胶头滴管	武汉商学院食品科技学院实验室

仪器名称	备注
烧杯	武汉商学院食品科技学院实验室

14.2.2　实验方法

14.2.2.1　实验设计

将紫薯粉/小麦粉分子互作后的共混面团作为研究对象，根据其他共混面团的相关研究，在不同比例、搅拌时间和添加水量的条件下制备紫薯粉/小麦粉共混面团，再利用质构仪的 TPA 模式测试共混面团的质构。利用差示扫描量热仪（DSC）测试紫薯粉/小麦粉共混物的糊化特性。实验设计如下：

测试共混面团的质构实验：

（1）分别将 0%、6%、8%、10%、12%、14% 质量分数的紫薯粉与小麦粉分子互作，制得混合粉，按照 55% 加水量和搅拌时间 8min 的条件制备共混面团，再利用质构仪的 TPA 模式测试其质构。

（2）在 8% 质量分数紫薯粉和搅拌时间 8min 的条件下，按 45%、50%、55%、60% 的加水量来制备共混面团，利用质构仪的 TPA 模式来测定面团的质构。

（3）按照 8% 质量分数紫薯粉和 55% 添加水量的条件，将混合好的面粉按 8min、10min、12min、14min 的搅拌时间来和面，制得共混面团，再利用质构仪的 TPA 模式测试其质构。

测定共混物糊化特性的实验：

分别按照 0%、6%、8%、10%、12%、14% 质量分数的紫薯粉制备紫薯粉/小麦粉共混物，再利用差示扫描量热仪（DSC）测试其糊化特性。

14.2.2.2　紫薯粉/小麦粉共混物的 DSC 测试

将 0%、6%、8%、10%、12%、14% 质量分数的紫薯粉分别与小麦粉混合均匀，制得共混物，再按照 1:2 的比例添加水（水：紫薯粉 =1:2），搅拌均匀，然后利用胶头滴管称取 6mg~10mg 共混物至铝盘中，密封铝盘，用镊子移入 DSC 仪器中进行测试。使用空盘作为参照物，升温速率为 10℃/min，温度变化范围为 20℃~100℃，每个水平测试 3 个样品，取平均值。记录以下数值：起始糊化温度（To）、终止糊化温度（Tc）、峰值温度（Tp）、热焓值（ΔH），再通过计算得到糊化温度范围（R），计算公式见（式 14-1）：

R = Tc - To   （式 14-1）

14.2.2.3　紫薯粉/小麦粉共混面团的全质构分析（TPA）

分别按照不同比例，即 0%、6%、8%、10%、12%、14% 质量分数的紫薯粉和小麦粉充分混合，再按 55% 加水量、8min 的搅拌时间来制备共混面团；按照 8% 质量分数的紫薯粉和小麦粉混合，再分别按照 50%、55%、60%、65%、70% 的添加水量，以及 8min 的搅拌时间来制备共混面团；按照 8% 质量分数的紫薯粉与小麦粉混合，以及 55% 的添加水量，再分别按照 7min、8min、9min、10min、11min 的搅拌时间制备共混面团。将以上共混面团切成 2×2×2 cm 的样品，利用质构仪的 TPA 模式测定样品的质构特性，每个水平测试 3 个样品，取平均值。测试探头选用 P/50 铝制圆柱形探头，按表 14-4 的条件参数来进行测试。

表 14-4　TPA 测试参数

测前速度	测试速度	测后速度	目标模式	距离	时间	触发模式	触发力
1.00mm/sec	5.00mm/sec	5.00mm/sec	距离	10.0mm	5.00sec	自动（力）	5.0g

14.3　实验结果与分析

14.3.1　DSC 测试结果及分析

淀粉糊化是指淀粉分子间氢键随温度升高而断裂，使淀粉分子更容易与水结合，然后形成黏性糊状物的过程。淀粉分为直链淀粉和支链淀粉两种，其含量会影响到淀粉的糊化，当直链淀粉的含量越高时，淀粉越不容易糊化。同时，淀粉糊化的难易程度还与水分活度、脂肪含量、蛋白质含量等有关。

14.3.1.1　不同质量分数紫薯粉对共混物糊化特性的影响

淀粉分子间的胶束会随着温度的升高而逐渐吸水溶解，进而成为淀粉单分子从而变为具有黏性的糊状物。该试验运用差示扫描量热仪（DSC）分析了紫薯粉的添加量对于紫薯粉/小麦粉共混物的糊化特性的影响，测试结果见表 14-

5。起始糊化温度（To）表示了淀粉糊化的难易程度，起始糊化温度越低，表明水分子越容易进入淀粉分子里。

表 14-5　不同比例下紫薯粉/小麦粉共混物的 DSC 测试结果

紫薯粉质量分数（%）	起始糊化温度 To（℃）	终止糊化温度 Tc（℃）	糊化温度范围 R（℃）	峰值温度 Tp（℃）	热熔 △H（J/g）
0	59.43	66.62	7.19	63.41	-1.24
6	60.22	67.46	7.24	64.10	-1.27
8	60.51	67.65	7.14	64.57	-1.28
10	60.76	67.84	7.08	64.66	-1.34
12	61.15	67.99	6.84	64.72	-1.36
14	61.48	68.38	6.90	64.23	-1.39

通过测试结果可以看出，随着紫薯粉添加量的增加，共混物的起始糊化温度和终止糊化温度也随之升高，由 59.43℃ 和 66.62℃ 升高到了 61.48℃ 和 68.38℃，同时糊化温度范围随之减小，热熔值随之增大。起始糊化温度升高是因为紫薯粉含有较多支链淀粉，吸水性更强，添加紫薯粉后会干扰到小麦粉与水分子的结合，同时添加紫薯粉还会降低共混物的直链淀粉含量，使得糊化温度范围减小。同时，紫薯粉的结晶度高，使得糊化熔值也高，所以添加紫薯粉后会使热熔值增大。

14.3.2　TPA 测试结果及分析

部分紫薯粉/小麦粉共混面团的质构曲线如图 14-2。添加紫薯粉后会使共混面团的硬度、黏性、弹性、内聚性、胶黏性、咀嚼性、回复性这些质构参数发生改变，改变添加水量和搅拌时间也会对面团质构造成影响，具体结果见表 14-6、14-8、14-10。

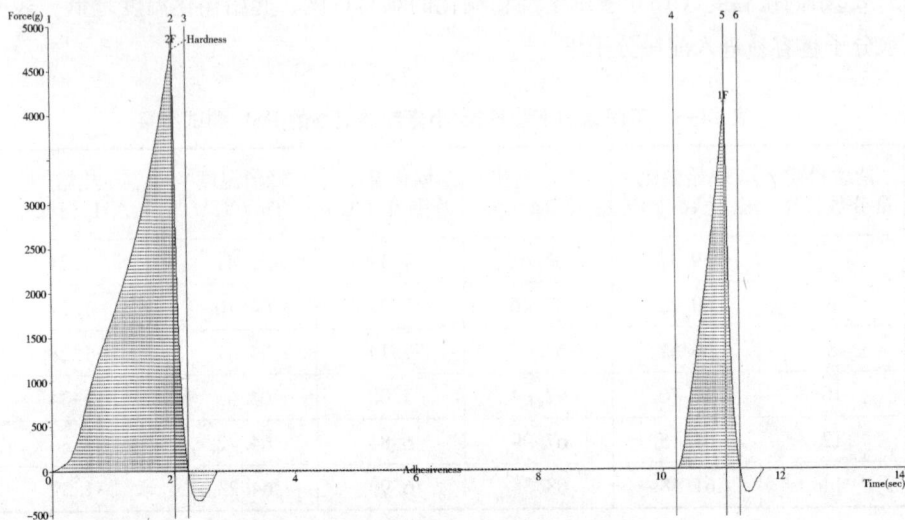

图 14-2 紫薯粉/小麦粉共混面团质构曲线

14.3.2.1 不同添加量紫薯粉对共混面团质构的影响

保持 55% 添加水量、搅拌时间 8min 的条件不变，在不同质量分数的紫薯粉添加量下制备共混面团，再利用质构仪的 TPA 模式测试其质构，得到硬度、黏性、弹性、内聚性、胶黏性、咀嚼性、回复性这些质构参数，具体数值见表14-6。

表 14-6 不同比例下紫薯粉/小麦粉共混面团的 TPA 测试结果

紫薯粉质量分数（%）	硬度	黏性	弹性	内聚性	胶黏性	咀嚼性	回复性
0	1755.82± 58.76	−2.50± 9.57	0.449± 0.01	0.48± 0.01	834.62± 44.37	374.86± 25.454	0.10± 0.00
6	2511.44± 117.53	−70.09± 14.77	0.57± 0.05	0.55± 0.02	1385.17± 16.48	786.48± 56.10	0.12± 0.00
8	4824.76± 54.56	−145.17± 53.01	0.49± 0.03	0.42± 0.01	2034.41± 80.23	998.18± 96.30	0.09± 0.00
10	4585.16± 236.78	−168.51± 61.54	0.54± 0.06	0.42± 0.02	1932.32± 3.37	1044.98± 116.55	0.09± 0.00
12	6519.44± 514.84	−180.50± 50.92	0.61± 0.02	0.47± 0.06	3042.08± 168.14	1847.27± 54.25	0.08± 0.01

续表

紫薯粉质量分数（%）	硬度	黏性	弹性	内聚性	胶黏性	咀嚼性	回复性
14	8487.61±391.32	-177.27±36.77	0.54±0.07	0.38±0.00	3258.00±143.86	1737.12±139.77	0.09±0.00

表14-7 共混面团的质构与紫薯粉质量分数的相关性

质构参数	相关系数
硬度	0.962 * *
黏性	0.861
弹性	0.189
内聚性	0.705
胶黏性	0.949 *
咀嚼性	0.912 *
回复性	0.721

注：*，**分别表示相关性在0.05，0.01水平上有差异。

根据表14-6可以看出，随着紫薯粉质量分数的增大，共混面团的硬度随之增大，且这种增大呈波浪形变化；黏性呈增大变化趋势；胶黏性和咀嚼性都随之有较显著的增大，且都呈波浪形增加，同时两者的变化趋势与硬度的变化趋势相似；回复性呈先上升后下降的趋势；弹性与内聚性呈无规律的波浪形变化趋势，且两种变化趋势相似。

由表14-7可知，当紫薯粉质量分数增大时，硬度的差异性非常显著（$P < 0.01$）；胶黏性和咀嚼性的差异较为显著（$0.01 < P < 0.05$）；黏性、弹性、内聚性、回复性差异不显著（$P > 0.05$）。出现上述结果的原因是：

紫薯粉蛋白质含量较低，添加紫薯粉后，会使共混物的蛋白质总量降低，使得共混面团的网状结构无法很好形成；同时，紫薯粉含有较多的支链淀粉，更容易吸水糊化，添加紫薯粉后淀粉吸水，会干扰到蛋白质形成网状结构；另外，面筋蛋白形成的网状结构会截留紫薯粉，这会使共混面团的暄腾程度降低，导致共混面团的硬度增大。

支链淀粉具有高黏性，加入紫薯粉会增大体系的黏性，还会阻碍共混面团形成面筋网络，导致面团无法形成光滑的表面，使得面团的黏性增大。

　　面团的胶黏性为硬度与内聚性的乘积，咀嚼性为胶黏性与弹性的乘积，由表14-6和14-7可以看出共混面团的弹性和内聚性变化不显著，故胶黏性的变化主要和硬度有关，而咀嚼性主要和胶黏性有关，也就是共混面团的胶黏性和咀嚼性的变化主要和硬度有关，且呈正相关，所以咀嚼性、胶黏性、硬度三者变化趋势相同。

　　面团弹性在质构分析上为第一次压缩后的恢复程度与第一次压缩程度的比值，在表14-6中，弹性的变化无规律，且变化较小，因为添加少量紫薯粉没有明显改变面团蛋白网状结构的塑造性。面团的内聚性指两次压缩所做正功之比，但添加少量紫薯粉没有过多改变面团的弹性，所以两次压缩的难易程度相近，故两次做功的比值变化较小。面团的回复性可表示为形变目标之前面积与形变目标之后面积的比值，所以面团压缩后的面积呈先增大后减小的变化趋势，因为两次压缩时间间隔较短。

14.3.2.2　不同添加水量对共混面团质构的影响

　　保持8%质量分数的紫薯粉添加量、搅拌时间8min的条件不变，在不同添加水量的条件下制备共混面团，再利用质构仪的TPA模式测试其质构，得到硬度、黏性、弹性、内聚性、胶黏性、咀嚼性、回复性这些质构参数，具体数值见表14-8。

表14-8　不同添加水量下紫薯粉/小麦粉共混面团的TPA测试结果

加水量（%）	硬度	黏性	弹性	内聚性	胶黏性	咀嚼性	回复性
50	8410.07± 424.97	−10.24± 8.41	0.49± 0.05	0.32± 0.01	2674.82± 93.26	1323.23± 181.82	0.08± 0.00
55	4811.06± 93.17	−550.51± 235.63	0.61± 0.15	0.50± 0.02	2395.77± 148.54	1460.97± 446.32	0.08± 0.01
60	3075.83± 242.78	−698.81± 60.32	0.75± 0.04	0.60± 0.06	1826.57± 48.53	1364.04± 103.35	0.08± 0.01
65	2071.48± 97.43	−429.50± 50.58	0.65± 0.06	0.54± 0.02	1125.99± 22.30	733.72± 54.43	0.08± 0.00
70	1286.89± 95.81	−150.16± 144.85	0.48± 0.12	0.49± 0.10	630.55± 179.54	311.29± 161.70	0.08± 0.00

表 14-9 共混面团的质构与添加水量的相关性

质构参数	相关系数
硬度	0.949 *
黏性	0.089
弹性	0.018
内聚性	0.576
胶黏性	0.992 * *
咀嚼性	0.876
回复性	0.741

注：*，* * 分别表示相关性在 0.05，0.01 水平上有差异。

表 14-8 结果显示，随着添加水量的增大，共混面团的硬度呈显著下降的趋势；黏性显著增大，整体呈现出先增大后减小的趋势；胶黏性呈下降的趋势；咀嚼性呈先上升后下降的变化趋势；回复性整体不变；弹性与内聚性都呈先增大后减小的趋势。由表 14-9 可知，当添加水量增加时，胶黏性的差异非常显著（P<0.01），硬度的差异较为显著（0.01<P<0.05），黏性、弹性、内聚性、咀嚼性和回复性的差异不显著（P>0.05）。出现这种结果是因为：

紫薯粉的吸水能力比小麦粉更强，随着添加水量的增大，共混面团形成更加稳定的面筋蛋白网络结构，使得共混面团的硬度减小，同时胶黏性也随硬度的减小而减小。随着添加水量的增加，面团由水量不足到水量合适，故添加紫薯粉后先干扰面团网状结构的形成，再形成完整的网状结构，所以面团的弹性先增大后减小，内聚性也先增大后减小。咀嚼性与胶黏性和弹性有关，其值为两者乘积，加水量由50%增加到55%，弹性的变化比胶黏性的变化更大，所以咀嚼性增加，再增加加水量，胶黏性变化更明显，故咀嚼性降低。面团的回复性没有变化，这代表面团压缩前后的面积变化小，因为面筋蛋白网络具有很好的可塑性。黏性先增大是因为加入紫薯粉后阻碍了面团网状结构的形成，后减小是因为增加加水量后共混面团形成了更完整的网状结构，进而形成较光滑的表面。

14.3.2.3 不同搅拌时间对共混面团质构的影响

以 8% 质量分数的紫薯粉添加量、55% 添加水量的条件，在不同搅拌时间的条件下制备共混面团，再利用质构仪的 TPA 模式测试其质构，得到硬度、黏性、弹性、内聚性、胶黏性、咀嚼性、回复性这些质构参数，具体数值见表 14-10。

表 14-10 不同搅拌时间下紫薯粉/小麦粉共混面团的 TPA 测试结果

搅拌时间（min）	硬度	黏性	弹性	内聚性	胶黏性	咀嚼性	回复性
7	4830.76± 116.55	−128.58± 34.48	0.47± 0.08	0.42± 0.00	2027.47± 45.33	960.43± 191.76	0.01± 0.09
8	5482.50± 1011.85	−105.58± 19.16	0.45± 0.14	037± 0.03	1987.81± 220.66	885.36± 171.53	0.08± 0.00
9	5406.61± 689.64	−484.52± 121.23	0.58± 0.02	0.49± 0.02	2636.12± 461.81	1509.76± 219.06	0.08± 0.00
10	5739.46± 689.64	−1124.66± 8.19	0.80± 0.05	0.42± 0.02	1932.32± 3.37	1044.98± 116.55	0.090± 0.00
11	7081.77± 420.10	−1448.97± 284.13	0.59± 0.11	0.42± 0.04	2967.85± 484.06	1782.85± 618.82	0.083± 0.00

表 14-11 共混面团的质构与搅拌时间的相关性

质构参数	相关系数
硬度	0.899 *
黏性	0.958 *
弹性	0.669
内聚性	0.406
胶黏性	0.854
咀嚼性	0.739
回复性	0.027

注： *表示相关性在 0.05 水平上有差异。

表 14-10 结果显示，随着搅拌时间的增加，共混面团的硬度整体呈增大的变化趋势；黏性呈先减小后增大的变化趋势；胶黏性和咀嚼性的变化趋势相同，都呈无规律的波浪形变化；弹性整体呈增大的变化趋势；内聚性整体呈无规律的变化趋势；回复性整体呈增大的变化趋势。由表 14-11 可知，当搅拌时间增加时，硬度和黏性的差异较为显著（$0.01 < P < 0.05$），弹性、内聚性、胶黏性、咀嚼性和回复性的差异不显著（$P > 0.05$）。出现这种结果是因为：紫薯粉的吸水性更强，添加紫薯粉后会阻碍面筋蛋白网状结构的形成，同时，搅拌时间过

短时，淀粉和蛋白质来不及吸水，无法形成良好的面筋网络，导致共混面团的硬度增大。随着搅拌时间的增加，面团形成良好的面筋蛋白网状结构，弹性也随之增大，内聚性变化不明显。而面筋蛋白网络具有良好的可塑性，所以回复性随之增大。胶黏性与硬度和内聚性有关，咀嚼性与胶黏性和弹性有关，硬度和弹性都呈增大的变化趋势，因为内聚性的变化无规律，且内聚性和弹性的变化不明显，硬度变化比较明显，所以胶黏性和咀嚼性呈无规律的变化趋势，且变化相似。黏性先减小是因为共混面团被搅拌时其含有的蛋白质被揉展开来，形成了二硫键，这使得面筋蛋白转化成蛋白质网状结构，面团最终形成光滑的表面使黏性降低；后增大是因为随着搅拌时间增加，形成的蛋白质网状结构被外界力量破坏，进而导致共混面团的黏性增大。

14.4　结论与展望

14.4.1　结　论

本论文通过差示扫描量热仪和质构仪表征面团结构特性，探索了在不同条件下紫薯粉与小麦粉分子互作后共混面团结构和特性形成的规律，主要的实验结论如下：

（1）紫薯粉与小麦粉分子互作后对共混物的糊化特性有较明显的影响：增大紫薯粉的添加量，共混物的起始糊化温度和终止糊化温度随之升高，糊化温度范围随之减小，热熔值随之增大。起始糊化温度升高是因为紫薯粉相较于小麦粉吸水性更强，添加紫薯粉后会与小麦粉竞争，从而干扰到了小麦粉与水的结合，进而对共混物的糊化造成了影响，使得共混物的糊化温度升高；糊化温度范围减小是因为紫薯粉比小麦粉含有的直链淀粉更少，两者混合后共混物的直链淀粉总量减少，从而使得共混物更容易糊化。

（2）紫薯粉与小麦粉分子互作后对共混面团的质构有较显著的影响：添加少量紫薯粉后会干扰共混面团网状结构的形成，所以增大紫薯粉添加量，面团硬度呈增大的趋势，且差异显著（P<0.01）；黏性大幅增大，差异不显著；胶黏性和咀嚼性都有较显著的增大，差异较显著（0.01<P<0.05）；回复性整体呈减小的趋势，弹性与内聚性呈无规律变化，三者差异都不显著。

（3）加水量对于共混面团质构的影响：添加水量过少时，紫薯粉对面团网状结构的干扰更明显，而增大添加水量，使这种干扰的程度降低。增大添加水量，共混面团的硬度显著减小，差异较显著（0.01<P<0.05）；黏性显著增大，整体呈先增大后减小的趋势，差异不显著；胶黏性和咀嚼性减小，胶黏性的差异显著（P<0.01），咀嚼性差异不显著；回复性微弱减小，弹性与内聚性均呈先增大后减小的变化趋势，三者差异都不显著。

（4）搅拌时间对于共混面团质构的影响：适当的搅拌时间可以促进面团面筋蛋白形成网状结构，而过度搅拌会破坏已经形成的面筋蛋白网络。当增加搅拌时间时，硬度呈增大的变化趋势，差异较显著（0.01<P<0.05）；黏性呈先减小后增大的变化趋势；胶黏性、咀嚼性、弹性和内聚性都呈无规律的变化；回复性呈先增大后减小的变化趋势。除硬度外其他质构参数差异不显著。

14.4.2 展　望

本文主要探讨了紫薯粉与小麦粉分子互作后对紫薯粉/小麦粉共混物糊化特性的影响，还研究了紫薯粉与小麦粉分子互作后紫薯粉的添加量对紫薯粉/小麦粉共混面团质构的影响、添加水量对共混面团质构的影响以及搅拌时间对共混面团质构的影响。通过以上研究，对紫薯粉/小麦粉分子互作后共混物及共混面团的糊化特性和质构特性进行了较系统的归纳。不过研究虽然取得些许成果，但因为时间和自身能力的限制，研究还不太全面，还有许多工作可以深入探讨。

（1）通过本研究，可以得出在小麦粉中添加紫薯粉会对共混面团性质产生不利的影响，比如添加紫薯粉会使面团的硬度和黏性增大等。因此，在接下来的研究中可以对如何改进共混面团性质这一方面进行深入研究，比如选用合适的面团改良剂来改善面团的特性。

（2）添加紫薯粉后共混面团各组分会发生变化，对面团的特性也会产生影响，比如紫薯粉含有较多的支链淀粉，添加紫薯粉会同小麦粉竞争水分，影响到共混面团的特性，而在本论文中对这一方面的研究未深入，因此，可以在接下来的研究中探讨共混面团营养成分变化对面团特性的影响，还可以探讨在具体生产中共混面团营养成分的变化，从而建立起可以降低面团营养成分损失率的生产工艺流程和生产工艺参数。

（3）通过研究可以知道面团的特性会直接影响到面制品成品的品质，而在本文中关于这一方面只进行了部分研究，因此，在接下来的研究中，可以对共混面团特性与成品品质之间的关系展开深入的研究，从而建立起利用共混面团特性来对成品品质的评价体系或者预测模型。

参考文献

[1] 王淑娜，谭小丹，陈涵，等．紫薯的营养价值与加工［J］．农产品加工，2015（21）：36-38．

[2] 谭属琼，谢勇武．紫甘薯与甘薯营养成分分析与比较［J］．食品工业，2016，37（06）：276-278．

[3] 韩成云，赵志刚，曾琳．紫薯花青素的提取及稳定性比较研究［J］．食品科技，2016，41（01）：165-169．

[4] 张婷，陈小伟，张琪，等．紫薯功能性与其食品开发研究进展［J］．食品工业科技，2018，39（13）：315-319，324．

[5] 李洋．紫薯功能性研究与其食品开发研究［J］．食品安全导刊，2020（24）：173．

[6] 孟文俊，王增池，王焕香．紫薯保健功能分析及其应用前景［J］．现代农村科技，2019（12）：106-107．

[7] 仇干，胥心，邓云．紫马铃薯全粉-小麦粉混粉的理化特性研究［J］．食品研究与开发，2017（03）：15-19．

[8] SHU X Y, TAI H M, MIHO Z, et al. Effects of retrogradation and further acetylation on the digestibility and physicochemical properties of purple sweet potato flour and starch［J］. *Starch-Stärke*, 2015（67）：892-902.

[9] 刘茜．探讨我国营养健康食品发展的必要性与发展策略［J］．食品安全导刊，2017（18）：72．

[10] 单珊，周惠明，朱科学．紫薯-小麦混合粉的性质及在面条上的应用［J］．食品工业科技，2011（09）：94-96，101．

[11] 范会平，李菲菲，符锋，等．紫薯全粉面条的制备及其品质影响研究［J］．现代食品科技，2019（05）：151-158，273．

[12] 陈芳芳．紫薯粉对面团烘焙特性的影响及其机理［D］．上海：华东理工大学，2014．

[13] 何兆位，刘雄，赵天天，等．紫薯粉对面包粉流变学及糊化特性的影响［J］．食品与机械，2017（08）：6-9，30．

[14] 阚健全．食品化学［M］．北京：中国农业大学出版社，2016：70，119-120．

[15] 刘长姣，姜爽，朱珠．DSC 法测定水分含量对玉米淀粉糊化和老化特性的影响［J］．粮食与油脂，2018，31（11）：7-9．

［16］闫圆圆. 食品研究中质构仪的运用分析［J］. 食品安全导刊，2016 (06)：56-57.

［17］CONTI-SILVA A C, ICHIBA A K T, SILVEIRA A L, et al. Viscosity of liquid and semisolid materials: Establishing correlations between instrumental analyses and sensory characteristics［J］. *Journal of texture studies*, 2018, 49 (06)：569-577.

第五篇 05

紫薯深加工技术发展趋势与前景展望

第 15 章

紫薯淀粉及其复合产品的开发研究进展

15.1 引 言

紫薯淀粉是以新鲜紫薯为原料，将其清洗后去皮、切块、蒸煮成熟后进行干燥，将干燥后的紫薯块进行粉碎、过筛等工艺制得的粉末状产品[1]。因为在制作紫薯淀粉时去除了紫薯皮，所以制得的紫薯淀粉保留了除紫薯皮以外全部的营养物质，紫薯淀粉水分含量极低，所以保质期长，紫薯被制成粉重量减轻且容易包装，从而方便运输，提高了紫薯的利用率及价值。紫薯淀粉可塑性强、味道偏淡、显色鲜艳，所以在很多食品中都可以添加，并且制得的复合产品备受广大消费者的喜爱。因此，近年来对紫薯淀粉的研究很火热，紫薯淀粉优越的生化和营养成分使其成为比合成食品着色剂更好的替代品，并使其在人类食品系统中具有很高的附加值和功能性[2][3]。

淀粉的制备工艺大致相同，其中最关键也是最不同的就是干燥方式，可以分为热风干燥、真空干燥、冷冻干燥和微波干燥。汤富蓉[4]探讨热风干燥法、微波干燥法及冷冻干燥法等不同方法下制备的紫薯淀粉品质，并记录下最佳制备条件，探讨结果发现冷冻干燥法加工工艺下制备的紫薯淀粉各项测定指标都是最好的，其次为热风干燥法，而微波干燥法加工工艺制备的淀粉品质最差。邓资靖[5]采用鼓风干燥、真空冷冻干燥、真空干燥三种干燥方式制备紫薯淀粉，发现冷冻干燥制备的紫薯淀粉在检测时各个指标都是最优，但冷冻干燥方式对设备的要求极高，消耗的能量大，耗时长，需要投入很大的人力物力，在工厂实际生产中投入使用成本太高，不建议采用此方法进行加工制造。试验对比结果发现真空干燥法为最优干燥工艺，使用真空干燥法制得的紫薯淀粉得到的最优工艺参数为：蒸煮 7~11min，真空干燥温度 56~61℃，真空干燥时间 6~7h。所以在制备紫薯淀粉时首选的干燥方法应该是真空干燥法，工艺简单，投入的人力物力相对较少，制作成本相对较低，制得的淀粉质量相对较优。

研究表明，紫薯淀粉几乎全部保留了新鲜紫薯的干物质成分，具有很高的营养价值，投入市场后受到极大的追捧，由此可见紫薯淀粉及紫薯复合产品有着极大的市场。加入紫薯淀粉的产品有紫薯香气和丰富的营养价值，在市场上具有强大的竞争力[7]。

本研究通过查阅与紫薯相关的文献进行归纳，总结出目前紫薯、紫薯淀粉、紫薯复合产品的发展现状。从紫薯淀粉复合物的结构上进行分析，以便为以后的研究提供理论上的依据。对紫薯淀粉及其复合产品的开发研究现状的梳理，有利于科学总结复合产品的加工新技术，精准调控共混物的结构，控制面团特性，进而指导产品的开发；同时可以充分利用湖北省丰富的紫薯资源，提高紫薯加工附加值，促进山区农民脱贫致富。

15.2　紫薯淀粉的研究现状

15.2.1　紫薯淀粉的制作工艺

目前市场上所用到的紫薯淀粉制作工艺基本相同，都是将新鲜紫薯去皮后切成块，按照紫薯：水＝1：3的比例放入搅拌机中进行打浆处理，制得的紫薯浆需要过100目的绢布，加水重复过滤三遍后静置6h，倒掉上层液，用蒸馏水洗涤下层沉淀，静置6h，再倒掉上层蒸馏水，将下层沉淀物取出放入烤盘中，在45℃的烤箱中干燥12h，干燥后的沉淀物呈块状，放入粉碎机中进行粉碎，将粉末过筛（100目）即得到紫薯淀粉样品。

其中最主要的技术也是最不一样的技术就是干燥技术，目前主要分为鼓风干燥工艺、真空干燥工艺、真空冷冻干燥工艺。

15.2.1.1　鼓风干燥工艺

鲜紫薯清洗→蒸制→去皮→制泥→冷却→鼓风干燥箱干燥→粉碎磨粉→筛分杂质→成品[8]。

研究表明鼓风干燥不能完全地保持紫薯本身的色泽，对紫薯中的保健因子花青素的破坏程度严重，不能完整保留住紫薯中的营养物质，并且相同重量的新鲜紫薯制得的紫薯淀粉量相对较低。企业为了保证紫薯淀粉的出粉量，已经很少会使用鼓风干燥工艺来制备淀粉了。

15.2.1.2　真空干燥工艺

鲜紫薯清洗→蒸制→去皮→制泥→冷却→真空干燥箱干燥→粉碎磨粉→筛分杂质→成品[8]。

真空干燥是目前运用最多的一种干燥方式。真空干燥与鼓风干燥相比，能更好地保留紫薯的营养物质与结构的完整，对紫薯中保健因子的破坏程度也较低，制得的紫薯淀粉颜色也很接近紫薯原料的颜色，出粉率也比较高。

15.2.1.3　真空冷冻干燥工艺

鲜紫薯清洗→蒸制→去皮→制泥→冷却→冰箱冷冻→冷冻干燥机干燥→粉碎磨粉→筛分杂质→成品[8]。

与前两种工艺相比，真空冷冻干燥工艺是最优的干燥方式，它对紫薯淀粉的破坏程度最小，几乎能完全保留紫薯中的营养物质和保健因子，但在加工过程中耗时太长，消耗能源太大，成本太高，已远远超过紫薯淀粉的本身价值，所以在企业生产过程中很少选择冷冻干燥工艺。

既要保证紫薯淀粉的质量，又要保证企业的盈利，因此选择真空干燥工艺进行紫薯淀粉的制备是最合适的。

15.2.2　紫薯淀粉的开发研究现状

淀粉制作技术现已应用于部分水果蔬菜的加工上，国内外对其研究也逐渐增多。紫薯淀粉水分含量低，几乎不含自由水，所以在干燥避光的条件下可以保存很长时间。紫薯淀粉几乎保留了新鲜紫薯所含有的全部营养物质且储存方便容易流通。将紫薯淀粉溶于水后呈现漂亮的亮紫色且还含有紫薯的香气，与普通的脱水产品相比，紫薯淀粉较高的细胞完整度使其具有更多的生产加工优势，它几乎保留了新鲜紫薯全部的营养物质，还具有储存条件低、运输方便、二次加工广泛等特点，是一种优质的食品原料。近年来，我国在不断地研究紫薯淀粉更完善的制备工艺并引进了更先进的制作设备，为紫薯淀粉及紫薯制品的加工生产提供了良好的技术指导与支持[7]。

现在我国种植的新鲜紫薯主要是制成紫薯淀粉来尽可能保留其中的营养物质，延长贮藏期，提高流通性。制得的紫薯淀粉色泽美观、营养丰富，在食品加工行业得到了广泛应用，紫薯淀粉作为原料或者辅料添加在各种各样的食品中。食品加工企业可以将紫薯淀粉作为原料，加工生产出富含特色的烘焙类食品，如紫薯面包、紫薯蛋糕、紫薯馒头等；紫薯淀粉还可作为制作紫薯产品的辅料，如紫薯糕、紫薯粉丝等休闲食品。近年来，在国家政策的扶持下，农业发展越来越迅速稳固，在紫薯淀粉加工方面也加深了研究与推广，并引进了更加先进的制作工艺和生产设备，在不懈推广与大力宣传下，很多农产品企业脱颖而出，有效地推动了农产品的发展，带动了农村经济发展。目前国内已有部分紫薯深加工企业实现了紫薯粉条、紫薯休闲食品、紫薯发酵产品等的开发及加工，在市场上得到了很好的反馈，受到消费者的追捧。

15.3　紫薯淀粉复合产品的开发研究现状

紫薯作为一种营养丰富且具有保健功能的天然食品，受得了广大消费者们的喜爱，紫薯制品的研发也是如火如荼，投入市场后因其色泽鲜艳诱人，味道香浓引起消费者的追捧。我国的饮食文化多种多样，历史渊源流长，有各式各样的传统美食和多种不同的加工方法，随着我国年轻人的生活节奏越来越快，人们更容易接受方便携带、易于食用、同时还具有较高营养价值的食品，紫薯就是这样一种优良的食材。近年来，紫薯除了蒸煮、烤制食用以外，紫薯淀粉复合产品的研制和生产开发得到了较快发展，加工生产的食品数量在不断增加，为了适应市场需求研发的紫薯产品种类也越来越多。目前紫薯淀粉复合产品主要有以下几大类：烘焙食品类；粉条、面条类；饮料类；休闲方便食品类等[9]。我国已有用甘薯发酵生产的乙醇、酒品及饮料等[10]，紫薯深加工食品基本上可以被分为两大类：一种是发酵后的复合型产品，如果味饮料、乳酸发酵紫薯饮料等；另一种是不需要发酵的制品，有粉条、粉丝。休闲食品类如紫薯薯片、紫薯脆片；烘焙食品类如紫薯蛋糕、紫薯面包；饮料类有紫薯牛奶等[11]。

紫薯的紫色是天然的，长期浸泡在水里，水也会变成紫色，主要是因为紫薯中的花青素是水溶性物质，紫薯淀粉的糊化温度较高，所以熟制的紫薯吃起来口感沙沙的，不糯，口感清淡，从而重塑性极好，紫薯淀粉被广泛地运用在食品加工行业。2002年世界卫生组织公布最佳蔬菜排行榜，甘薯拿到了第一的成绩；2007年10月，紫薯登上了央视的舞台，得到了"抗癌明星"的勋章；紫薯在日本国家蔬菜癌症研究中心公布的抗癌蔬菜中也位列榜首；日本、韩国等国家将紫甘薯称为"长寿食品"；法国称之为有价值的"优质保健品"；欧洲和美国称之为"第二面包"。日本 Toyota Motor Corp 公司在2003年开始利用甘薯生产可降解生物塑料，并计划在10年内用生产出的可降解生物塑料替代30%的汽车塑料部件[12]。近年来，许多发达国家已将甘薯的茎叶作为优质蔬菜食用。

15.3.1　紫薯面包的研究现状

为了改善人们日常饮食中膳食纤维较少的情况，很多食品生产企业在制作面包时加入植物性淀粉一类的传统膳食纤维，从而提高面包的营养价值。目前人们对保健食品的需求量越来越大，紫薯淀粉几乎全部保留了新鲜紫薯的干物质成分，将其与面包进行结合，加入紫薯淀粉的面包有醇厚的紫薯香气，以及协调的口感和丰富的营养功能，在市场上具有强大的竞争力。

15.3.1.1　紫薯淀粉的适宜添加量研究现状

研究表明在制作面包过程中除了制作工艺和烘焙时间以外，紫薯淀粉在原料中的占比、白砂糖的占比、酵母的占比、黄油的占比是对最后成品的感官上影响很大的几个因素，其中影响最大的就是紫薯淀粉的添加量。

从徐虹[13]的研究数据中可以看出添加紫薯淀粉对面包的感官评分影响较大。紫薯淀粉的添加量直接影响着紫薯面包的感官质量，当紫薯淀粉添加量达到10%时感官评价分数达到峰值。在李燮昕[14]的研究中也同样认为除了制作工艺、烘烤时间外，紫薯淀粉的添加量对面包在感官上的影响是最大的，从他的实验数据中分析出当紫薯淀粉添加量在12%时，根据面包的色泽、外观形状、口感风味、气味等综合评分是最高的。在邵童[15]的研究数据中分析出当紫薯淀粉添加量在8%时，其面包的感官评价分数最高，所以他认为最优添加量为8%。

综合大部分对于紫薯面包的研究可以得出紫薯淀粉在面包中的最适添加量为8%~12%。

15.3.1.2　紫薯面包配方优化研究现状

制作紫薯面包时需要用到的原料有面粉、紫薯淀粉、白糖、牛奶、鸡蛋、黄油、酵母、盐等，紫薯面包中不只是紫薯淀粉添加量对产品有较大的影响，除去制作工艺的影响外，还有白砂糖、酵母、黄油的添加量等因素，制作面团时白砂糖和酵母超过配方指定量或者低于配方指定量都会影响到面团的发酵，而面团发酵的好坏直接决定面包最终的品质，很多研究紫薯面包配方的都是采用正交试验和单因素实验来进行分析的。

在众多的面包配方中选出了跨度较大的几组配方进行总结，一组紫薯面包较佳配方为面粉90%、紫薯淀粉10%、酵母1.8%、白砂糖22%、面包改良剂0.4%、黄油12%[13]；另一组最佳配方为面粉88%、紫薯淀粉12%、白砂糖18%、奶粉1.6%、酵母1.5%、鸡蛋9%、盐1%、黄油10%、水10%[14]；还有一组配方为面粉92%，紫薯淀粉8%、鸡蛋10%、酵母3%，白砂糖28%、黄油

7%、食盐 1% [15]。

综合以上配方，面粉与紫薯淀粉的量的和总是 100%，随着紫薯淀粉的添加量来调节面粉的量，其中白砂糖的添加量跨度也较大（18%～28%），酵母的添加量相对较为稳定在 1.5%～3%，黄油的添加量在 7%～12%。

15.3.1.3 紫薯面包的制作工艺

除了配方上对面包的品质有较大的影响外，制作工艺的不同对产品也有很大的影响。制作面包基本技术包括混合、和面、发酵、成型、烘焙和冷却，最重要的步骤是和面、发酵和烘焙，混合过程是制作面包的中心环节，通过不断混合，面筋的强度逐渐增加，以获得良好的韧性和弹性从而使烤制出来的面包更加松软。烘烤出来的面包好坏其中最主要的因素就是发酵时间的长短，发酵时间太短，面团中的二氧化碳不足，使面包质地干硬，吃起来不够松软；发酵时间太长，面团会变酸，会变得粘手不好操作，直接影响面包的味道。烘烤温度和烘烤时间是决定面包好坏的最后一步，烘烤温度过高，会导致面包表面已经成熟而面包中心还是生的；如果烘烤温度过低，虽然可以烤熟，但烤制时间变长，从而导致面包表面干硬，有模具的面包表面就会塌陷形成中空状。在制作面包时一定要根据面团的大小、面包的种类来选择不同的、相对应的烘烤温度和时间，在适宜的烘烤温度和时间下，烤制出的面包质地柔软、色泽诱人、味道香甜，能让消费者有很好的感官体验。

综合以往研究找出下面几种较佳的工艺条件：①和面 17min，松弛 40min，焙烤温度 180℃，焙烤 15min[13]。②和面 12～16min，在 28℃、湿度 75%～85%的条件下发酵 90min，成型后在 35～40℃、湿度 90%～95%的条件下醒发 45min，在上火 180℃、底火 200℃的条件下烘烤 12～15min[14]。③和面 15min，室温放置 10min，在 28℃、75%湿度下发酵至 2 倍大，成型后在 38℃、85%湿度下醒发 40min，上火 180 ℃、下火 190 ℃烘烤 20 min[15]。对比以上几种工艺和面时间控制在 12～17min，发酵醒发时间要在 1h 左右，烘烤时烤箱温度控制在 180℃，烤制 15～20min 视为最佳加工条件。

15.3.2 紫薯蛋糕的研究现状

紫薯蛋糕是在传统蛋糕的制作基础上利用一部分的紫薯淀粉代替蛋糕粉的一种新型甜品，因其具有紫薯鲜艳的色泽与特殊的香气而受到消费者的喜爱，紫薯蛋糕也比普通蛋糕的营养价值高上许多。

15.3.2.1 紫薯蛋糕配方优化研究现状

制作蛋糕时用到的原材料有低筋面粉、牛奶、白糖、鸡蛋、柠檬汁、食用油等。紫薯蛋糕是用紫薯淀粉代替部分低筋面粉烤制成的，其中白砂糖能增加糕点的甜度，使糕点呈现出诱人的色泽，在烘烤过程中产生芳香烃物质增加蛋糕的香味，使面团更滑嫩，软化面团；鸡蛋可以使面团体积膨胀，增加香味和营养，使面色更加鲜亮，促进面团的乳化，在烤制蛋糕时起到凝固作用；植物油具有乳化特性，能保持面团的水分，使蛋糕的口感更柔软绵密，添加到面团糊中的固体油能在搅拌过程中保持空气，有利于面团的膨胀，从而增加面包的体积，建议制作时选用黄油之类的固体油，制得的蛋糕会更加蓬松，口感更富有空气感。研究表明其中紫薯全粉添加量对紫薯全粉蛋糕感官品质影响最强，其他的依次为低筋面粉添加量、细砂糖添加量、鸡蛋用量。

紫薯蛋糕的最佳配方为低筋面粉 400g、紫薯淀粉 100g、鸡蛋 1300g、白糖 440g、牛奶 250mL、食用油 300g、130℃ 的条件下烘焙 15~20min[16]。紫薯戚风蛋糕的最佳配方为低筋面粉 360g、紫薯淀粉 60g、糖 425g、牛奶 200g、调和油 160g、鸡蛋 1250g[17]。纯紫薯蛋糕配方及加工工艺研究得出优化烘焙工艺条件为面粉 150g、紫薯淀粉 25g、白糖 120g、鸡蛋 520g、柠檬汁 20g、牛奶 100mL[18]。以上几种配方制作原料的比例大致相同，需要多注意紫薯淀粉与面粉之间的比例，其他原料按照传统配方进行调制即可。

15.3.2.2　紫薯蛋糕的制作工艺

新鲜的鸡蛋是蛋糕制作最重要的条件，由于新鲜鸡蛋的凝胶溶液黏度高，可以保留注入的气体，使得蛋白部分更容易打发，鸡蛋的长期贮存会使凝胶溶液黏度变低，所以选用新鲜鸡蛋较好。面粉要选用低筋面粉，相对于高筋面粉来说，低筋面粉黏性不大，硬度小，面筋较软，制得的蛋糕更加蓬松。制作过程如下：

①准备好所用到的原材料；②鸡蛋分离出蛋黄，加入一半的糖，加入牛奶、隔水融化的黄油，用打蛋器搅拌均匀；③加入过筛的低筋面粉和紫薯淀粉，画十字搅拌均匀；④将蛋清放入干燥干净的容器中；⑤用电动打蛋器先低速再中速最后高速将蛋清打发至拉出的角能立住即可，打发过程中分三次加入白砂糖和柠檬汁；⑥分次将打发的蛋白加入蛋黄糊中，动作要快，防止打发的蛋白谢掉，从而使烤制出来的蛋糕不够松软；⑦将混合好的蛋糕糊倒入抹好油的模具中用力摔打几下，震出蛋糕糊中的气泡，使蛋糕质地更加绵密；⑧将模具上包好锡纸，放进预热好的烤箱烤制一定时间，取出后立即倒扣放凉，一会儿后脱模即可。

根据最优配方烘焙出来的蛋糕既保留了传统蛋糕的风味，又具有紫薯独特的香味，还使蛋糕呈现出诱人的亮紫色，让紫薯中的营养物质与蛋糕完美结合，从而提高蛋糕的价值和紫薯的利用率，并为蛋糕的销售打开一定的市场。

15.3.3　紫薯饼干的研制现状

目前，很多研究人员和农产品生产机构都对这种新型的食材具有浓厚的研究兴趣，并对其进行了各种研究与尝试，生产厂家也对其添加进各类食品中的工艺和用量加大了开发力度。饼干作为一种常见的零食、点心，便于携带，开袋即食，又可以有饱腹感，在这个快节奏的时代，已成为人们日常生活中会经常购买的一种休闲食品。根据饼干制作工艺的不同又可以被分为薄脆饼干、曲奇饼干、苏打饼干等。为了给消费者提供更多的选择，还可以在原有的饼干配方中加入比较风味的元素，例如红枣味饼干、抹茶味饼干、水果味饼干等。因紫薯独特的营养价值和保健效果，很早就有研究者将紫薯淀粉加入饼干中，研制出来的紫薯饼干一进入市场就受到了消费者的接受与喜爱。

15.3.3.1　紫薯饼干的配方优化研究现状

制作紫薯饼干所用到的原料有紫薯淀粉、面粉、水、糖粉、植物油、盐、小苏打等，其中紫薯淀粉的添加量、植物油的添加量、糖的添加量以及水的用量都直接且不同程度地影响着饼干的口感与味道。研究表明，紫薯淀粉的添加量对饼干的感官有直接而重要的影响。紫薯淀粉的添加量、硬度、咀嚼性和黏聚力的变化趋势一致，均显著降低，而抗性显著提高[19]，说明紫薯淀粉的添加抑制了面筋的形成，从而抑制了面筋的强度、饼干的硬度，凝聚力和咀嚼性降低。在已有紫薯饼干的配方研究中着重于总结紫薯淀粉的最优添加量，从而找出目前较好的紫薯饼干的配方。

结果表明，紫薯淀粉25%、面粉100%、水45%、糖粉34%、食用油25%、小苏打0.5%、盐0.5%，在180℃下焙烤10min得到的饼干感官品质最佳[19]。紫薯酥性饼干的最佳配方为紫薯粉40%、面粉100%、白糖25%、黄油40%、全蛋液10%、食盐0.5%、泡打粉1%、柠檬汁0.4%、水适量，在上火180℃、下火170℃的条件下焙烤10min[20]。紫薯饼干的最佳配方为紫薯粉10%、面粉100%、白糖25%、水25%、油10%、蛋黄20%、黄油4%、奶粉5%、小苏打0.27%、上火220℃、下火200℃、焙烤12min[21]。以上几种配方中酥性饼干的制作紫薯淀粉的添加量较多，其余的紫薯淀粉添加量大致都在10%~25%。

15.3.3.2　紫薯饼干制作工艺

先将称好的面粉、紫薯淀粉、食用植物油倒入和面机中混合，将配制好的发酵粉、糖粉、盐完全溶解后放入和面机中，直至搅拌成团，将面团取出静置15～20min后再开始下一步操作，将醒发好的面团擀成3mm～5mm薄厚的面饼，然后用饼干模具切下对应的图案，将拓印好的饼干放入刷有油的烤盘中，饼干与饼干间要有一定的间距，防止发生粘连，将烤盘放入上火180℃、下火170℃的烤箱烘烤8～10min，取出后在室温条件下放凉即可[21]。饼干的制作工艺相对来说较为简单，制得饼干的种类不同主要取决于在擀制面团时的厚薄和烤制的温度高低、时间长短，想要饼干有薄脆口感将面团擀制2mm～3mm厚度在180℃的烤箱中烤制8～10min即可；想要稍稍有点软的口感就将面团擀制成3mm～5mm厚度的面饼放入180℃～200℃的烤箱中烤制10～13min即可。

15.3.4　紫薯淀粉复合物的结构与机理研究现状

15.3.4.1　紫薯淀粉结构研究

淀粉的结构和理化特性决定了其在食品和非食品工业的加工品质和应用，不同直链淀粉含量、结晶结构的淀粉在加工过程中表现出不同稳定性；结晶的透明度直接关系到淀粉产品的颜色与形状，同时对广大消费者对产品的接受程度有很大的影响；凝沉性能影响其感官特性和加工特性。研究表明紫薯淀粉的直链含量为24.5%，结晶程度高，具有较好的透明度，且不容易发生凝沉现象，这与紫薯淀粉直链含量低有关[22]。紫薯淀粉的冻融稳定性弱不适合做冷藏食品，而紫薯淀粉部分结构的热稳定性强，特别适合制作烘焙类食品。

将紫薯淀粉添加至烘焙食品中会不同程度地改变食品的颜色，并且在不同的条件下呈现出不同的颜色。在酸性条件下呈现紫红色；在碱性条件下呈现蓝绿色[23]。在烘焙原料中经常会加入鸡蛋，而蛋液呈碱性，会使制得的产品呈现不同程度的蓝绿色，这个颜色在日常食品中不常出现，所以人们从视觉上可能难以接受。所以在制作添加了紫薯淀粉同时有碱性物质时可以加入适量的柠檬酸来调节其酸碱度使食品呈现紫红色。

15.3.4.2　紫薯淀粉复合物的结构研究

面粉由蛋白质、碳水化合物和其他成分组成的，它是生产蛋糕、面包、饼干等烘焙类食品必不可少的原料，面粉中的醇溶蛋白可以吸收水分变成面筋，加入面团中的酵母是发酵的关键，酵母菌在面团中利用其中的氧气进行发酵，将面团中的淀粉转化为糖类，同时释放出大量的二氧化碳，二氧化碳是面团体积变大的主要因素，面筋还可以保留住酵母产生的二氧化碳，改善面团品质是提高面包制品膨胀性和柔软性的重要条件。面团的特性直接决定了成品的质量，流变学特性是评价面团品质的主要指标，其中最主要的两种流变性能分别为质构特性和拉伸特性。面团的质构特性包括硬度、黏性、弹性、内聚性等参数，拉伸特性包括抗拉伸力、拉伸距离等参数[23]。紫薯淀粉与面粉的理化性质差异巨大，在制作面包、蛋糕、饼干等都会用紫薯淀粉代替部分低筋面粉，制成的面团质构特性和拉伸特性都会发生不同程度的变化，使其制得的产品差异性较大，不能做到统一的批量生产，使紫薯产品发展受阻。目前在紫薯面团质构方面的研究较少，大部分研究都采用单因素法进行实验，制备添加不同量的紫薯淀粉混合面团测定其不同的特性得到参数进行分析。

15.4　展　望

　　紫薯营养丰富且含有多种保健因子，在这个注重食品安全、追求养生保健的时代备受欢迎，紫薯口感偏淡具有鲜艳的颜色，让紫薯有了更大的加工发展空间，通过添加各种复合辅料，让不同原料的优点相互结合，使制得的产品风味更加饱满，营养更加均衡。本文一方面将目前紫薯、紫薯淀粉以及其复合产品的发展历程与现状进行总结归纳，为以后紫薯产品的开发提供大致方向，也使紫薯的附加价值得到体现，提高综合开发利用程度。另一方面通过研究紫薯淀粉复合产品的文献找出目前较好的配比方案和制作工艺，为以后紫薯淀粉复合产品的开发提供理论依据。可以看出目前对紫薯淀粉复合产品的制作工艺、成分配比等方面的研究已经很成熟了，可以对优化方案进行推广借鉴，但紫薯淀粉与其他物质的混合物在机理层面上的研究还不是很多，混合物的结构特性决定了面团的结构特性从而直接影响产品的特性，所以研究紫薯淀粉复合物理化性质与结构是有必要的，这将是未来研究的重点与难点。希望这个方向可以为以后的研究提供思路，将理论与实验相结合，促进紫薯复合产品的高效开发与合理运用。

参考文献

[1] 修伟业，张文英，肖科飞. 紫薯的功能特性及应用探索 [J]. 中外企业家，2018 (23)：139-140.

[2] 陈洁. 紫薯淀粉品质特性的研究与应用 [D]. 福州：福建农林大学，2014.

[3] FURUTA S, SUDA I, NISHIBA Y, et al. High tert-butylperoxyl radical

savenging activities of sweet potato cultivars with purple flesh [J] . *Food science and technology research*, 1998 (4): 33-35.

[4] 汤富蓉, 雷激, 李博, 等. 紫色甘薯淀粉制备工艺研究 [J] . 食品与发酵科技, 2010, 158 (04): 66-70.

[5] 邢丽君. 紫薯粉条加工工艺条件优化及品质分析 [D] . 乌鲁木齐: 新疆农业大学, 2014.

[6] 李宝瑜. 紫薯抗性淀粉制备、性质及其对双歧杆菌增殖效应的研究 [D] . 福州: 福建农林大学, 2015.

[7] 邓资靖. 紫薯淀粉加工工艺研究 [D] . 重庆: 西南大学, 2012.

[8] 邓资靖, 蒋和体. 不同干燥方式对紫薯全粉品质的影响 [J] . 食品工业科技, 2011, 32 (12): 359-361, 364.

[9] 白津榕. 紫薯产品的开发研究现状 [J] . 食品工程, 2013 (04): 4, 17.

[10] 王冰莹. 青稞红曲紫薯酒的加工工艺及品质研究 [D] . 成都: 四川农业大学, 2017.

[11] 何伟忠, 木泰华. 我国甘薯加工业的发展现状概述 [J] . 食品研究与开发, 2006, 27 (11): 176-180.

[12] 吴雨华. 世界甘薯加工利用新趋势 [J] . 食品研究与开发, 2003, 24 (5): 5-8.

[13] 徐虹, 高思思, 王思宇, 等. 紫薯面包配方和工艺研究 [J] . 食品科学技术学报, 2014, 32 (06): 54-58.

[14] 李燮昕, 张淼. 紫薯全粉甜面包的研制 [J] . 食品工业, 2013, 34 (04): 109-110.

[15] 邵童. 紫薯面包的工艺研究 [J] . 食品安全导刊, 2019 (15): 140-142.

[16] 陈洁, 张龙涛, 陈玲, 等. 紫薯保健蛋糕的研制 [J] . 福建轻纺, 2013 (12): 25-32.

[17] 李燮昕, 张淼. 紫薯全粉在戚风蛋糕中的应用研究 [J] . 食品研究与开发, 2015, 36 (19): 78-80.

[18] 孙玉清, 刘小飞, 贾红亮, 等. 纯紫薯蛋糕配方及加工工艺研究 [J] . 农产品加工, 2017 (08): 16-18, 22.

[19] 陈洁, 陈玲, 郭娟娟, 等. 紫薯薄脆饼干制作配方 [J] . 食品与机械, 2013, 29 (06): 224-228.

［20］孙佳，王永淇. 紫薯酥性饼干的加工工艺研究［J］. 辽宁农业职业技术学院学报，2018，20（02）：11-13.

［21］修伟业，马永强，张文英，等. 紫薯饼干配方的研究［J］. 哈尔滨商业大学学报（自然科学版），2019，35（04）：447-450.

［22］昌超，朱银洁，谭小燕，等. 紫薯淀粉结构与理化性质研究［J］. 南京工业大学食品与轻工学院学报，2019，20（12）：94-96.

［23］陈芳芳. 紫薯粉对面团烘焙特性的影响及其机理［D］. 上海：华东理工大学，2014.

［24］李雅芳. 添加紫薯淀粉的面制挤压糕点的配方优化研究［D］. 武汉：武汉轻工大学，2015.

［25］ZHANG Y, NIU F X, et al. Purple sweet potato（Ipomoea batatas L.）color alleviates high-fat -diet -induced obesity in SD rat by mediating leptin's effect and attenuating oxidative stress［J］. *Food Science and Biotechnology*, 2015, 24 (4)：1523-1532.

［26］SIVAKURMARPS, RAYRC, PANDAS K. Proximate composition and sensory evaluation of anthocyanin -rich purple sweet potato wine［J］. *International Journal of Food Science and Technology*, 2012 (3)：452-458.